Q&A 宗教トラブル110番

第3版

山口 広　滝本太郎　紀藤正樹　著

発行　民事法研究会

第３版刊行にあたって

　今回、内容を全面的に見直して第３版を発行することになった。思い返せば、この本の初版の発行は、1999年４月２日のことである。すでに15年以上が経過した。前回の全訂増補版の発行（2004年２月13日）からも、はや10年以上が経過している。類書がなく、読者にも好評を得て、多くの励ましの言葉もいただいた。しかし、残念ながら、1995年３月の地下鉄サリン事件から20年を経てもオウム真理教（アレフ）は、あいかわらずダミーヨガ教室などを使って活発に勧誘を続けている。統一教会信者による霊感商法被害の相談も続いている。霊能師や自己啓発セミナーなど、宗教的ないし疑似宗教による被害の相談も多い。

　今回の改訂にあたって、著者三人で、すべての原稿にもう一度目を通すことになったが、新しい事態が生じているためほとんどの原稿に手を入れざるを得なかった。そのため事件等で多忙とはいえ、改訂作業に約３年を費やすことになった。今回の改訂版も近い将来、再度改める必要も出てくるだろうが、現時点では、最新の内容となっている。

　宗教被害をめぐる状況は、被害者の権利や勧誘される側の信教の自由だけでなく、宗教団体側の自由、信者個人の人権など、非常に複雑な要素が絡み合う。しかし個々の人々の幸福を願うという点では、著者らも宗教界も目的は同じだろう。

　なお、本書は従前110番シリーズの１冊として刊行されてきた。出版社の事情により単行本として発刊することとなったが、趣旨は変わらない。

　本書が、宗教被害で悩む人々に対してはもとより、宗教の問題に誠実にかかわろうとする宗教界、そして多くの人々のお役に立てれば幸いである。

　2015年２月

弁護士　山　口　　　広
弁護士　滝　本　太　郎
弁護士　紀　藤　正　樹

（初版）はしがき

　　　　　　　　　　　　　　　　弁護士　山　口　　　広

　あなたの子が墜落した飛行機に乗っていて亡くなったとしよう。医者や警察は、亡くなった原因を説明してくれる。警察や事故調査委員会は、事故原因を解明するだろう。弁護士は、飛行機メーカーや航空会社を訴えてくれる。しかし、あなたの疑問や悩みはいやされない。「うちの子に限ってなぜ？」「あの子がかわいそう」「私はこれからどう生きればいいの？」そんな方々を目の前にするとき、宗教の必要性を痛感する。

　食べていけるだけで幸せを実感できる時代ではなくなった。何かを求めて失敗を繰り返す。解脱や自己否定など、できっこないのにそれを目指してつまづく。そんな人間が、私は好きだ。幸福は欲望と消費量の相関関係で計数化できるというマックス・ウェーバーの経済学原理がある。資本主義も共産主義も、消費量をどう増やして市民に幸福を提供するかという考え方だ。しかし21世紀は、むしろ欲望をどうコントロールして万人が平穏に生きるかを考えなくてはならなくなるのではないか。

　だから宗教の役割は、今後いっそう重要になると思う。それだけに、宗教は人を傷つける活動であってはならない。心に平穏をもたらす新しい宗教運動の盛り上がりを、心から願っている。

（初版）はしがき

　　　　　　　　　　　　　　　　弁護士　滝　本　太　郎

　「すごい吸引力なんです。止められないんです。助けてください」という電話を忘れない。1995年夏、オウム真理教の極悪非道の行為が着々と明白になる中、好奇心からその支部に行き始めた人からの電話だった。

　破壊的カルトというのは、大変に魅力的である。なにせ絶対的に従えばよい「真理」だからである。タナトスの一類型―自己破壊願望とか、「自由からの逃走」と言うのは容易だが、その魅力も直視しなければならない。破壊

的カルトにおいて、一時的には心が安定する人がいることも直視しなければならない。

　一方で、マインド・コントロールの概念は普及した。だが、その実質は、なかなか理解されていない。オウム真理教や統一教会のメンバーの入信経緯とその行動を理解しようとするとき、「宗教だ」では説明できないし、マインド・コントロールに代わる有効な説明もない。

　マインド・コントロールについての深い理解と、破壊的カルトの魅力を十分に知ることは、破壊的カルトへの対応を誤らない前提である。

　どうか、これ以上、被害者も加害者も増えませんように。

（初版）はしがき

弁護士　紀　藤　正　樹

　カルトという言葉は、帰納的な概念言語である。決して最初に定義ありきの演繹的な概念ではない。この点に誤解が多いので確認しておきたいと思う。

　過去破壊的カルトが引き起こしてきた事件を類型的に分類してみると、おおむね次の四つに分類できる。①対社会妨害型、②資金獲得型、③家族破壊型、④構成員収奪型の四つがそれである。典型例をあげると、①の最たるものが世界を震撼させたサリン事件、②は霊感商法、③は親子の断絶や離婚、④は信者の安全や健康を無視した無償労働などであろう。私たちは、こうした事件を継続的に引き起こす集団を破壊的カルトと呼んでいる。要するに弁護士は、破壊的カルトがこうした社会問題を引き起こしてきたからこそ、法的なレベルでも問題にしてきた。ただ普通の人と違う考え方をしている、奇妙だから、なんて理由で問題としているわけではない。

　ところが評論家の中には、こうした破壊的カルトの実態を直視せず、カルトの定義があいまいだなどと言って、言葉の問題に矮小化するような意見を言う人がいる。しかしこの問題は破壊的カルトの実態に対し私たちがどう考えるのかが重要なのだ。前記四つの問題すべてを継続的かつ組織的に引き起こす集団がいたとしたら、私たちが取る態度は、おのずからNOだろう。

目次

Q&A 宗教トラブル110番〔第3版〕
目　次

第1章　こんなときどうしたら？

精神的被害を受けたら

- Q1　娘が自己啓発セミナーに毎日遅くまで通っているが大丈夫か …2
- Q2　友人が参加して人が変わってしまった自己啓発セミナーとはどのようなものか……5
- Q3　娘が合同結婚式に出て外国人と結婚すると言い出したがどうしたらよいか……7
- Q4　まことの家庭運動推進は統一教会が行っているのか……10
- Q5　ハンドパワーで病気が治るという宗教団体をやめたいがどうすればよいか……13
- Q6　娘がヨガ教室に貯金を献納しているがどのような道場か……16
- Q7　駅頭などでしつこく声をかけてくるのは何のためか……19
- Q8　夫が性格チェックの折込チラシをみてセミナーに通い出したが大丈夫か……23
- Q9　自己啓発セミナーに通っていた息子が突然自殺したが誰に責任を問えるか……26
- Q10　牧師や宗教的組織の代表者の専横をどうするか……29

経済的被害を受けたら

- Q11　高価な印鑑や大理石の壺を買わされたがどうすればよいか――霊感商法……32
- Q12　一人暮らしの祖母が先祖の因縁解放のためにと土地を提供しているが大丈夫か……36

Q13　先輩から宝石展や絵画展に誘われているがどうすればよいか…40
Q14　姪に健康フェアに誘われ人参液を勧められたが買っても大丈夫か……43
Q15　教祖が逮捕され教団も破産した法の華三法行とはどのような団体か……46
Q16　「終末が近いから財産を分けてほしい」と要求する娘にどう対応すればよいか……49
Q17　霊視商法にだまされたが祈禱料を取り返せるか……51
Q18　信仰に基づく祈禱料を返してもらえるか……54
Q19　アトピーに効くという薬や〇〇療法は安全か……56
Q20　高島易断で因縁を解くためにと高額なお金をとられたが返還してもらえるか……61
Q21　テレビで有名な霊能師に高額なお墓の立替費用を払ったが取り戻せるか……64
Q22　特殊な治療に高額料金を取られているが大丈夫か……68
Q23　教団に入るためにしたサラ金からの借金が返せないがどうしたらよいか……72

家族が崩壊しそうになったら

Q24　統一教会——妻が突然韓国に行くと言い出したがどうすればよいか……75
Q25　共同生活をしている団体から孫を連れ戻したいがどうすればよいか……78
Q26　妻が宗教に夢中という理由で離婚できるか……83
Q27　妻の宗教活動が原因で離婚する際子どもを妻に渡したくないがどうすればよいか……86
Q28　カルト集団にいた子どもたちはどうなるか……88

目　次

Q29　牧師が信者の家族関係を破壊したり信者に性的関係を迫ることは許されるのか……………………………………………………91

第2章　マインド・コントロールとカルト

マインド・コントロールのテクニック

Q30　日本で起こった宗教事件にはどのようなものがあるか………96
Q31　海外で起きた宗教事件にはどのようなものがあるか…………102
Q32　カルトとはどのようなものか………………………………………107
Q33　破壊的カルトにはどのような特徴があるか………………………111
Q34　ミニカルトって何ですか……………………………………………115
Q35　洗脳とマインド・コントロールとはどう違うのか………………118
Q36　マインド・コントロールはどこにでもあるのではないか………120
Q37　心の変容過程はどうなっているか…………………………………122
Q38　マインド・コントロールの手法はどのようなものか……………125
Q39　破壊的カルトに入会した後もマインド・コントロールは継続されるのか…………………………………………………………130
Q40　カルトが知識人などにより外的権威をつけられることに問題はないのか…………………………………………………………134
Q41　新聞広告で大きく出ている本は信用できるか……………………136
Q42　カルトのメンバーの価値観はそんなに違うのか…………………139
Q43　犯罪までさせるカルトのテクニックはどのようなものか………141
Q44　マインド・コントロールされたうえで犯した罪でも刑事責任を問えるか……………………………………………………………143
Q45　マインド・コントロールの違法性…………………………………147

元信者の被害回復のためには

- Q46　妻が勝手に献金した預貯金を取り戻せるか ……………………151
- Q47　宗教団体の指示による海外派遣先での娘の死亡の責任を宗教団体に問えるか ……………………154
- Q48　教団の活動での過労が原因となった事故の責任を教団に問えるか ……………………156
- Q49　給与から天引きされていた献金を取り戻したいがどうすればよいか ……………………159
- Q50　教団の運営する会社では残業も奉仕として手当が出ないが許されるのか ……………………162

カルトから脱けるには

- Q51　高校生の私にしつこく恐いことを言ってくる先輩にどのように対応したらよいか ……………………165
- Q52　社長からセミナーや宗教にしつこく勧誘されるがどうすればよいか ……………………167
- Q53　確実に脱会するためにはどうすればよいか ……………………169
- Q54　どのようにカルトから脱会してくるのか ……………………172
- Q55　カウンセリングはどのように行われるか ……………………174
- Q56　カウンセラーとはどのようなものか ……………………179
- Q57　合同結婚式に参加した娘を脱会させたいがどのような対応をすればよいか ……………………183
- Q58　信者を脱会させるために無理に閉じこめて話し合うことは問題があるか ……………………186
- Q59　脱会すればすぐに元気になるのか ……………………190
- Q60　家族は本人にどのように対応すればよいか ……………………193
- Q61　危ない破壊的カルトに入らないためにはどうすればよいか …198

目　次

Q62　破壊的カルトに国はどのような対応をしているか …………201
Q63　断り切れない性格を直すにはどうすればよいか …………204

第3章　宗教と社会

Q64　信教の自由とは何か――憲法の視点から ………………208
Q65　宗教法人とは何か――法律の規定では …………………211
Q66　日本にはどのくらい宗教団体があるのか …………………213
Q67　宗教法人は税金の優遇を受けられるのか …………………216
Q68　宗教団体であれば法人でなくても税金が優遇されるのか ……221
Q69　宗教法人が行うことのできる事業はどのようなものか ………223
Q70　宗教法人となるためにはどのような条件が必要か …………225
Q71　オウム真理教事件で宗教法人法はどのような点が改正されたか …………………………………………………227
Q72　オウム真理教は現在どうなっているか ……………………230
Q73　宗教法人の所轄庁はどのような権限があるか ……………239
Q74　オウム真理教事件が放置された理由とは何か ……………242
Q75　宗教法人への解散命令とは何か …………………………245
Q76　外国のカルト対策はどのようなものか ……………………248
Q77　暴力団が宗教法人をほしがるのはなぜか …………………253
Q78　宗教法人に対する外部からの調査ではどのようなことができるか …………………………………………………257
Q79　噂のある宗教団体の建物ができそうだがやめさせるにはどうすればよいか …………………………………………260
Q80　オウム真理教や統一教会などの破壊的カルトがなくならないのはなぜか ……………………………………………265
Q81　なぜ名誉毀損訴訟を濫発する宗教団体があるのか ………268
Q82　カルト教団と闘うときにはどのような点に注意しなければ

ならないか …………………………………………………………272

参考資料
　1　宗教トラブルを考える資料 …………………………………275
　2　宗教トラブルに関する窓口 …………………………………280
あとがき ……………………………………………………………281
　・著者紹介 …………………………………………………………282

第1章

こんなとき どうしたら？

第1章　こんなときどうしたら？

精神的被害を受けたら

Q1 娘が自己啓発セミナーに毎日遅くまで通っているが大丈夫か

娘の帰宅が最近極端に遅くなり、とても疲れている様子なので、問いただしたところ、「○○文化センター」というところで人生のことなどについて勉強しているというだけで、それ以上説明しようとしません。大丈夫でしょうか。

A

大丈夫ではありません。娘さんはカルト教団に取りこまれようとしています。人生の重大な岐路にありますから、ご両親でよく考え対応してください。

● 狙われるまじめな独身勤労女性

世界基督教統一神霊協会（以下、本書では「統一教会」といいます）は、全国各地の駅前などに、○○フォーラム、○○文化センター、○○ライフアカデミー、○○カルチャーセンターなどと呼ぶ「ビデオセンター」を構えています。サロンや落ち着いた喫茶店のような雰囲気で、まじめそうなお姉さまやおばさまが時間をかけて応対するのですが、そこが統一教会という宗教団体の教義を教えこむための場所であることを隠すので来訪者も気がつかないのです。誘う側も、「ここで、本当の幸せとは何か、どうしたら充実した人生が歩めるか学べます。40巻のビデオを週1、2回通いながら見て、カウンセラーとの話があります。よければツーデーという2泊3日のセミナーもあります」といった説明しかしません。聖書の話が出てくることについては、

「世界のベストセラーですから聖書の話が出ることはありますが、特定の宗教とは関係ありません」というウソまでつくのです。特に25歳前後の独身女性は、「私はこのままでいいのかしら」と考える年頃のようです。統一教会には、銀看保アパ勤女（ギンカンポ・アパキンジョ）という隠語があります。銀行員・看護師・保育士でアパートに住む勤労女性という意味です。

　統一教会にとっては、このような女性が伝道しやすいターゲットなのです。世間的に評価されている仕事につき、収入もそこそこあるけれど、毎日忙しいばかりで、人生に潤いがないと感じている女性がねらわれています。人生をかけるものがみつからず、仕事が終わってアパートに帰っても、一人でテレビやインターネットを相手に寂しく食事をして寝るだけの毎日で、「このままこの仕事を続けていても、潤いがない、嫌な人間になってしまいそう」と考えてしまいがちのときに、駅頭でまじめそうな同年輩の女性が「すみません。青年の意識アンケートに答えていただけませんか。どんなことに関心をおもちですか」などと目をキラキラさせて話しかけてくると、ついその相手をしてみたくなるのです。

第1章　こんなときどうしたら？

●娘さんとともによく考える

　やたらにほめてくれる信者の、熱心でしつこい誘いに乗って通っていると、統一教会＝文鮮明のロボットになってしまいます。自分で考え、自分自身の感性で感じることを否定して、統一教会のお仕着せの考え方・感じ方に合わせるようになっていくのです。決して娘さんを叱ってはいけません。本人が今どこまで深入りしているのかをじっくり聞き出しましょう。ミイラ取りがミイラにならないように気をつけながら、娘さんが通っているところにいっしょに行ってみることも必要かもしれません。巻末の参考資料2の相談窓口に相談することもお勧めします。

　頭から反対すると、親に隠して通うようになり、かえって厄介なことになります。本人は「私はよいことをしているんだ。親は今は反対しているけれど、必ずわかってくれて、私に感謝するようになる」と教えこまれ、その気になっています。短気にならず、慎重に対応してください。

Q2 友人が参加して人が変わってしまった自己啓発セミナーとはどのようなものか

> 私は看護師です。数人の同僚が3泊4日の「○○セミナー」に参加したところ、その直後から人が変わったようになって、相次いで退職し、そのセミナーのスタッフになってしまいました。いったいこのセミナーはどのようなところですか。

A

●人間の感情をコントロールするセミナー屋

数日間のセミナーですっかり舞い上がってしまい、自分が変わったように錯覚してしまう。「私が求めていたのはこれだ！」と熱い気持ちになる。このように人間の感情を巧みにコントロールするマジックがあるのです。

このテクニックはカルト的宗教団体だけが利用しているのではありません。セミナー屋とでもいうべき営利企業でも、有料で人を集め、数日間で「自分は変わった」という気持ちにさせてしまうテクニックが使われています。最近では、これに癒し（いやし）の要素が加味されて、「この団体の集いこそ、私が長年探し求めてきたものなんだ」と思いこませ、一時的な安らぎを与えるように仕組まれています。

●テクニックの典型例

ここで、こうしたテクニックの典型例を紹介します。自分の性格を変えたいと思うあなたは、自己啓発セミナーに行きました。若者が30人ほどホールにいます（その多くはサクラなのですが、あなたはそれを知りません）。

まず、次頁の図のような9個の点を描いた紙片を渡されて、「この9点を

4本のつながった直線でつないでみてください」とスタッフが言います。10分後、答が（15頁参照）紹介され、「既成概念にとらわれると、こんな簡単なことでも答が見つからないんですね」と言われます。次に、「これから10分間で、会場のできるだけ多くの人に自己紹介してください。何人にできるでしょうか。スタート！」と、自己紹介ゲームが始まります。おどおどしているあなたを尻目に、サクラは活発に自己紹介しまくっています。終了後、「あなたは本当はもっと活発なのに、尻込みしてチャンスを自分でつぶしていませんか」と司会に言われて、あなたは本当にそうだなと思うのです。

　また、いろいろゲームをしますが、その中に、生き残りゲームがあります。「ヘリコプターが無人島に不時着しました。6人のうち一人だけが助かるボートがあります。6人相互にアピールして、自分こそ生き残る価値のある人間だと、他の5人を説得しましょう。最後に誰が生き残るべきか無記名投票をします。説得時間は30分間です。スタート！」。雰囲気にあおられて、あなたは懸命に自分をアピールします。

　このようなゲームを続け、講義を受けるうちに、何だか自分の体の中に新たなエネルギーが生まれた気がしてくるのです。しかし、それは特殊な環境の中でのことです。実社会の中では数日で消えてしまう「発熱」です。その発熱が冷めないうちに、次のセミナーにさらに高額な費用を払ってでも行かせようとするのがセミナー屋です。スタッフになるように誘われて、退職してスタッフになってしまう人も出てきます。

　しかし、本当に自分が変わるのは、簡単にできることではありません。自分を変えたいというあなた。人に変えてもらうのではなく、自分自身の努力で、周囲の本当の理解を得ながら努力する過程こそ大切だと思いませんか。目の前の結果だけを求めすぎてはいませんか。

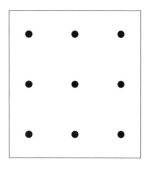

Q3 娘が合同結婚式に出て外国人と結婚すると言い出したがどうしたらよいか

上京して一人住まいをしている娘が、突然「合同結婚式に出て外国人と結婚する」と言い出し、その参加費用の無心のために帰省してきました。とにかくやめさせたいのですが、どうしたらよいのでしょうか。

A

● **カルトと性**

教祖が信者の複数の女性に手を出したり、信者の結婚やセックスの相手を指名するようなカルトの例は少なくありません（Q10参照）。本来、性をテーマとした教義は、すべての宗教団体で重要な意味をもつものです。しかし、その教義や性的儀式が信者を勧誘するにあたっての売り物になっているカルトがあります。チルドレン・オブ・ゴッド（「神の子どもたち」、その後「愛の家族」や「ファミリー」と称されています）の元信者の中には、「自分の心も身体も神に捧げたのだから、セックスを使って教団のために勧誘や資金集めをすることは正しいこと」と思いこまされていた女性もいました。これは、カルトによるマインド・コントロールの恐ろしさを示す一例です。

● **統一教会の合同結婚式**

統一教会は、「男女の性器は神様のためのものであって、決して自分の欲望のために使ってはならない」と教えています。徹底して自分の判断による恋愛や性交を否定します。「人類の始祖であるエバが、アダムとの間に許されざる性交渉を持ったうえで生まれてきた我々人類は、そのために原罪を負っており、それを払拭できるのは唯一神が地上に遣わしたメシアである文鮮

7

明である。性欲を感じ、異性を好きになるのは、その原罪のなせるものだ。『堕落性本性』をもっている私たちは、それを払拭するための厳しい修練をしなければならない」と述べて、性欲や異性にひかれる自己を徹底して否定するように教えこみます。

そのストイックな教義がまじめな若者をひきつける側面をもつことは否定できません。「新純潔教育キャンペーン」「真（まこと）の家庭運動推進」などと称して、統一教会のダミー組織が、集会をしたり、冊子をつくったりして、教育界やPTAなどに働きかけたりしているので、警戒する必要があります。この運動も、統一教会の信者勧誘のきっかけとして使われています。

信者たちは、罪深い自分が罪を清められる唯一の方法として設定されている合同結婚式への参加が、唯一の救われる方法であると信じこんで、メシア・文鮮明から指示されたノルマ達成のために寝る間も惜しんで働かされています。最近では数集めのため、この合同結婚式への参加条件が緩和されました。特に男性が少ないので、男性はにわか信者でも参加させられます。しかし、参加した後の献金や伝道のノルマがまた厳しいのです。

1997年合同結婚式のパンフレットより

Q3　娘が合同結婚式に出て外国人と結婚すると言い出したがどうしたらよいか

●合同結婚式の歴史と対策

　統一教会では古くからこの合同結婚式を繰り返してきました。特に桜田淳子氏らが参加したことでマスコミをにぎわせた1992年8月の合同結婚式には3万組の男女が参加したとされ、社会問題になりました。その後、1995年に36万組、1997年には360万組、そして1999年2月以降は何回かに分けて4億組の参加者を集めたなどと宣伝しました。しかし実際の参加者は減少しており、数集めに苦労しています。最近では「既成祝福」といって、すでに結婚した人が統一教会信者になった場合、その夫婦を文鮮明が「祝福」することも多いのです。

　また配偶者を亡くした高齢者と死去した相手や、高齢の独身者と霊界の偉人との「結婚」を「祝福」する「霊界祝福」や「霊肉祝福」などという金集め目的の儀式もあります。

　合同結婚式に参加した日本人は、1人あたり140万円の「祝福感謝献金」と、「経費」としての30万円の、合計170万円を支払わされます。

　娘さんから突然、「合同結婚式に出る」と言われたあなたが驚くのは当然です。しかし、娘さんは、合同結婚式への参加こそ自分や自分の家族が救われる唯一の方法だと信じています。

　2002年8月21日の東京地裁判決は、信者が合同結婚式への参加を拒否することは教義上困難な実態があるとして、婚姻の自由を侵害し違法と認定してます。やめさせるのは決して簡単ではありません。Q51以下の回答もよく読んでください。

第1章 こんなときどうしたら？

Q4 まことの家庭運動推進は統一教会が行っているのか

> 真（まこと）の家庭運動推進のボランティアといって、まじめそうなご婦人が戸別訪問してきました。「不倫しません。離婚しません」などと書かれた署名用紙にサインを求められたのでサインしましたが、これも統一教会なのですか。

```
☘☘☘☘☘☘☘☘☘☘☘
☘   真の家庭実践運動   ☘
☘☘☘☘☘☘☘☘☘☘☘
ご夫婦の固いきずなと永遠の幸福をお祝
いする意味が込められています。
真の家庭を築くため、夫婦仲良くお召し
上がり下さい。
ご家族皆様にご多幸がありますように！。

　- - 5つのモットー - -
　①真の父母の愛で理想の家庭を作ります。
　②離婚をしません。
　③浮気、不倫をしません。
　④真の父母の愛で子供達を立派に育てます。
　⑤世界平和のために貢献致します。

〒330-0021 埼玉県大宮市東大宮5-2-12
真の家庭運動推進埼玉協議会
担当　　☎（　　）
```

A

● 真の家庭運動推進とは？

「人類が抱える悲劇の根本は、家庭の崩壊により家族間の愛情、道徳、倫理が失われることです。援助交際、『失楽園』不倫ブーム、エイズや子どもの犯罪などの防止には、社会の基礎となる家庭を『愛の学校』にすることから始めなければなりません。私たちは、そのために『真（まこと）の家庭』建設を推進します」。

これが、統一教会が正体を隠して1997年8月から開始した人集め・金集めのための活動の建て前です。

　統一教会は4億組の合同結婚式を達成すると称して、数集めを自己目的化したこのイベントを繰り返してきました。1997年11月にワシントン郊外のスタジアムで開いた合同結婚式について、統一教会は世界中で3960万組、日本でも211万人が参加したと宣伝しました。しかしその実態は、ご質問のようなニセ署名運動でだまされて署名した人まで数えています。特に、日本人の女性信者数千人は、世界中の国に派遣されて各国でニセ署名集めをやらされています。まだおしめがとれていない幼児を抱えた女性信者までもが、くじ引きで決められた担当国に派遣され、劣悪で危険な生活条件の下で、人集めに奔走しているのです。信者である母親が海外に派遣されたため幼児が日本にとり残された例もあります。真の家庭の再建どころではありません。統一教会と名乗ると警戒されるので、「国連公認のNGO『世界平和女性連合』のボランティアで純潔を訴えています」などと正体を隠し、賛同者を集めています。

　しかも、本人は「この苦労こそ神の試練。お父様（文鮮明のこと）は、この数倍の苦しみに耐えてこれらた」と本気で信じています。しかしその文鮮明（故人。2012年9月死亡）は、ニューヨークやソウルの豪邸に住んで、贅沢三昧の毎日でした。その実態は、文鮮明の長男の妻だった洪蘭淑（ホン・ナンスク）著『わが父文鮮明の正体』（文藝春秋）に詳細に書かれています。

● 統一教会の未来は？

　文鮮明は、生前、指示どおりの献金が日本から送られてこなくなったので、大変怒って、日本は海に沈むなどと脅していました。日本人幹部が信じられなくなり、多数の韓国人信者を日本に送りこんで、地域組織のトップにしていました。

　このような文鮮明、そしてその言いなりの江利川安栄（1998年の統一教会会長）、大塚克巳（1999年、2000年、2006年～2008年の同会長）、小山田秀生

(2001年〜2006年の同会長)、徳野英治（2008年〜2009年、2012年〜現在の同会長）、梶栗玄太郎（2009年〜2012年の同会長）ら日本の最高幹部の言動に対して、「さすがにこれはおかしい」と、多くの中堅信者も気づいています。文鮮明の3男と4男、7男に加え文鮮明の妻の韓鶴子との間で後継争いも表面化し、文鮮明の死後ますます内部矛盾が明白化し、分裂含みの様相を呈しています。

　ところが、古手の信者たちは、浮き世離れした統一教会の組織の中でこそ大きな顔ができ、生活資金も賄えますが、実社会に出ると自分が使いものにならないことを知っています。だから、おかしいとはわかっていても、上の人の言いなりに信者を鼓舞して、伝道と金集めの「実績」を追求させるしかないのです。

　献金強要や霊感商法、そして伝道の方法までもが違法だとして、統一教会の責任を認める判決が相次いでいます（Q11、Q45参照）。いずれ破産するか、宗教法人の解散命令を受ける（Q75参照）しかないかもしれません。それでも、文鮮明をメシアと信じる多くの信者が残るでしょうから、問題は簡単ではありません。

Q5 ハンドパワーで病気が治るという宗教団体をやめたいがどうすればよいか

> ハンドパワーで病気が治るという宗教団体に誘われて加入しました。しかし、いろいろな口実で次々とお金を出すように言われるので、もうやめたいと思っているのですが、不安もあってやめられません。どうしたらよいでしょうか。

A

● 宗教による難病治療

　太古の昔から、宗教家は心の悩みだけでなく、病気を治す不思議な力をもつ者として人々の信仰を集めていました。新約聖書には、イエス・キリストが神の力によって多くの人々の宿痾を瞬時に治療したという記述があります。それによって多くの人々がイエスをメシア（救世主）と信じるようになったとされています。しかし、イエスはその超能力を宣伝して金集めをするようなことはしませんでした。

　平安時代の真言密教の高僧も、天皇をはじめ貴族のお抱え祈禱師的な役割があり、貴族が病気になると中国で学んできた治療や祈禱をしていたようです。現代社会においても、難病を宗教的な特殊能力で治療させることを売り物にする教団が少なくありません。西洋医学では限界がある不治の病の患者が安らかに死を迎えるために宗教の力を借りることが注目されてもいます。

　しかし、ガンが特殊な宗教的療法で治癒するといった話は眉唾ものです。その人はガンではなかったかもしれません。宗教ではなく、患者の主体的要因でエックス線のガンの影が消えたのかもしれません。科学的根拠のないことは不用意に信じこまないほうが無難です。わらにもすがりたい気持ちはわ

かりますが、それを巧妙に利用して金儲けの材料とする人々がいることを忘れないようにしましょう。「巧言令色すくなし仁」。口がうまくて、姿形、見ばえがよすぎる人や団体には、安易に近づかないことです（Q19も参照）。

●「泰道」について

　ご質問のような団体はたくさんありますが、九州北部を中心に多くの信者を擁する「健康を守る会・泰道」（2007年に解散し、最近は宗教法人「宝珠宗宝珠会」と称し、その分派は「株式会社アースハート」、「つくしの会」、宗教法人「ひのもと」などと称しています）という団体かもしれません。泰道については、「黎明塾」という創始者の「生命学」を学習する場が全国に数十ヵ所あり、そこで講義を受けるとともに、手かざしによる診断、治療や「酒の味変え」の実技が行われていました。この団体に対して、多くの元信者が損害賠償請求訴訟を起こし、次の点が問題にされました。

① 　科学的な根拠もなく、どんな病気も治癒・快復させることができるとして、入会金140万円をはじめ、不当に高額の資金を払わせる。
② 　治癒能力を修得したい会員に新たな会員を勧誘したらその能力がつくとして、金銭被害者を拡大させる。
③ 　組織のシステム全体が、能力アップや組織内の昇格のために、多額の資金を出すことや新会員を獲得することを条件づけている。

　泰道側は、この特殊な力は本物であるとして「人間の肉体」の欠陥や障害が、肉体より15ないし20センチメートルのところに出ている反応（生命の臨界線という）を、自分の手の感性でとらえ、その意志力によってともに引き出される生命力の作用により、病気を治していると主張しました。元プロ野球選手の有名人でさえ賛同していたというのも自慢のようです。

　長崎地裁平成13年9月26日判決は、病気の不安や治癒の期待をあおって、病気が治るなどとして大金を支払わせる手口は社会的相当性を逸脱しており違法だとして賠償を命じました。同様の判決が、佐賀地裁平成14年2月15日、福岡地裁同年9月11日でも相次いで出され、平成16年2月12日と6月11日の

Q5 ハンドパワーで病気が治るという宗教団体をやめたいがどうすればよいか

最高裁決定で確定し、合計約1億6000万円の賠償額が認められています。

なお、アースハートはハンドパワーと称して、現在、泰道に代わり活発に活動を続けています。各地で被害者らの訴訟が起きており、平成26年3月28日には福岡地裁で、アースハート側敗訴の判決も出されています（アースハート側は控訴しましたが、福岡高裁平成26年12月25日判決でも敗訴し、現在上告中ですが、結論は変わらないと思われます）。また、代表の野中邦子は脱税で逮捕され、平成26年5月29日、福岡地方裁判所において懲役2年の実刑判決が出される事態となっています。

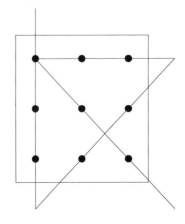

〈6頁の答〉

第1章　こんなときどうしたら？

Q6　娘がヨガ教室に貯金を献納しているがどのような道場か

　娘が健康のため、インド系のヨガ教室に通っています。最近では貯金をそこに献納するだけでなく、仕事もやめてしまい、とても心配です。大丈夫でしょうか。

A

●インドは多くの宗教の発祥地

　インドは、歴史的にみても仏教、ヒンズー教などの重要な宗教の発祥地です。新宗教の世界でも、インドは世界の宗教界に大きな影響を与えており、帝国書院が発行している『新宗教の世界』（世界の宗教シリーズ７、昭和63年）をみても、同書でとりあげられている八つの新宗教（モルモン教、ラスタファリ、統一教会、超越瞑想（TM）、バハイ教、エホバの証人、ハレ＝クリシュナ、ラジニーシ（現在は「和尚」とも呼ばれています））のうち、超越瞑想（TM）、ハレ＝クリシュナ、ラジニーシ（和尚）の三つまでもが、インド発祥の新宗教です。

　物質世界からの解脱を得るための科学であり修行であるとされるヨガの発祥も宗教であり、座禅もヨガから発祥したものと考えられています。

　ヨガ教室に通うこと自体は問題のないものですし、もちろんインド発祥の新宗教のほとんどはまったく問題のないものです。しかしインド発の宗教団体の中にも、伝道の意図を隠して伝道活動を行うものや、高額のお布施を要求したり、信者たちに共同生活をさせてただ働きさせるなど、問題があるものもあります。

　しかしこうした団体は、日本では小規模な集団にとどまっているため、な

かなかその集団の活動実態がわからず、幹部信者が脱会してその宗教団体内部の事情を明らかにしない限り、その問題点が浮き彫りにならないのが実情です。またそうした団体は構成員も少ないこともあり、苦情があってもごく少数で、霊感商法のように社会問題化するまでに至りませんから、心配した家族の孤軍奮闘になってしまうという面があります。

●警戒すべきヨガ道場かどうかを見分ける方法

オウム真理教のように、「ヨガ教室」を隠れみのにして伝道活動を行っている破壊的カルトもあります。また最近ではダン・ワールドと称する韓国人の教祖李承憲（イ・スンホン）が始め、日本でも広がっている宗教団体とも評価できる団体が、「イルチブレインヨガ」なるヨガ教室を運営し、多額の金銭を支払わせる事件があり、米国ではダン・ワールドに対して集団訴訟も起きました。日本でも訴訟になったケースがあり、交渉で被害金額全額を取り戻した事例も出ています。

ですから、まず娘さんが通っているヨガ教室を運営する団体についての情報を集めることが重要です。頭ごなしに反対するばかりでは、かえって娘さんも離れていってしまいます。破壊的カルトの問題に関して相談に乗っている団体の窓口（巻末の参考資料2参照）に問い合わせてみるのも大事です。こうして集めた情報から、その団体が、次の基準に当てはまるかどうか、検討してください。

① 伝道に際し、宗教団体の伝道であることを隠すなどウソがある。
② 信者らに高額のお金を要求する。
③ 信者らに、宗教団体の代表に対する、絶対的帰依と従属を要求する。
④ 人類が滅亡する、輪廻転生ができないなど、構成員に恐怖感を執拗にあおる傾向が強く認められる。
⑤ 信者らが共同生活をしている。
⑥ 関連会社をもち、信者らにただ働きをさせている。
⑦ 家族からのクレームに関し誠実に対応しない。あるいは平気でウソを

つく。

 どんなに信者数の少ない団体でも、以上の基準のいくつか該当する団体であれば、警戒してもよいでしょう。しかしその団体の信者数が少なく小規模な段階では、いろいろ問い合わせても、「知らない」とか「クレームはない」との回答を受けるかもしれません。

 しかし、どのような破壊的カルトの問題も、最初の１人（家族）のクレームから始まり、それがやがて大きな運動となったのです。最初の一歩を踏み出す人は、孤軍奮闘となり、勇気がいるものですが、親として、長い目で娘さんの活動に対して、対処していく姿勢が必要です。

Q7 駅頭などでしつこく声をかけてくるのは何のためか

駅頭で「あなたのために祈らせてください」と若い男性から話しかけられ、浄霊と称する手かざしを受けました。その後も再三誘われています。いったい彼らは何のためにこんなことをしているのですか。

A

もちろん伝道のためです。どの宗教団体も、組織である以上、信者勧誘と集金システムの基盤がなければ永続的な団体とはなり得ません。ですから街頭での伝道活動は、信教の自由の延長線上にあるものとして、その自由が認められています。しかしQ18でも指摘しているように、行きすぎた献金勧誘行為が違法となることは当然ですし、伝道の際にウソをついたり脅したりするような行為も、社会的相当性を欠く行為として、違法というべきで、統一教会に対しては、その伝道が違法とする判決も相次いで出されています（Q45参照）。もちろん法律に違反しない行為であっても、道義的に責められる方法での伝道や献金勧誘行為は、公益性の観点から免税資格まで与えられている宗教法人の場合は、強く非難されるべきです。

●神慈秀明会

「浄霊」と称して手かざしを施す宗教団体は多数ありますが、街頭で活発に勧誘活動を行ってきた宗教団体に神慈秀明会があります。神慈秀明会は、宗教法人世界救世教の教祖岡田茂吉を教祖とし、「みろくおおみ神」を主神とする宗教法人で、1952年に世界救世教の被包括法人として設立された宗教法人でした。ところが1955年の岡田茂吉の死後、中央集権化を強めた世界救世教の運営に疑問をもった小山美秀子（みほこ）が、世界救世教から1970年

に離脱して、単立宗教法人としました。離脱時に1万8000人の信者を誇り、世界救世教所属の教会では最大規模とされていました。神慈秀明会では、岡田茂吉を明主、小山美秀子を会主、小山美秀子の長女小山弘子を会長と称し、教団の登記上の代表役員には小山弘子がなっています。

登記上の本部は京都府京都市左京区にありますが、滋賀県信楽町に約30万坪の敷地を擁する大神殿をもち、ここが実質上の本部となっています。さらに、全国に支部や集会所を設け、活発な活動を続けています。

教義上、先祖の因縁を解放するには、「おすくい」(伝道)により献金をして徳を積むしかないと教えていますが、神慈秀明会では、献金や伝道数について、ノルマ(目標数)を設定して競わせている関係で、信者の活動が過激となり、因縁話を過度に強調して強引に献金を勧誘するケースが出ています。しかも、一口10万円の桃の種献金、一口100万円の桃の実献金、一口1000万円の桃の木献金など、高額かつ定額の献金システムがあり、被勧誘者が、お金がないと断ると、銀行などから借入れを勧められて献金させられる例までありました。こうして信者間の献金の貸し借りまで起こり、後にトラブルになるケースもあります。

献金勧誘活動が行きすぎだとして、神慈秀明会相手に裁判が提起されたケースもあり、京都地裁平成19年12月25日判決は、神慈秀明会の責任を認め、「借金をしたうえで、高額の献金を繰り返すことは、当該信者にとって経済的破綻をもたらすものであ(る)」、「信者の自由意思に基づく献金であるとは言い難い」として660万円の損害賠償責任を認めています。

信者に対し借金する方法まで教えて献金させるというのは、信者の生活を脅かし、「献金」の本来の趣旨を逸脱するものといえるでしょうから、非難されるべきです。神慈秀明会では、こういった姿勢を改める方向に路線転換し、現在ではほとんど相談事例はなくなりましたが、今後の動向が注目されるところです。

●顕正会

　近時駅頭伝道にまつわるトラブルが頻繁に起きている団体として、宗教法人顕正会（富士大石寺顕正会）があります。顕正会は、政教一致主義を唱える原理主義的宗教団体ですが、もともと日蓮正宗の信者団体である「講」が独立して宗教法人になった団体（創価学会も「講」が宗教法人に発展した例です）で、その原理主義的行動のために、日蓮正宗から破門されています。

　顕正会の場合、入信勧誘がただしつこいというだけでなく、暴力沙汰になる事件まで発生しています。1992年8月、千葉県警柏署が、顕正会信者2人を入信の強要容疑で逮捕したという事件（8月29日・9月19日付け朝日新聞）、1999年7月18日、藤沢警察署が、同会の勧誘をめぐるトラブルから、大学生に暴行を加えケガを負わせたとして、同会の信者を傷害容疑で現行犯逮捕した事件（7月5日付け毎日新聞）、2001年7月2日には、JR本千葉駅前で、同会への入会を断って逃げようとした無職男性（19）に、顕正会会員の3人が、殴る蹴るの暴行を加えた疑いで緊急逮捕された事件（2001年7月3日付け毎

日新聞）などをはじめとして、その後も繰り返し入信強要にまつわる逮捕事件が起きています。2013年9月には、警視庁が信者2人を強要と暴力行為等処罰ニ関スル法律違反容疑で任意で事情聴取をするとともに、顕正会本部などその施設5ヵ所を家宅捜索するなどの事件も起きています。

　ただし、現在のところ逮捕例はあるものの、略式起訴の例があるだけで正式に起訴されたものはないようです。しかし、顕正会側が前記にあげた藤沢署のケースに関し、神奈川県に対して国家賠償請求訴訟を起こした事件がありますが、これに対しては、平成12年7月10日に請求棄却の判決が出され、顕正会側が敗訴しています。

　著者らが相談を受けた例の中にも、駅頭で、病気でうずくまっている人がいて、「大丈夫ですか」と声をかけたところが顕正会の勧誘で、そのままワゴン車に連れこまれて顕正会の施設に連れていかれ、入信を強要されたという、犯罪ともいえるケースまであります。今後、この宗教団体の動向が注目されるところです。

Q8 夫が性格チェックの折込チラシをみてセミナーに通い出したが大丈夫か

> 夫は、新聞の折込チラシに入っていた性格チェックシートを相談所に送って、セミナーに通い出しました。そのうちに「どうしてもすぐに200万円が必要だ」と言うので、困っています。どうしたらよいのでしょうか。

A

●話し合うことから始めよう

　自分がおかれている立場や環境とかかわりなく、教団が提示した「理想」や「理念」を絶対的なものと思いこませて、そのための実行に駆りたてるのは破壊的カルトの特徴です。

　まともな宗教であれば、今の自分を前提としたうえで、それを現実でどのように克服・改善するかについて、時間をかけて本人に考えさせるはずです。まして、本人の収入や蓄えにそぐわない費用を突然請求してくるような団体が、長い人生の中で本人に有益だとは、とても考えられません。

　どのようなきっかけで、何がよくて、セミナーに通っているのか。セミナーでは何をしたのか、何を教わっているのか。どのような教材を使っているのか。どのような立場の、どのような人がいるのか。なぜ200万円も必要なのか。今後、さらにいくら必要なのか。

　そのようなことを、批判せずにしんぼう強く聞き出しましょう。疑問を素直にぶつけて、本人に多くの情報を語らせましょう。そのことが、本人自身にとっても、自分がいる立場を自ら整理することにもなり得ます。後戻りの契機にもなるのです。

第1章 こんなときどうしたら？

●自己啓発セミナーの問題点

　今の自分の性格がいやだ。自分を変えたい。今の仕事を続けても充実感が得られない。生きる目的を見出したい。学校で学べなかったことが学べそう。スタッフもとてもまじめで熱心そう。

　このような動機に訴えかける自己啓発セミナーの中には、宗教団体が正体を隠して勧誘の窓口にしているところもあります。アメリカ等の外国で開発された手法でその団体に誘いこみ、収益を上げる組織や、ニューエイジ系のカルト的サークルもあります。表面上は企業研修をうたいながら、実態は「セミナー屋」（高額のセミナーで利益を追求する企業。Q2参照）もあります。

　自己啓発セミナーは、解凍（ベーシック）、注入（アドバンス）、再凍結（エンロール）のステップで深入りさせるシステムになっています。まず、既成の殻にとらわれて本来の能力を発揮できていない自分に気づかせる（解凍）。次に、教えこみによってカタルシスを実感させ、これこそ本来の生き方だと確信をもたせる（注入）。仕上げは、自らスタッフや会員としてセミナーの手伝いや勧誘活動をさせて帰属意識を固めさせていく（再凍結）、というものです。

　その最大の問題は美辞麗句で正体を偽り、ことさら危機感をあおりつつ、そのセミナーが本当にめざすものや正体を隠しているところにあります。

　最近、一般の書店やビデオ屋でも、その種のセミナーに勧誘するための本やDVDが売られています。ヨガ道場に通いはじめたところ、翌月には大金をはたいて道場を運営するよう説得する団体もあります。

　セミナーの料金体系が不明朗で、深みにはまるたびに不当に高額な料金を請求する傾向があります。中には、「いずれ金融システムは破綻するのだから、借りることができる今のうちに借りておいたほうが得だ」などと言ってサラ金から高利の借金をさせることもあります。

　次頁のようなチラシで勧誘された女性に「EC（エレクトロサイコ）メーター」などの代金として2万ユーロ（約250万円）を払わせたり、別の女性をプ

ログラムに参加するよう強要したとして、フランスのサイエントロジー教会と教団幹部が、2009年10月27日にパリ大審院(日本の地方裁判所)で詐欺で有罪判決を受け、教団は60万ユーロの罰金を命じられました(この判決は控訴、上告されましたが、2013年に日本の最高裁判所にあたる破毀院でも維持されています)。この判決は、パリのサイエントロジー教会の実態を詳しく認定し、「適法な目的をもった、哲学的または宗教的原理を、財産的・商業的な目的で意図的に第三者をだますために使用する者は詐欺罪で訴追されうる」としました。また、下記の無料テストは、能力の分析のみを標榜し、一見魅力的にみえますが、実態は宗教団体であるサイエントロジーへの勧誘のチラシであり、その内容も科学的根拠のないもので、精神的支配や財産を召し上げる口実として用いられていると判断されました。

トム・クルーズやジョン・トラボルタ等アメリカでは有名人も信者となっている世界的な宗教団体ですが、ヨーロッパ各国での評価はかなり厳しいのが実情です。

このようなチラシが入会のきっかけに

ストレスの原因を知りましょう!!

オックスフォード 標準能力分析テスト結果

**サイエントロジー®から
あなたが得られるものは?**
●135以上のIQ　●驚くべき活力
●魅力ある個性　●輝くばかりの健康
●深くリラックスした状態
●望ましい自己のコントロール
人生で幸せでないのなら
その理由を見つけましょう!

Q9 自己啓発セミナーに通っていた息子が突然自殺したが誰に責任を問えるか

> 自己啓発セミナーに通っていた息子が、精神的におかしくなって飛び降り自殺をしました。いったい何があったのかわからず、セミナーからの十分な説明もなく納得できません。誰かに責任があるのなら問いたいのですが。

A

●フランス・リヨン事件

ご質問と類似のケースで、参考になる判決がフランスで下され、現地では大変注目されました。

1988年3月24日の朝に投身自殺したA氏は、その数カ月前からリヨンのダイアネティックセンターに通って、宗教団体サイエントロジーのカリキュラムによる教育を受けていました。ダイアネティックセンターは、サイエントロジーという教団への入口の一つです。そこの所長Bから、約60万円を銀行から借り入れて「ピューリフィケイション」をするよう勧められていたA氏は、もともと、うつ病の傾向があり、センターに通うことを妻に強く反対されていました。

この事件では、A氏の妻の訴えで、Bほか22人のサイエントロジー関係者が起訴されました。1996年11月22日のリヨン大審院(地方裁判所)判決では、意図しない殺人(日本の保護責任者遺棄致死罪にあたる)と詐欺未遂で、Bに対して有罪判決が下されました。1997年7月28日の控訴審判決、1999年6月30日の破毀院(最高裁判所)の判決でも、この有罪判決は維持されています。なお、このほか5名が控訴審でも財産犯で有罪とされました。

この事件の争点は、宗教団体や自己啓発セミナー等での特殊な教育が、会員の精神バランスを壊して死や病気のような事態をもたらしたとき、その責任が問えるかということでした。

控訴審判決は「宗教を客観的要素として、たとえ少数でも共同体が存在すること、主観的要素として共通の信仰があることの二つの要素がそろったものであると定義する限りにおいて、サイエントロジーは宗教という名称を主張しうるし、法律の範囲で自由に伝道・勧誘できる」と述べたうえで、たとえ宗教の自由があるとしても勧誘のあり方や料金徴収のシステム等に問題があるとして、前述した一審の有罪判決を基本的に維持しました。

一方最高裁判所は、「サイエントロジーが宗教という名称を主張しうる」という控訴審の判断を厳しく批判して、「裁判所に、ある団体が宗教かどうかを判断する権限はない」と述べました。これは、サイエントロジーが、宗教団体としての活動の自由を主張しても、人権侵害をもたらすのであれば処断されるということを、明示したものといえるでしょう。

●教団や自己啓発センターの責任

このフランスの裁判例を参考にして、宗教や自己啓発セミナー全般の問題として考えてみましょう。

教化の過程で薬物を使ったり、睡眠を極度に制限して数日間のセミナーを受けさせたりすれば、副作用や精神的肉体的なストレスのために、参加者が病気になることは十分考えられます。激しい精神的ストレスを生じさせる教義を教えこんだために、精神的におかしくなった若者が急に暴れ出したというような例はよくあります。教団によっては、それを「霊的になった」などと称して他の参加者の思いこみを深めるために使ったりすることがあるから始末が悪いのです。「お前は堕落して救いのない人だ。そのため先祖が苦しんでいるぞ」などと、皆の前で責めたてられると、純粋な若者ほど精神的にまいってしまいます。だから、伝統仏教などでは、数日間の修練などを始める際には、健康診断を受けさせたり、医者を付き添わせたりして、きちんと

事故防止に努めているのです。

　しかし、新しい教団や儲け主義のセミナー屋では、そのような配慮をしていません。法の華三法行の「頭をとる修行」では、終日大声でさけぶ訓練をしているうちに、本当に病気になったり、飛びおり自殺をしてしまった例もあるのです。

　あなたの息子さんもそのような経過で自殺に至ったのかもしれません。しかし、推測では組織の責任は問えません。証拠が必要です。いっしょに参加した人や同一組織の同様のセミナーに参加した人に詳しく事情を聞いて、協力してくれる人を探してください。証拠を集めたうえで、刑事事件として告訴することや、民事事件として損害賠償請求訴訟を起こすことが考えられます。

　なお、平成10年11月27日、京都地方裁判所は、有限会社ライフスペース（現SPGF：シャクティパットグル・ファンデーション）が主催すると認められる自己啓発セミナーに参加した当時22歳の男性が、いわゆる風呂行などの際身体に変調を来して、熱中症などのため死亡した事例で、同社に損害賠償責任を認める判決を下しました。控訴されましたが、控訴審でもライフスペース側が敗訴し、同社は上告せず判決は確定しています。この判決は、セミナー参加者について契約上の安全配慮義務があるのに、これを履行しなかったことについて主催者側の責任があるとしています。

Q10　牧師や宗教的組織の代表者の専横をどうするか

　私は友人に誘われて自宅の近くのキリスト教会に通うようになりました。ところが、教会の牧師が熱心のあまりか従順でない信徒を強くたたいたり、新会館建設のための１人100万円の献金をしつこく迫ったりします。牧師は離婚して独身なのですが、信徒女性の何人かと性関係があるという話も聞こえてきました。私は脱会するつもりですが、友人が心配です。

A

●宗教教団のカルト化

　信徒の心や生活にうるおいをもたらし、生きがいを与えるはずの宗教活動が、過度の支配従属の関係のもとで、悲惨な事態を生み出すこともあり得ます。新しく異動してきた牧師などの人格傾向のために教団がカルト的に変質した例もあります。至上の神や仏と信徒をとりついでくださる牧師や僧侶であっても、その言動が絶対視されつづけると、牧師と信徒双方が命令・服従の関係を当然のものと考えるようになってしまいがちです。このため牧師の誤った指導や指示についても、信徒は何か深い理由があるのだと受け入れてしまい、社会通念上の客観的評価では、宗教活動として許容される範囲を著しく逸脱している事例が見受けられます。

●暴力行為の多発

　第１に暴力です。信心が足りないと決めつけられた信者や、小集団のボスの指示に従順でない信者が、見せしめとしてボスから暴行を受けたり、ボスの指示で仲間の信者から集団暴行を受ける例があります。2007年９月に発生

した長野県小諸市の紀元会で集団暴行のため信者1人が死亡、1人が重傷の事件で、39人が逮捕され教団幹部ら27人が最高12年の懲役刑の有罪判決を受けた事件はその典型例です。また、さらに極端な例が福島県須賀川市の女性祈禱師の自宅から6人の変死体が発見され（1995年7月）、女性祈禱師が2005年11月22日に仙台地方裁判所で死刑判決を受けた事件です（判例タイムズ1237号336頁、最高裁2008年9月16日決定も同旨）。程度はもっと軽いのですが、新興宗教的小集団だけでなく、仏教やキリスト教系の信者からも指導者から暴力を受けたという相談を受けることがあります。小集団のボスや牧師の指示を絶対視しすぎるための病理現象というべきです。

● 性的搾取

　第2に、牧師らによるセクハラや強姦、強制わいせつ事件も発生しています。多数のカトリック教会の神父（独身）が少年に性的被害を被らせていたとしてアメリカ等で社会問題になった事件はその典型例です。統一教会の元信者だった鄭明析（チョン・ミョンソク）が設立した「摂理」では、教祖鄭明析が女性信者を強姦したとして、韓国の裁判所で懲役6年に処せられました。日本では京都聖神中央教会の牧師が信徒の幼い娘たちを強姦していたとして2006年2月21日に京都地方裁判所で20年の懲役刑に処せられるとともに、同年12月1日の民事訴訟判決で合計5830万円の支払いが命じられました。2010年5月には、茨城県に本部のある韓国系のキリスト教会「国際福音キリスト教会（宗教法人小牧者訓練会）」の牧師が信徒の抵抗できない心理状態に乗じて性行為を強いたとして準強姦罪で起訴された例があり、2011年5月20日の刑事事件の判決では無罪となりましたが、2014年5月27日の民事訴訟での判決（東京地裁）では、4人の女性たちに対するセクハラが認定されて約1540万円の損害賠償が認められています（なおQ29参照）。

● 金銭的被害

　さまざまな口実で貸金を頼まれて牧師や僧侶を信用して貸したものの、そ

の後あれは献金だったなどとして返してくれないという相談もあります。
　それが昂じるとQ11以下のような組織的経済被害になるのですが、布教には熱心でもお金にはルーズな牧師や僧侶もいて、教団でも困り者という例もあるようです。

●頼りすぎはダメ。自立して考えよう

　牧師や僧侶も人間です。人間である以上、過（あやま）ちを犯すことはあります。すぐれた宗教者は自分の弱さも認めたうえで信徒や弟子に接するものではないでしょうか。親鸞は、「正像末和讃（しょうぞうまつわさん）」の中で、自らを「虚仮不実（こけふじつ）のわが身にて清浄（しょうじょう）の心もさらになし」（うそで固めたような私であり、浄らかな心は少しもない）と謙虚に語っています。自分は誤りを犯すことはない、いつも絶対に正しい、などと公言する牧師や僧侶、ミニ教祖は疑ってかかるほうが無難です。

　それにしてもあなたは離教する心の整理もできているようだからまだよいのですが、友人が問題行動の多い牧師をまだ信奉しているとしたら心配です。ていねいに、今どう思っているのか聞き出してみてください。そのうえで早めにこの分野に詳しい弁護士か牧師などの宗教者に相談するか、インターネットで同種被害がないか調べてみてください。

第1章 こんなときどうしたら？

経済的被害を受けたら

Q11 高価な印鑑や大理石の壺を買わされたがどうすればよいか──霊感商法

> 母が高価そうな印鑑や大理石の壺を持っていますが、なぜ持っているのか、いついくらでどこから買ったものかも話そうとせず心配です。

A

　お母さんは、霊感商法の被害を受けていると思われます。でも、「どうしてこんなものを買ったのよ！　いくらだったの？　ほかに買ったものはないでしょうね」などと叱らないでください。お母さんは、とても家族思いの優しい人なのです。人に頼まれると断るのが下手で、ちょっぴり寂しがりやさんかもしれません。そんなお母さんの「いい性格」が、狙われてしまったのです。

●霊感商法のしくみ

　印鑑、数珠、大理石の壺を霊感商法の手口で不当に高額で売りつけられるという被害は、1970年頃から続いています。韓国の統一教会信者が運営している一信石材という会社が製造した壺を、日本の統一教会の事業部的存在である「ハッピーワールド」が輸入し、全国に8社ある「世界のしあわせ各社」（現在は社名を変更しています）に卸していました。これを全国に100社以上ある末端の販売会社の委託販売員が売っていたのです。委託販売員といっても全員が信者で、統一教会の資金集めのための信仰活動の一環なのです。

　街頭で「手相を見せてください。顔に真顔相が出ています」などと声をか

けられたり、自宅やアパートに「手相の勉強中です。いいお宅ですね」と強引に入りこまれたことはありませんか。その話に応じているうちに「先祖の因縁のためにあなたの悩みがあるのです」、「娘さんの幸福と少しばかりの財産とどちらが大切ですか。財に執着していると、娘さんは幸せな結婚ができないんですよ。息子さんもおじいちゃんと同じように事故で早死するかもしれませんよ」などと怖い話をして、迫ってきます。そして、何時間も粘られ、印鑑や数珠を売りつけられるのですが、これで終わりではありません。このあと霊場・展示会場あるいはマンションの一室に誘いこまれて、霊界の図を書きながら「あなたのご先祖が地獄で苦しんでいて、あなたの救いを求めています。ご先祖の因縁を解放してあげないと、あなたの悩みは解決しません。息子さんも早死します。出家するくらいの覚悟でこの霊石を授かりなさい」

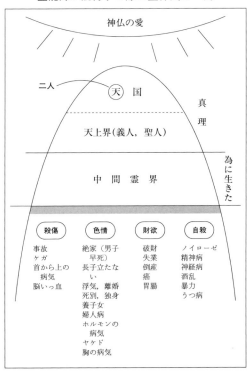

霊能師が説得する際の霊界図の一例

第1章　こんなときどうしたら？

と、高額な大理石の壺の購入を迫ったり、献金をさせたりするのです。

●被害を繰り返さないために

　全国霊感商法対策弁護士連絡会が集計した1987年から2013年までの27年間の統一教会による金銭面の被害相談事例は3万3376件、被害額合計は約1156億円に上ります。これでも被害の氷山の一角にすぎないのですから、統一教会の組織的な資金集めによる被害がいかに深刻かがわかります。

　古い被害の場合、証拠や記憶がどこまで残っているか問題になります。販売員は行方不明かもしれません。責任追及をかわし、税務署の調査を免れるために、販売会社を3年ほどで解散することも多いので、売りつけた販売会社はすでにないということも多いのです。そのような場合にも、統一教会に対して交渉や訴訟で損害賠償を請求し、被害を回復した実例が多数あります。

　たとえば最高裁平成9年9月18日判決（一審・福岡地裁平成6年5月27日判決・判例時報1526号121頁）では、統一教会信者が先祖の因縁などをことさらに述べたてて高額の献金をさせた行為を違法とし、統一教会の使用者責任を認めました。東京高裁平成10年9月22日判決（判例時報1704号77頁）、最高裁平成11年3月11日判決（一審・東京地裁平成9年10月24日判決・判例時報1638号107頁）もほぼ同旨です。また、奈良地裁平成9年4月16日判決（判例時報1648号108頁）は、統一教会のシステム化された献金勧誘の手口自体を違法だとしています。このような献金だけでなく、壺や多宝塔、人参液などを信者が売りつける活動についても、福岡地裁平成11年12月16日判決（判例時報1717号128頁）や東京地裁平成12年4月24日判決など多くの判決が最高裁決定により確定しており、いずれも、

大理石壺は今も売られている

Q11 高価な印鑑や大理石の壺を買わされたがどうすればよいか——霊感商法

多宝塔や人参液、壺などを売りつけた行為を違法だとして、統一教会に賠償責任を認めたのです。

しかも、各地で印鑑等の販売活動が特定商取引に関する法律（以下、「特定商取引法」といいます）違反だとして摘発されています（下表参照）。平成21年11月10日、東京地方裁判所は、有限会社新世（しんせい）の特定商取引法違反事件で罰金800万円、その代表取締役Aと営業部長Bにそれぞれ罰金300万円と200万円および懲役2年と1年6カ月（執行猶予4年）の有罪判決を下しました。判決では、「巧妙で悪質」としたうえで、「信仰と混然一体となっているマニュアル」をもとに、「統一協会の信者を増やすことを目的」として、組織的・継続的になされたと認定しています。

統一教会は今でも、ソウル郊外の清平（チョンピョン）にある修練所に日本人信者を千人規模で送りこみ、家の悪霊を吸い込んで霊界を清めてくれるなどと説得して献金させています。資金づくりの安直な方法として、十分な警戒が必要です。

主な特定商取引法摘発例

	摘発の県	時期	販売会社	逮捕者数	備考
1	沖縄	07年10-12月	天守堂	3人	店長と従業員
2	長野	08年2月・3月	㈲煌健舎	5人	販売員の婦人ら
3	新潟	08年11月-09年2月	㈱北玄	5人	二次にわたる逮捕
4	福岡	08年12月-09年5月	㈲サンジャスト	1人	福岡教会家宅捜索
5	東京	09年2月-11月	㈲新世	7人	2人懲役刑
6	大阪	09年	㈱共栄	4人	大阪教会家宅捜索
7	和歌山	09年10月・11月	㈲エム・ワン	3人	和歌山教会家宅捜索
8	大分	10年1月-3月	㈲サンルート・健美	2人	大分教会家宅捜索

※いずれも統一教会信者が逮捕・勾留されて罰金刑に処せられるなどしている（東京の事件は本文のとおり2名が懲役刑）。

第1章　こんなときどうしたら？

Q12　一人暮らしの祖母が先祖の因縁解放のためにと土地を提供しているが大丈夫か

> 一人暮らしの祖母を訪れたところ、「土地をとられそう」とつぶやいたので驚きました。話を聞くと、先祖の因縁解放のために土地を担保に提供したとのことで、本人はよいことをしたと言い張って私の説得を受け入れないのです。どうしたらよいでしょうか。

A

●統一教会のターゲットに？

ひょっとしたら、統一教会の資金稼ぎのターゲットになってしまったのかもしれません。話をじっくり聞いてあげると同時に、土地建物の登記簿謄本や通帳などを急いで調べてみてください。統一教会には、篤志家、サミット、HG（「早く現金」の隠語）などと称する部門があって、資産家に大金を出させることを専門に活動している信者がいます。壺や多宝塔が売れなくなって、資産家の財産を狙って手っ取り早く大金を入手しようとしているのです。貸金としていったん交付させた資金を、献金に切り換えさせるために、説得工作をする部門まであります。説得の手口は霊感商法と同じようなものですが、もっと手がこんでいます。

●資産家の大金を狙う手口

実例を紹介しましょう。

精神障害の息子を抱えた50歳代の女性のケースです。彼女は夫と離婚しており、資産こそあるものの、息子の将来を思って悩める日々を過ごしていました。そこに、まじめそうな女性が手相占いを口実に上がりこんできたのです。

Q12 一人暮らしの祖母が先祖の因縁解放のためにと土地を提供しているが大丈夫か

ついぐちをこぼすと、女性はとても同情して、「めったに会えない霊界に通じている偉い先生」を紹介しました。お母さんは、すがる思いで先生のもとに通います。すると、先生はこう言います。「あなたの家系には、色情因縁がある。あなたが離縁したのも、あなたのおばさんが若くして夫と死別したのも、そのせいです。息子さんの病もそのためで、長男がうたれる家系ですから、このままでは絶家してしまいます。霊界であなたのご両親が救いを求めています。色情因縁のために、地獄で苦しんでおられるんです」。お母さんは、恐ろしい話に身がすくむ思いがします。そして、「私はいったいどうすればよいのか」とお母さんは尋ねます（このように思わせるのが統一教会側の説得のポイントなのです）。

「本当は、出家して先祖の因縁を解放しなければならない。あなたにはそのようにして、氏族を救う使命があります。あなたのお母さんがその使命を理解できなかったため、あなたや息子さんが犠牲になったのです。あなたは息子さんをこのまま1人で残していいのですか」。

「でも、あなたにとって一番大切なものを神に捧げる決意をすることによって、在家出家ができるのです。土地に因縁がついています。これを捧げて、清めなければなりません」。

このような話を、何度も、長時間聞かされ、他の信者にも「がんばってね。私も捧げて幸せになったのよ」と言われるうちに、お母さんは、息子のために土地を捧げるしかないという心境に追いこまれたのです。

●借金させて献金に切りかえ

土地を売って代金を献金するまでの決意をさせることができない場合、その偉い先生は土地を担保に金融機関から借金をしてこれを統一教会に捧げるよう説得します。これによって土地が清められるというのです。金利や元本の弁済については統一教会が責任をもつと約束し、「それならば仕方がないかな」と思わせます。ところが実際は、元本返済期限までにさらに説得をして、土地を売ってその代金をすべて統一教会に献金することを承諾するよう

に、さらにつきまとって教えこんでいくことを狙っているのです。

このような手口を全国で展開したため、統一教会は借金の返済に窮して、金融機関への金利さえ返せず信者に負担させる事態になってしまいました。このため、多くの被害者がノンバンクから厳しい取立てを受けて苦しんで、統一教会のために担保をつけた自宅を売ってしまい、アパート住まいをしている人もいます。自己破産をさせられた人もいます。

●あるべき対策

一番よいのは、祖母に統一教会をやめるように話し合うことです。しかし、「自分は家族のためによいことをしている」と思いこんでしまって、話は平行線で進展しないかもしれません。本人が気づかない限り、統一教会に献金を返せという交渉や訴訟を起こすことは難しいのが現状です（なお、本人の死後に本人の無念の思いを裁判で訴えて損害を回復した遺族もいます）。

このようなとき、2000年3月までは、お父さんやお兄さんを「浪費家」として、これ以上浪費をしないように、家庭裁判所に財産処分権限を制限する決定を下してもらうという方法がありました。

ところが、1999年の民法改正で、準禁治産制度に代わって成年後見制度における保佐という制度が、民法11条で規定されました。この制度は本人の意思を尊重し自己責任の原則を重んじるという趣旨のものであるため、「浪費」を理由とする処分権限の制限は認められなくなったのです。

「精神上の障害により事理を弁識する能力が著しく不十分である」ことを立証しない限り、現行法では対処できないと思われます。

●詐欺罪での摘発を

祖母は、「もうこれ以上統一教会に財産を捧げることはしない」と言うかもしれません。しかし、統一教会でメシア（「まことのお父さま」と信者たちは呼んでいます）とされている文鮮明（故人）とその幹部は、そんななまやさしい人間ではありません。統一教会には「万物復帰」という教義があって、

「本来世界のすべてのものは神（ひいては神のつかわしたメシアである文鮮明）のものであり、これらの財産はすべて「復帰」、つまり神様（ひいては文鮮明）にお返しすべきものである。財に執着すること自体が罪である。地上での生活は、永遠に続く霊界での生活の準備期間であり、地上でどれだけ神に貢献したかによって霊界での位置が決まる。つまり、地上で統一教会にたくさん献金すれば霊界でいい思いができるし、一族も救えるが、ここで指示にそむくと地獄で永遠に苦しむことになる」と脅すのです。この脅しはある程度統一教会の教えに共鳴している人にとっては、たいへん効果的です。今ここで財産を捧げることを拒否すれば霊界の地獄で永遠に苦しめられるし、まして死後、霊界に行ってからたくさんの先祖や子孫たちから「あのときどうして捧げなかったのか」と責め続けられるというのですから、これほど恐ろしいことはないのです。信者である限り、「これが最後の献金の機会です。今を逃したら、したくても献金できなくなる」と説得されると、何回でも献金をするしかなくなるのが実情なのです。

　このような悪質な財産侵害については、詐欺罪の適用が考えられるべきです。特に「このままでは息子が死ぬ」であるとか「がんが治らない」などと具体的な害悪を告知されて大金を出したような事案では、Q17で紹介した詐欺罪に該当する可能性があります。警察に告訴してください。

第1章　こんなときどうしたら？

Q13 先輩から宝石展や絵画展に誘われているがどうすればよいか

> 私はCA（キャビンアテンダント、客室乗務員）をしていますが、先輩から宝石展に誘われたので行ってみたところ、「クリスチーナハン」という聞いたことのないブランドのものでした。そこで、先輩と販売員の2人にしつこく誘われ、70万円のペンダントを買わされてしまいました。同じ先輩に、今度は絵画展に誘われています。また何か買わされるのではないかと心配です。どうなっているのでしょうか。

A

● **統一教会の展示会商法**

　展示会に誘って強引に売りつけるという商法は、一般に「展示商法」と呼ばれ、広く横行しています。

　特に、統一教会の信者が資金稼ぎのためにやらされている展示会商法は、巧妙でシステム化されています。一般の画商が統一教会でやっている絵画展をみて、その巧妙さと群を抜いた売上げに驚いたほどです。

　大理石の壺や多宝塔などは悪名が広まって売れなくなってしまったので、1990年頃から、「定着経済」とか「ブルー」「オレンジ」などと称して、信者に展示会に客を動員させ、着物・宝石・絵画・サウナ・人参液などを売りつけるようになりました。外向きには「ペルファモンド」「ケイヨーネクスト」「クリベール」などの企業名か「クリスチーナハン」「クリスチャンベルナール」などのブランド名を名乗っていますが、実際には統一教会の地区組織で定着経済の担当者を割り当てて、資金集めをさせています。

Q13　先輩から宝石展や絵画展に誘われているがどうすればよいか

●販売の手口

　展示会に先立って、信者は今回の展示会で何百名を動員して何千万円を売るかという、組織全体のノルマと各個人のノルマを与えられます。信者はそのノルマを果たす教理上の義務があるのです。そして、小中学校時代の同級生やPTA、団地の主婦仲間に至るまで、あらゆる知人をリストアップして、電話や手紙で誘います。「お世話になっている先輩から有名な宝石ブランドの展示会のチケットをもらったから、ぜひいっしょに行きましょう」、「私が着物のモデルに選ばれたので見にきてよ」、「韓国・北朝鮮の画家の絵画展があるけれど、あなたと行きたいと思って電話したの」などと、マニュアルどおりに言うのです。

　たとえばご質問のように、以前お世話になった先輩から宝石展へ行こうという電話がかかってきます。めずらしい人からかかってきたものだと思い、「見るだけならいいかな」と展示会に行ってみます。受付で荷物を預けて会場を回るときに、その先輩のほかに、アドバイザーとか説明員があなたに付き添います。「このペンダントは聖書シリーズといって、愛情を表しているんですよ。あら、あなたのためにつくったみたいにピッタリね」と説明員。「ホント、似合っているわ」と先輩。そして、説明員が持っているトレーにいくつかの高価な宝石が入れられます。小1時間、会場を回ったあとは、お茶のコーナーで懇談です。やたらにほめられて、あなたは悪い気がしません。先輩と説明員は、「賛美のシャワー」といって、「とにかくほめまくれ」というマニュアルどおりのことをしているだけなのに。そこであなたは、宝石の購入を迫られます。先輩の手前もあり、やんわりと断るけれど、向こうは決して引き下がりません。そのうちに3時間が経ってしまいます。荷物も預けているし、先輩がいっしょなので、帰りたくても帰れないのです。先輩もグルなのですが、あなたはそれを知らないから、先輩の歯の浮くようなお世辞と熱心な勧めに断りにくくなってきます。「でも高いから」、「大丈夫。クレジットもあるんですよ」。もう、「買う」と言わないかぎり帰れない雰囲気に

41

疲れきってしまったあなたは、ついに陥落!!

　絵画展や着物展も、ほとんど同じ手口です。誘った人と会場の説明者とは信者仲間で、あなたをどのように説得して契約させるかについてあらかじめ打ち合わせているのです。2001年4月に施行された消費者契約法は4条3項で、会場からの退去を邪魔し困惑させて契約をさせられた場合に取消しを認めているので、活用してください。勧誘の現場をスマートフォンなどで録音し、後日の証拠に残しておくことも有用です。特定商取引法に違反して罰則が適用されることもあるので、早めに消費生活センターなどに相談しましょう。展示会のあとで先輩とした雑談の中で、あなたは運勢鑑定の先生に会ったりビデオセンターに行ってみるようにと誘われます。これが統一教会への入口、そして霊感商法への魔の手だとわかったときには、すでに遅かりし!! かも……。

Q14 姪に健康フェアに誘われ人参液を勧められたが買っても大丈夫か

> 私は50歳の主婦です。低血圧で悩んでいるので、姪に「健康フェア」に誘われて行ったところ、薬膳料理を出され、そのうえ人参液をたくさん勧められました。1本8万円を1ダース買ってしまいました。問題はないでしょうか。

A

　買っちゃダメ！　もっと安くてよい人参茶がほかで売られています。それに、そこで買うと、そのあとでもっとひどい目にあうことになるかもしれません。

　統一教会が資金稼ぎのために組織的に売っているのが「一和（いちわ）の高麗人参濃縮液」です。確かに、養命酒などと同じで健康によいと言う人もいますが、それなら街の薬局で買いましょう。知人に誘われても断るくらいの主体性をもってください。

●統一教会の人参液

　1970年頃から統一教会の有力な資金源だったのが人参液です。薄めて飲むので、1本飲むのに数カ月もかかる人参液を、1ダース分、つまり96万円で買わされたという例は無数にあります。

　この人参液は、韓国の統一教会信者が経営し、一時は韓国の有力企業にもなっていた「一和（イルファ）」という会社で大量生産されています。それを日本の統一教会の事業部的役割を果たしてきたハッピーワールドが輸入して、各地区の「店舗（販売店）」に卸し、信者が市民に売りつけてきたのです。昔から統一教会の重要な資金源だったこととあわせて、オートメーショ

ンシステムが韓国の一和の工場にできあがっているため、売るのをやめるわけにはいかないのです。しかも、ほかの国で売れる商品ではないので、日本の統一教会組織が無理やり押しつけられ、信者が人参液の代金を地区ごとに毎月割り当てられて納めています。実質は韓国統一教会への資金援助という「重要」な意味があるのです。だからこそ、日本の信者も目の色を変えて、何としてでも売ろうとするのです。

彼らは人参液を「マナ」と称して、罪に汚れた私たちの血液・血統を転換して清めるものだと説明します。「マナ」は、旧約聖書ではモーゼがイスラエル民族をエジプトから救い出して約束の地へ導く旅の途中、民族の飢えを癒すために神が与えた不思議な食べ物です。統一教会の人参液とは逆ですよね。信者は、人参液が文鮮明の「清い」血を象徴するとまで聞かされてきました。

●健康フェアの危険性

人参液には、独特のにおいがあります。それに法外に高いのです。Q11で説明した霊感商法の手口を使って、「先祖の因縁を本当に解放するためには、血統を転換しなければなりません。この霊薬を授かりなさい」などと長時間話して売りつけているのです。最近では、健康ブームにかこつけて売るようになっています。一般にも薬膳料理は静かなブームになっていますが、薬膳料理の会を催して近所の奥様方を集めたところで人参液を使った料理を食べさせ、「ね、おいしいでしょ。健康にとってもいいのよ」などと言いつつ、得意のおだてと親切を押売りして近づき、売りつけようとします。

また、統一教会では、「首都圏メディカルシステムズ」（旧「日本配置薬」）などの会社を全国各地に創設して配置薬を家庭に置かせ、信者が定期的に家庭に通って客の様子をうかがい、健康に問題がありそうな人にこの人参液を売りつけることもしています。反応のよい客については、さらにビデオセンターや運勢鑑定に誘って、統一教会の信者に仕立て上げ、献金させることも狙っているのです。

医薬品販売薬などの許可を受けないで高麗人参濃縮液を高血圧・神経痛・便秘などに効くと説明して販売する行為は、薬事法24条1項違反であるという判例が多数あります（たとえば、最高裁昭和57年2月12日判決・判例時報1035号139頁等）。2008年9月26日、大阪の有限会社ファミリーネットワークの社長とその妻、販売員の3人の統一教会信者が「がんが治る」などと効能をうたって、人参液を売ったとして薬事法違反で逮捕され、100万円の罰金刑などに処せられています。また、2009年12月1日に施行された改正特定商取引法9条の2では、明らかに日常生活に比して過大な量の販売契約については、契約の解除ができると定められました。この条文によって契約を取り消すことも十分考えられます。

Q15 教祖が逮捕され教団も破産した法の華三法行とはどのような団体か

夫が、以前、富士宮のセミナーに行ってくると出かけて、5日間も帰ってきませんでした。帰宅後も、どこへ行ってきたのかも話してくれず、いったい何をしてきたのか心配です。このセミナーはどのようなものなのでしょうか。

A

● 法の華三法行による被害

ご質問のセミナーとは、以前存在した宗教法人「法の華三法行」の4泊5日の研修だと思われます。

法の華三法行は、静岡県富士市に本部をおき、「天声村」と称して、約4000坪の敷地に信者の修業場である天地堂や、仏舎利を安置する仏舎利殿など6棟の建物を建て、大規模な宗教施設を有していました。教祖は福永法源こと福永輝義です。福永は、教団関連の株式会社アースエイドから『病苦を超える最後の天行力』など多数の著書を出版していました。また法の華三法行は、「ゼロの力学本庁」などという別称も使用していました。

法の華三法行の行っていた足裏診断商法に関しては、詐欺の容疑で、1999年に強制捜査がなされ、2000年には、修行代などの要求が違法だとして、被害者に対して損害賠償を支払えとする判決が出されるに至りました（福岡地裁2002年4月28日判決など）。

このような中、2000年5月9日には、福永被告ら幹部多数が逮捕されました。その後も相次いで損害賠償判決が出される事態となり、2001年3月29日には、法の華三法行に破産決定が下されました。最終的に、破産届出を受け

つけられた被害者の数は約1800名、総額で約146億円にも上ります。福永の刑事裁判は、東京地方裁判所で2005年7月15日に懲役12年の実刑判決が下され（東京高裁2006年12月1日棄却、最高裁2008年8月27日上告棄却）、幹部信者に対しても、2001年9月10日に、懲役4年の実刑判決が出されています（両名とも現在は出所しています）。

被害の多くは研修費用ですが、研修の後、さらに福永被告から「天声」が下りたと称して、「家の中心」と呼ばれる掛け軸は333万円、「解脱法納代」と呼ばれる福永被告の手形の入った額縁を購入すれば1000万円、「天行力仏舎利代」という釈迦の骨が入っていると称される仏舎利塔を購入すれば2000万円、人間救済師との認定を受け表彰状をもらうには3000万円の支払いが要求されることになります。

●今でも注意が必要

ご質問のような場合、本来、早い時期に対策を講じておかないとさらに被害が大きくなり、家族が経済的にも崩壊させられてしまうおそれがあります。すでに法の華三法行が破産し、解散しているというだけは安心できません。現在でもなお、法の華三法行の残った信者らが、「天華の救済」（代表は木村

仏舎利塔（紀藤正樹所蔵）

正次郎）や「よろこび家族の和」「れんげ会」などと称して、セミナーなどを開催し、活発に活動しています。破産したオウム真理教同様、教祖が逮捕されるという現実に直面しても、個々の信者の心の問題は簡単に解消できる問題ではありません（Q80参照）。

　ご質問の場合、ご主人には、なぜ法の華三法行の研修に参加したのか、その理由を静かに聞いてみることも大切です。悩んでいるようなら、問い詰めるだけでは問題は解決しません。かえって「天華の救済」に心が向いてしまうかもしれません。この本の脱会に関するQ51以下を読んで慎重に対処するようにしてください。

足裏診断のチラシ

Q16 「終末が近いから財産を分けてほしい」と要求する娘にどう対応すればよいか

> 長女は、以前からある教団の活動にのめりこんでいます。最近、「終末が近い。天災地変が3年後に起こって地球がほろびる。その前に私の財産を教団にすべて預けたいから、分けてほしい」と言ってきました。私も70歳なので、私が死んだ後のことも心配です。

A

●終末思想

　1999年7月末にハルマゲドンが起こるというノストラダムスの予言がありましたが、それを過ぎると、2012年のマヤ歴が利用され、近いうちに終末がくるという類の話はよく流れます。「1997年5月に天災地変が起こって、日本人の半分は死ぬ。銀行もつぶれるから、今のうちに借金して献金をしなさい」と信者に迫り、何社ものサラ金業者から借金をさせた教団もありました。

　韓国では、「1992年10月28日にこの世は終わる」と唱えるタミ宣教会が社会問題になりました。「悪に支配された罪深い文明と歴史は物理的に終結され、準備された霊魂と肉体は、主の恩寵により純潔な新婦の身に新しく生まれ変わって、新郎である主の懐で永逝する」という教えに熱狂した信徒が約5000人に上り、終末の日までに全財産を捧げるよう指示されたのです。多くの信者が教団に財産を持ち寄り、多数の家出人も出て、パニックになりました。教団幹部は、こうして集めた財産を世俗の銀行の定期預金にしていました。この教団幹部は、詐欺罪で有罪判決を受けて服役しました。

　イエス再臨思想と千年王国説に基づく終末論は、世界中にあります。韓国には、時限終末論を唱える教団が250ほどあって、10万人余りが信じている

とのことです。日本でも相当数の教団が終末論を唱えていますし、ミニカルトの暴発も憂慮されます。終末論を本気で提唱してきた教祖が、予言した終末を自ら演出しようとして、オウム真理教の松本智津夫のようなことを実行したり、収まりがつかなくなって集団自殺を強要することもあります。1994年、1995年に起こった太陽寺院事件もその例の一つです（Q31参照）。

●相続対策

　あなたとしては、自分の死後、相続財産を娘さんが法定相続分に応じて取得しても、それを教団に寄付してしまうことが明白だから何とかしたいのですね。まずは話合いが大切です。

　どうしても話合いがつかない場合には、遺言状を書いてください。「私の相続財産である○○は、すべて次女Ｂに相続させる。長女Ａは××教団にのめりこんでおり、相続させても教団に寄付するだろうから、Ｂは相続した財産から毎月20万円ずつＡに生活費として渡すように」といった具合に書くとよいでしょう。遺言状は書き方を間違うと効力がなくなるので、必ず弁護士に相談してください。遺言状は一度書いた後でも何回でも書きかえられ、一番新しい遺言状が有効となります。

　それでも、娘さんが遺留分を主張するかもしれません。法定の相続分の半分は遺留分として主張できるからです（民法1028条）。これに対しては、あなたの生存中に娘さん本人に遺留分の放棄をさせる方法もあり得ます（ただし、家庭裁判所の許可が必要です）。しかしこの方法をとると、娘さんは母親のあなたに見捨てられたと考え、親子の信頼関係が途切れてしまいかねないので、最後の手段とするべきです。娘さんがこの遺留分の放棄をしないときは、推定相続人の廃除を遺言状でするか（民法893条）、家庭裁判所にあなた自身が廃除の請求をすることも考えられます（民法892条）。その場合、請求理由は娘さんの「著しい非行」ということになりますが、これを家庭裁判所が認めることは極めて稀です。娘さんがあなたを虐待・侮辱したなどの著しい非行の事実を詳しく記述して、それを証明することが必要です。

Q17 霊視商法にだまされたが祈禱料を取り返せるか

　新聞の折込チラシに「霊視であらゆる悩みを解決」と出ていたので、××寺という看板が出ているビルに行きました。自分の悩みを相談したところ、「祖先の因縁で幸せな結婚ができない。祖先の供養のための祈禱料として200万円をすぐに支払いなさい」と迫られて、仕方なく支払いました。しかし、納得できないので祈禱料を取り返したいのですが、できるのでしょうか。

A

●霊視商法は詐欺で違法

　霊視商法について、平成10年2月27日に大阪地方裁判所はこれを不法行為（民法709条）であると認めて、10人の被害者である原告全員に被害金額全額と弁護士費用の損害賠償請求を認める判決を下しました。
　この判決では、「被告明覚寺の僧侶らは、因縁や霊障を見極める特殊な能力はなく、ただ、供養料獲得のマニュアルやシステムに則って、執拗に因縁や霊障の恐ろしさを説いて、原告らを不安に陥れ、供養料を支払いさえすれば不幸や悩みから逃れると誤信した原告らに供養料名目で金銭を支払わせていたものと認めるのが相当であり、これは、詐欺行為として違法と言うべきである」と認定しています。
　また、名古屋地裁平成6年6月18日判決などは、霊視商法の霊能師役の女性などについて、相次いで詐欺罪で有罪とする判断を下し、これらの判決は確定しています。
　富山地裁平成10年8月18日判決（判例タイムズ930号278頁）は、同様の手口で100万円を支払わせた者に、詐欺罪で懲役2年、執行猶予4年を言い渡し

ました。

平成14年1月24日の和歌山地裁決定により、明覚寺は宗教法人の解散を命じられています（Q75参照）。

●霊視商法の手口

前述した大阪地方裁判所判決の認定をもとに、その手口を説明しましょう。

明覚寺やその支店的な末寺（別の寺の名称も名乗っていました）では、新聞のチラシや信者が「護符」と称して配るチラシに、「仕事の心配、病気の苦しみ、子どもの悩み、夫婦の危機、将来の不安」「運命低下の原因をズバリ解明！」「決め手は霊能僧侶の神霊加持力のパワー」「鑑定料3000円」「電話予約制」などと書いて広告します。

これを見て、ビルのフロアを借りてつくっただけのオフィスのような「寺」を訪問した相談者は、悩みや災難から逃れるためには水子霊や先祖霊などの供養をしないといけないと迫られて、数十万円の供養料を出すように言われます。そして、「尊師」が行う「浄霊修法会」という3日間の儀式に参加するように言われます。修法会では相談者に家系図を書かせて水子や変死者の因縁の話をしたり、インクで文字を書いた紙を水に浮かべてそのにじみ具合で霊の状態を判断する儀式があります。そして、相談者の収入や財産に見合った供養のための100万円単位の供養料が要求されます。

この団体では、このような手口を効率的に信者に実施させるためのマニュアルやトーク集、道場別の成績表などがつくられていました。また、ロールプレイとして、模擬相談の訓練が行われていました。

●ウソの見分け方

今でもこの霊視商法の手口をまねる折込チラシや広告は後を絶ちませんので、注意が必要です。霊界が実在するか否かはともかくとして（お釈迦様は、霊界のような見えない世界のことを考えても意味がないとおっしゃっていたようです）、霊界の先祖や水子が現世の私たちにお金を出せと要求するはずがあ

りません。問題はあなたの心の平穏なのです。さまざまな因縁がお金で片づくと考えること自体が誤りです。このことは、本物の仏教者であればすべての方が言われるはずです（『霊とは何か』（大法輪閣）参照）。

　目に見えない霊や因縁のことを言ってあなたを不安に陥れたうえで、名目を問わず、多額のお金を出すように勧める「宗教家」がいたら、その宗教家の言うことはウソだと思ってください。因縁を怖がることはありません。先祖も水子も、現世に生きるあなたの心の平穏と幸せを「霊界」から願っているはずです。

Q18 信仰に基づく祈禱料を返してもらえるか

> ××寺に祈禱料として出した400万円の返金を要求したら、「お布施は信仰に基づいて出されたもので、返せない」と言われてしまいました。祈禱料を返還してもらうのは無理なのでしょうか。

A

●外形的な行為の違法性が問題

あきらめる必要はありません。このような論法による宗教団体の開き直りを正すためにも、毅然として請求することが望ましいと思います。

Q17で述べた霊視商法の裁判でも、被告である明覚寺は裁判で認定されたような詐欺的説得はしていないと主張したほかに、次の主張をしていました。すなわち、「明覚寺は、伝統的な真言密教の一派であり、霊能とは、宇宙に充満している万物の根源のエネルギーを、真言密教の行法で僧侶が信者自身に本来的に備わっている生命エネルギーと合致させ、そのことによって効験をあらわすことであり、原告らはその教義を理解信仰し供養する気になって供養料を支払ったもので詐欺にはあたらない」というものです。

しかし裁判で問題になるのは、その教義が正しいかどうかではありません。勧誘行為の客観的な態様が社会的相当性を著しく逸脱しているか、詐欺的・脅迫的であるならば、違法であって損害賠償として返金義務があるのです。

●教義の成否は裁判では争えない

有名な「板まんだら事件」という事件があります。創価学会の元会員が、「板まんだら」を安置する正本堂を建立する資金を寄付したのですが、後にその「板まんだら」がニセモノだったとして返還を請求した事件です。最高

裁昭和56年4月7日判決（判例時報1001号9頁）は、この訴訟は、裁判所法3条にいう法律上の争訟に当たらないから裁判所で解決することはできないとして、訴えを却下しました。訴訟の核心が、「板まんだら」が本物かどうかという宗教上の教義や宗教上の価値判断にかかわることであり、俗世のことをさばく裁判所が介入するべきことではないというわけです。

また、世界真光文明教団で、神体を祠どる「元宮」と「礼殿」を建立するための奉納金を募集したものの、「元宮」の建立ができなかった事案で、この建立資金を寄付した信者が負担付贈与の解除や錯誤等を主張して返金を求めた請求も却下されています（東京地裁平成2年2月28日判決・判例タイムズ739号230頁）。判断の前提として、「元宮」建立の教義上の重要性や意味を認定しなければならないが、それは司法がするべきことではないというのです。

●教義と違法性の判断

しかし、教義について裁判所はまったく触れてはならないということではありません。教義に裏づいてなされた寄付や献金でも、その外形的な行為態様を総合的に判断して、社会的に許容される範囲を逸脱しているといえるような場合には、この献金勧誘行為は違法性があるとして不法行為が認められます。Q11で紹介した判例もその考え方に立っています。

また、自由意思に基づくといえないような状況下で強いて献金させた場合にも違法といえるでしょう。もし教義を振りかざして、「この寄付に応じないとあなたの子どもは死ぬ」などと具体的に不幸が発生するという不安をことさらあおって献金させたのであれば、違法です。Q17で説明したとおり、このような悪質な事案は詐欺罪や強喝罪にもなる余地があります。

「教主の教えに背くのは罪であって、地獄に落ちて永遠に苦しむことになる」などと執拗に、何回も、長時間述べ立てて、教主の指示どおり寄付しない限り帰してくれないと思わせたり、数人がかりで長時間説得したり、ほかの人がいない場所で病人相手に話した場合なども同様です。つまり、教義の悪用は、十分に司法判断の対象になるのです。

第1章 こんなときどうしたら？

Q19 アトピーに効くという薬や○○療法は安全か

(1) 友人の娘さんは、アトピーがひどい状態です。最近では、皮膚科によいところはないといって、派手に宣伝している「薬」をつけています。その「薬」は、高額なのはもちろんですが、日本薬局方に収められていないという話を聞いています。娘さんが心配なのですが、このような「薬」は効果があるのでしょうか。また、副作用等の心配はないのでしょうか。

(2) 近所の奥さんは、子どもさんが脳性マヒで生まれたのですが、最近、○○療法という訓練を始めたようです。かなり費用がかかるだけでなく、自宅を改造して、24時間の訓練を子どもさんにしているということですが、子どもさんがとてもつらそうです。子どもさんにとってよいことなのでしょうか。

A

●代替医療・民間療法

代替医療や民間療法が、ちまたに氾濫しています。いわく「ガンが治った」「アトピーがすっかり消えた」「気の力で克服できた」「障害は治る。治さないのは親の責任」などと言っています。新聞や折込広告には、そんな「奇跡的」と題する体験談が、数多く紹介されています。効能を宣伝すると問題となるので、あやふやな「治った体験」談を宣伝するホームページが目立っています。

そのようなところに、「奇跡的」な体験談が紹介されている新聞広告やインターネットのホームページを見て、相談窓口や集会に行くと、「早めに対応しないと後悔する」、「あなたが助けなくて誰が助けるのですか」などと言

われます。つらい思いをし、藁にもすがる思いをもった参加者たちが集まったところで、熱心に、そして優しく話が続けられ、奇跡的な体験談も披露されるという感激的な雰囲気の中で、○○薬や○○療法が勧められるのです。おそらく、医療費の総額に勝るとも劣らない金額が、こうした民間療法・代替医療につぎこまれていると思われます。その勧誘手法には、破壊的カルト団体におけるマインド・コントロールの手法と同じものが見受けられます。

●代替医療の被害

代替医療の被害としては、金銭的な被害、後にかえって障害か死亡に至った被害、また家庭崩壊の被害などがあります。深刻なのは、近代医学の治療を受けるのが遅れてしまったために亡くなってしまうＱ22のような例です。若年性糖尿病を患っていた少女が死亡した例、アトピーの民間治療で危険な薬剤を使われて亡くなった例があり、脳性マヒ児への療育方法で数千万円を使ったために家庭が崩壊した例もあります。

また、破壊的カルト団体自体が、このような代替医療や民間療法を勧めている例もあり、また医療行為は必要でない、修業で治るなどと称して医療行為を受けさせないことで、かえって病状が悪化したり、死亡に至るケースまで出ています。偶然の快復が、そこでの「奇跡話」として、団体の教えの正しいことの証明だ、などとも言われることもあります。近代医療を拒否することが、その団体に入信させるための手段ともなっているのです。

●民間療法の効果は疑問

民間療法も、時には効果が出ることもあるかもしれません。健康食品などを摂取することで、ビタミン不足を補うこともあるのですから。絶食や食事療法が時によい効果を起こすように、効果が生じる可能性もあるでしょう。しかし、民間療法を始めた時期がよい方向に向かう時期と偶然に重なったこともあり得ますし、成長過程において改善していく可能性もあります。また、プラシーボ効果によって「効いた」と感じるときもあります。プラシーボ効

果とは、その薬剤や食品の効果を信じたがゆえに、薬剤や食品自体には何の効果もなくても、体によい影響を及ぼすことです。「信じたことの効果」であるならば、代替医療や民間療法が実際には効果がなくても、よい影響が生じたことになります。そもそも日本では、正式に「薬」として認可されるためには、本物の薬を投与するグループと偽薬を投与するグループを分けての臨床治験が必要で、両者に有意な差があってはじめて薬の効能が認められるのです。これは、プラシーボ効果の影響を排除して純粋に薬の効能のみを明らかにするためです。こうした方法を「二重盲検法」と呼んでいます。つまり、二重盲検法による判断を受けていない代替医療は、単なるプラシーボ効果の可能性が強いのです。

●ガンの補完代替医療

ガンになった本人やその家族は、手術や抗ガン剤などの近代医療によらず、別の方法で助かるものならそれに頼りたいと考えがちです。しかし、厚生労働省のガン研究助成による研究班の報告では、補完代替医療による直接的な治療効果（ガンの縮小、延命効果など）を証明する報告はほとんどなかったとされています。

新免疫療法を提唱実践していた医師にかかった乳ガンの女性が、効果の明確でないこの療法の長短や手術による回復可能性についてきちんと説明しなかったため死去した事件で、東京地裁平成17年6月23日判決（判例時報1930号108頁）は、その死亡による全損害について医師に賠償責任があると認定して、遺族に合計約4856万円の賠償を命じています。

命にかかわることなので、補完代替医療とはくれぐれも慎重につき合うことが必要です。

●裁判例

代替医療に関する判例としては、ほかに福岡高裁平成15年3月27日判決があります。これは、宗教法人「宝珠宗宝珠会」の前身である「健康を守る

会・泰道」に入会した人が支払った受講料・治療費等について、同会の主張する「生命の作用」「生命学」は真実であるとは認められないから、病気や障害が治るなどと告知して勧誘し金員を支出させることそれ自体が詐欺的な勧誘方法であり、社会的相当性を欠き違法性を帯びるとして、賠償を認めたものです（Q5参照）。

また、断食道場に宿泊していた糖尿病患者が死去した事件で、最高裁平成2年3月6日判決（判例時報1373号183号）は、道場運営者の注意義務違反を認めています。

●代替医療の判断基準

比較的まともな代替医療かどうかは、次のようなところから判断できると思われます。

① 近代医学を完全に敵視していないか　近代医学を敵視して「近代医学には頼るな」とか「医師から投与される薬剤は早めに除去せよ」などというのは、不信感をかきたてて勧誘する手法であり、すぐに離れたほうがよいでしょう。

② 専門家からの科学的な裏づけ　医師や専門の人に聞いて回り、それがどの程度の信頼性・可能性のある方法なのか、科学的な裏づけがありそうか、害のある可能性はどの程度かを聞くことも大切です。

③ 費用が異様に高かったり、拘束される時間が異様に長くないか　薬品や食品などの原価は相当に低いものです。それが異様に高いときは、暴利です。また、その代替医療に挑戦することが、他のすべての生活や家族を犠牲にするようなものであれば、より慎重に検討しなければなりません。

④ 客観性　「体験談」ばかりが出ていたり、「奇跡」「勝利」の言葉が踊っていて、具体的にいつ頃から始まり、誰がどのような根拠で唱導しているのか明白にしていない場合は要注意です。まして、その療法を試みている人数と、療法による効果が認められた人数（改善したという判

断が客観的かどうかも大切です）が客観的に示されていなければ、「効果がある」という証拠は何もないといってよいでしょう。

⑤　マインド・コントロールの手法　勧誘の際に、Q38で示されている「好意性の原理」「権威の原理」「稀少性の原理」「恐怖の原理」などのマインド・コントロールの手法が使われているか、どの程度かも判断材料になります。

　何より、自分が常に客観的であって、自分の判断はすべて正しいなどと思いこまないことです。常に「自分が間違っている可能性がある」という疑いの目は、誰でももっていたいものです。これは、代替医療を勧めることで、自分が加害者にならないためにも、必要なことです。

Q20 高島易断で因縁を解くためにと高額なお金をとられたが返還してもらえるか

恋愛の悩みがあったので、新聞の折り込みチラシを見て高島易断の運勢鑑定師の相談会場のホテルに行きました。そこで「因縁を解くために73万円を出しなさい」と言われて払ってしまいました。しかし、あらためて考えると納得できません。返還してもらうことはできるのでしょうか。

A

●高島易断とは

　手相の姓名判断、家相、方位学などによる占いが根強い人気です。

　毎朝、テレビで「今日の運勢」を見て一日が始まり、デートの前に星占いのページを週刊誌で見る、星座や血液型で異性との相性を占う、そんな人が増えているようです。何か頼るものがほしいとは思っても、本格的に宗教を学ぶまでの意欲はないというあなた、安易に人の見立てに頼っていると後悔しますよ。占いはあくまでも参考にとどめるべきで、頼りすぎたらいけません。

　そんな人の弱みを商売相手に、よからぬ儲けをたくらむやからもいます。高島易断は、全体が一つのヒエラルキー組織として運営されているのではありません。全国に100以上の小グループや個人がいて、それぞれ独自に活動しています。東京高裁平成12年2月13日判決は、「高島易断は易占業者そのもの、ないし易占業者の組織、団体を指す一般的な名称となっていた」として、他人が高島易断の名称を名乗ることを誰も差し止めすることはできないと判断しました。しかし、高島易断を名乗るすべての占い師が同じ手口で金

集めをしているわけではありません。易は、人が生きる手助けにはなっても脅してはならないという当たり前のことを守っている易者もいるはずです。最近では、あなたのような被害にあって弁護士に相談する人も増えています。離婚や夫の死亡を契機として、数年間にわたって易者の精神的支配下におかれ、大金を支払わされ続けたという被害相談もあります。経済産業省は平成20年3月26日、高島易断を名乗る宗教法人幸運乃光（通称名「高島易断祟鬼占相談本部」）に対し、特定商取引法違反（不実告知、威迫困惑、法定書面不交付など）を理由に、3ヵ月間の業務停止命令を出しました。宗教法人が経済取締法令による行政処分を受けたのは初めてのことです。処分理由となった手口は悪質で、詐欺罪が適用されてもおかしくない事案です。その後被害弁護団が結成され、幸運乃光の被害者を中心に約300件の被害相談を受けました。

●黄金神社事件

ご質問のようなケースでは、神戸地裁平成7年7月25日判決（判例時報1568号101頁）が参考になります。救霊師として自宅のマンションにご神体の大光明須佐之男尊・黄金大黒天をまつっていた女性が被告です。原告は、妻との不仲や妻のノイローゼについて悩んでおり、すがるような思いで被告に救いを求めたのです。ノイローゼ状態の妻を回復させるためには祈禱や除霊をする必要があると言われて追いつめられた原告は、玉串料10万円を払ったのを皮切りに12項目、合計1046万5000円を払いました。裁判所はこのうち、儀式費用として支払った300万円など5項目は違法としました。しかし、10万円の玉串料などは違法とまではいえないとしました。

「献金を勧誘する行為が相手方の窮迫、軽率等に乗じ、ことさらその不安、恐怖心等をあおるなど不相当な方法でなされ、その結果、相手方の正常な判断が妨げられた状態で著しく過大な献金がなされたと認められるような場合は、当該勧誘行為は、社会的に相当な範囲を逸脱した行為として不法行為に該当する」というのが判決のポイントです。

Q20　高島易断で因縁を解くためにと高額なお金をとられたが返還してもらえるか

●高島易断についての民事裁判

　神戸地裁洲本支部平成19年12月25日判決は、新聞の折り込みチラシを見て会場に来た高齢の女性に200万円を二度にわたって支払わせた高島某に対して、受領金全額の返還と弁護士費用の支払いを命じました。大阪高裁平成20年6月5日判決でもこの判断は維持されています。

　この地裁判決でも、「易断（占い）はその性格からして、内容に合理性がないとか、成果がみられないなどの理由によって、これに伴う金銭要求が直ちに違法性を帯びることにはならないものである。しかしながら、易断に伴う金銭要求が、相手方の窮迫、軽率等に乗じ、ことさらに不安、恐怖心を煽るなどの方法や、自分に特別な能力があるかのように装い、その旨信じさせるなどの不相当な方法で行われ、その結果、相手方の正常な判断が妨げられた状態で支払が行われたり、過大な支払が行われたような場合には、社会的に相当な範囲を逸脱した行為として、違法性を帯び、不法行為となるというべきである」と述べて、本件はこれに該当するとしたのです。

　この被告はその後、平成21年11月10日、兵庫県警に詐欺罪で逮捕され、過去11年間で約700人から5億6000万円を集めていたと報じられました。翌年、詐欺罪で有罪判決が下されています。

　平成23年8月22日、東京地方裁判所は高島易断の中でも最も悪質で手広く相談会を開催して高額の被害をもたらしていた宗教法人幸運乃光とその代表者および占い師役の5人に対して、個人の被害者に合計2720万円余を支払えとの判決を下しています。判決は「原告Aから財産的利益を得ることを目的として、これを達成するために、同原告の窮迫や困惑に乗じて、同原告の不安や恐怖心をあおるようなことを申し向け、在宅祈願修法に特別の効能があるかのように装い、祈願料名下に不相当に高額の金員を支払わせたものと認められるので……社会的相当性を著しく逸脱する」として不法行為を認めました。この判決は東京高裁平成24年2月23日判決でも支持され確定しました。その後相次いで同旨の判決が下されています。

Q21 テレビで有名な霊能師に高額なお墓の建替費用を払ったが取り戻せるか

> テレビで有名な霊能師の女性の事務所に電話して100万円で占ってもらいました。お墓を建て直せば開運すると言われたので、300万円を払ってお墓を建て直したのですが、親族から高すぎると非難されています。霊能師やテレビ局に責任はないのでしょうか。

A

●テレビに出ても本物ではないかも

　テレビなどのマスコミに出た人を「すごい人」だと思うのは間違いです。料理店でも、テレビに出たとたんに客が増えて、料理がまずくなることがあるでしょう。それまで鍛練して技量を磨いてきた人が、マスコミにもてはやされはじめると天狗になって技（わざ）が荒廃してしまうということは、どこの世界にもあることです。弁護士だって同じですよ。

　霊能師だって同じです。早稲田大学の大槻義彦名誉教授などの自然科学者から、「あれはやらせだ」と批判された人もいますね。

　テレビで有名になると、直接会えただけで感激してくれるような人が押しかけてきます。そうすると秘書を受付にして、たった数分、会って話を聞いてあげるだけで数十万円を請求する「霊能師」や「スピリチュアル・カウンセラー」などが出てくるのです。テレビ局も、特に8月になると怪奇番組や超能力、幽霊などを扱う傾向があります。その手の番組は確実に視聴率が稼げるので、安易に「霊能師」を登場させるのです。このようなテレビ局の姿勢にも問題がありますね。それで被害が起こったら、問題だと言って騒ぐ。これじゃ本当に「マッチポンプ」ですよ。

●違法性の基準

　テレビを見たり、その霊能師の本を本屋で見つけたあなたが、自分で○○さんの事務所に電話をかけ、電話に出た受付嬢から「30分で100万円です」と言われて、その料金を覚悟のうえで出かけていったのなら、自分の意思で支払ったと認定される可能性が高くなります。もちろん、対価の相当性については問題となります。しかし、「3000円です」と言われて行ったら、その場で、霊障や因縁という言葉で脅されて20万円を払わされてしまったという場合は、Q17の霊視商法の判例が参考になります。この場合、霊能力の有無は必ずしも問題ではありません。初めの説明と実際に会って言われた内容や時間、その場の雰囲気などと結果（要求されて出した金額）との関係で、違法かどうかが判断されるのです。

　お墓代の300万円でも同じことです。お寺さんに払う戒名のお金でも、200万円を出す人もいます。それが法律的な問題にされていないのは（まじめな仏教者で批判する人もいますが）、住職から長時間説得されたために出すのでなく、真心からでも見栄を張ってでもいいけれど、自分の意思で進んで出すからです。しかし、狭い部屋で一対一で向き合って、じっと目を見つめられ、「このままでは幸せな結婚はできません。ご先祖様が浮かばれるようこのお墓を建てなさい」などと数時間も迫られて、YESと言わないと帰れないと思うほど追いつめられた状態で支払ったのであれば、それは違法であるとして返金請求できる可能性があります。

●邵錦宇宙パワー療法事件

　テレビ局の責任の関係ではこの事件が参考になります。
　1993年、4年に、日本テレビ系の放送で邵錦（しょうきん）という中国人気功師の特別番組が4回も放映されました。彼女が宇宙のパワーを相手に送ると、医者から見離された難病の患者が歩けるようになったという内容の番組です。

これを見た難病に悩む全国の視聴者が、日本テレビに集中豪雨的な問合せをし、日本テレビでは邵錦の事務所を紹介しました。日本テレビの出版部では、邵錦の宣伝本を6冊も発行しました。邵錦の事務所に問い合わせると「本を読め。何日の×時に来なさい」と言われるのです。

　テレビの内容を信じた患者は、治療をしてくれると思って出かけました。そして、1カ月コース50万5000円、9カ月コース390万円と高額のお金を払った被害者が数百人も出たのです。

　被害にあった20人が、邵錦のほか、日本テレビと番組制作会社を訴えました。その結果、東京地方裁判所は、邵錦に対し、平成9年5月27日に難病患者らに対する詐欺行為に当たるから不法行為だと判決を下しました（判例タイムズ942号267頁）。邵錦に対する判決が下された直後、日本テレビも被害額の約6割を支払うという和解に応じています。日本テレビ側が相当の責任を認めたものといえるでしょう。

　また、新聞広告に掲載されていた内容を信じて建築計画中のマンションを買ったあと、そのマンションが建つ前に業者が破産したという事件について、新聞社の責任を否定した東京高裁昭和59年5月31日判決（判例時報909号13頁）の上告審判決（最高裁平成元年9月19日判決）も注目されます。最高裁判所はこの判決の中で、新聞社には高度な情報収集能力があるとして信頼されているのだから、「新聞広告の持つ影響力の大きさに照らし、広告内容の真実性に疑念を抱くべき特別の事情があって読者らに不測の損害を及ぼすおそれがあることを予見し、または予見し得た場合には、真実性の調査確認をして虚偽広告を読者らに提供してはならない義務が」あると述べています。このような最高裁判所の判決に基づけば、今後も、このような番組を流したテレビ局の責任は免れないでしょう。

● **立証上の問題**

　いずれにしても、事実の認定については証拠が必要です。まず、あなたが記憶している限り、できるだけ詳しく当時の状況や霊能師の話した内容など

Q21 テレビで有名な霊能師に高額なお墓の建替費用を払ったが取り戻せるか

を書き出してみてください。直後につくったメモや、知人に話したのならその友人の記憶内容も貴重です。「悔しくて全部捨てちゃった」というのは弁護士泣かせです。また、同じ霊能師に300万円の墓石を買わされているほかの人はどう言っていますか。同じように納得できないと言っていませんか。1人から聞いて「まさか」と思う話でも、数人から聞くうちに、「これは常習的な手口で、システム化してやっているようだ」、「墓石業者と提携しているのかな」などと疑問が湧いてくるものです。そこから霊能師の正体や悪質な手口がわかることもあります。同じ被害を受けた仲間の情報は、とても大切なのです。

第1章　こんなときどうしたら？

Q22　特殊な治療に高額料金をとられているが大丈夫か

> 12歳の娘が、病院でアトピーの診断を受けたのですがなかなか治りません。心配した知人が「A施術院」を紹介してくれました。そこでは、気流診断をして物質改善法という特別な施術を週3回続け、毎月50万円を1年分払ったのですが、効き目がありません。このまま続けてもよいのでしょうか。

A

●医師法上の医業行為

　医師法17条は、医師でなければ医業を行ってはならないと定めており、これに違反すると3年以下の懲役または罰金で処罰されます。この医業とは、医療行為を、「業」（いわゆる仕事）として行うことで、裁判所（最高裁昭和30年5月25日判決・刑集9巻7号1093頁）は、「医師が行うのでなければ保健衛生上危害を生ずるおそれのある行為」と定義しています。Q21の邵錦の宇宙パワーによる難病治療も、これに該当するかもしれません。
　もし、神社が別に「施術院」という看板を出して難病の患者に直接何らかの施術をしていると、施術の内容次第では医師法違反の可能性があります。

●詐欺的治療は不法行為

　ガンの患者に特殊な施術で気を送る遠隔療法が効果があると勧め、特殊リングでガン細胞の数を制約できるなどとして、合計890万円あまりを支払わせたものの、結局患者が死亡したという事件がありました。裁判所は、「施術がガンの治療に何の効果もないことを知りながら、効果があるように装い、

末期ガンの症状に苦しみながら藁にもすがる心情にあった故人を欺き」と認定して代金を支払わせた医師の不法行為責任を認め、治療費として支払った金額のほかに慰謝料500万円を遺族へ支払うよう命じています（大阪地裁平成10年2月27日判決）。

　また、先天性難聴の子が医師に治療困難とされたため、祈禱師が加持祈禱による治療を約2年3ヵ月間、合計737回も行った事件では、裁判所は、1回について2000円を超える部分の返還を命じました（名古屋地裁昭和58年3月31日判決・判例時報1220号104頁）。当時の祈禱料の相場は1回2000円が標準だったそうです。この判決は、「加持祈禱はそれ自体が公序良俗に反するということができないのはもちろんである。しかし、それが人の困惑等に乗じて著しく不相当な財産的利益の供与と結合し、この結果、当該具体的事情の下において、右利益を収受させることが社会通念上正当視されうる範囲を超えていると認められる場合には、その超えた部分については公序良俗に反し、無効となる」と述べています。

●医師の宗教的治療は？

　最近、医師の資格を有する者が、現代医学で治せない患者に宗教や宗教的考え方を教えて、精神面からの治療効果を狙う例が増えつつあるようです。安らかな死を迎えさせること自体に意味がある場合もあると思われます。今後、注目される医療分野です。しかし、これが悪用されると、とんでもないことになりかねません。次の事件（大阪地裁平成8年4月22日判決・判例時報585号66頁）は、その典型です。

　BさんはY病院の院長からガンと診断され、抗ガン剤の投与を開始していましたが、院長が、「痛むところにその護符を貼るように」と家族に勧めたため、Bさんはこの護符を購入して貼り続けていました。Bさんは、このような院長の言動から自分は不治の病にかかっていると誤解して、大変なショックを受けたのです。ところが、ほかの病院で診断してもらったところ、Bさんはガンではなかったのです。

判決は、「もはや科学的な治療による治ゆが不可能であり、残された手だてはいわゆる神頼みしかないと思わせるに十分な不相当な言動と言うべきであり、医師としての注意義務を怠った」として、100万円の慰謝料の支払いを命じました。

●不思議なパワーをもつ石や棒、お祓い

健康によい腕輪や石、棒などを雑誌などで広告しているのに引っかかって、高額の被害を被る事件が多発しています。雑誌広告をみて数千円で買った開運のリングについて、効能がないとして販売元に連絡すると、特別な祈禱で大変な悪運勢とわかったので、数十万円かけてお払いをしないともっと不幸になるなどと脅されてさらに払ってしまったという開運商法の被害も多発しています。開運商法被害弁護団も結成され、被害相談に応じていますが、この種の広告を掲載する雑誌が後を絶たず、雑誌出版社の責任を問う裁判も起こされています。

このような行為は、あきらかに詐欺にあたります。また、特定商取引法違反の威迫・困惑させて物を売る行為にもあたります。

次のような判例もあります。

株式会社Fでは、原価数千円のセラミック製の棒と真空のガラス玉を、130万円などで売っていました。そして、その効能を次のように説明していました。「人間の悩み、苦しみなどあらゆる不幸は、宇宙のエネルギーの流れが阻害されるからです。このエネルギーの流れをとらえてこれに合わせてあなたの内部のエネルギーの流れを創り出すと、不幸は解消されて真の幸福や健康が得られます。その原理に基づいて宇宙のエネルギーの流れをとらえて流れを創出するのがこの『フリー』なのです。これを使えば家庭円満、商売繁盛、ガンも霧散し、病気が治ります。自動車に置けば燃費も安くなります」。

東京高裁平成4年3月26日判決（国民生活92年12月号、上告棄却で判決確定）では、「その方法、態様、結果等に照らし、著しく欺瞞的、便乗的、暴利的

であって社会的に是認される営利活動の範囲を越えるものであり特段の事情のない限り、違法性を帯び」、不法行為であるとしたのです。

一方、乳がんの主婦が、霊能者から「癌ではない、できものだ。そう神様が言っている」などと言われて、病院ではなく、お祓いで治すことにしたため、癌治療の機会を奪われて死去しました。遺族の請求に、大阪地裁平成26年2月26日判決は、「死を予見して癌治療を受けさせなかった」責任を認めて、合計6500万円の損害賠償支払いを命じました。

●真光元、真光元神社事件

質問のような不治の病に悩む少女が、健康食品の真光元（しんこうげん）や神社の教祖の神通力を頼ってインスリン注射をしなかったために、3日目に死去するという事件がありました。この事件では、担当者が2010年2月薬事法違反で有罪となり、懲役1年、執行猶予3年、罰金50万円の判決が言い渡されています。たたし民事裁判では、医師でもない健康食品販売責任者に死の予見可能性はなかったとして責任は認められませんでした。

しかし、フランスには一種のマインド・コントロール罪ともいうべき犯罪類型「無知・脆弱性不法利用罪」がありますが（詳細はQ76）、「重大なまたは反復した圧力行為、またはその判断を歪める技術の結果、心理的または身体的服従状態にある者に対して、その者に重大な損害を与えうる作為または不作為に導くために、その者の無知または脆弱状態を不法に利用すること」を、3年以下の拘禁刑または37万5000ユーロ以下の罰金としていますので、日本でもフランスと同様な法制があれば、インスリン注射をしなかったことが「不作為に導く」と判断され、摘発ができた可能性があります。

Q23 教団に入るためにしたサラ金からの借金が返せないがどうしたらよいか

「本当に救われたいのならサラ金から借金してでも〇〇塾に入れ」と言われ、サラ金8社から借金をしてセミナー参加費を支払いました。しかしこの借金を返済するあてはまったくありません。破産するしかないのでしょうか。

A

サラ金からの取立てに対処するには、弁護士に相談することが必要です。弁護士がサラ金あてに受任通知を発すれば、あなたへの直接の取立ては、法律上許されなくなります。サラ金からの取立てがやむだけでも精神的に落ち着きます。各県に弁護士会の窓口があり、相談に応じていますので、まず相談してみてください。弁護士費用の分割払いも可能です。

●借金して献金させる問題

実は、宗教団体にまつわる相談を受けていると、借金をしてまで献金やセミナー代金を支払わされているケースがよくあります。献金やコース代金は、本来なら「気持」のもので、自分の生活費の一部を献金やコース代金に回すというならともかく、通常の生活が成り立たない借金をさせてまで金銭を出させるというのは、どう考えても行きすぎた宗教活動でしょう。

相談の中には、「2012年に日本はなくなる」「どうせ銀行もなくなるのだから返さなくてもよくなる」などと言われて借金させられた事案や、「借り方がわからない」と答えると、教団側でわざわざ金融機関を紹介してくれたなどのケースもあります。女性は金融機関から借金しにくいということで、男性信者が女性信者の夫になりすまして、夫の名前で借りて献金させるという

事案まであります。もちろん夫には内緒ですから、明らかに金融機関への詐欺にもあたる献金勧誘行為です。夫に事情が知られれば、離婚にまで進展してしまうかもしれません。こうしたケースでは、教団の献金勧誘行為がその目的、手段、結果などから違法だと判断される場合であれば、民法709条により賠償を求めることができます（Q17、Q18参照）。本来は借金して献金させること自体が社会的に不相当な行為ですから、借金して献金させた事実が認められる場合には、ほかに特別な事情が認められない限り、献金勧誘行為自体の違法性が推定されるべきでしょう。

●交渉か破産申立て

このような「借金献金」の相談の場合、教団との裁判の決着がつくまで待ってはいられないということも多いのが現実です。金融機関からの催促は、裁判の決着を待ってくれないからです。

ですから、教団に請求してすぐに献金を返してくれないようであれば、あきらめずに弁護士に相談してみてください。弁護士が、被害者側の切迫した事情を説明することで、頑なな教団が返金してきたというケースもあります。しかし、どうしても教団からすぐに返金が受けられず、月々の生活費から考えても返済できない額だというのであれば、自己破産するという方法もあります。自己破産には、弁護士や会社の代表取締役になれないなどの職業上の制限がありますが、一般の人にとっては、ほとんど不利益はありません。戸籍に記載されることもありません。破産申立てから数ヵ月で出される免責決定の後は、制限もなくなり、もとどおりの通常の生活に戻れます。

●金融機関の責任

このような献金について、金融機関に責任はないのでしょうか。民法上は、詐欺や強迫の被害者は、原則として貸金契約を取り消すことができます（民法96条）。しかし、金融機関が信者とその教団との間の事情をまったく知らなかったというのであれば、詐欺による取消しはできず、強迫の場合のみ取

消しが認められています（同条2項）。したがって、強迫が認められる場合にのみ、金融機関との貸金契約を取り消すことができることになります。ただし、金融機関が教団と信者の間の事情を知っていたり、さらに金融機関の貸金提供行為が教団の不法行為を助長したと言える事案であれば、単に貸金契約を取り消すだけでなく、共同不法行為（民法719条）として、教団とその金融機関の責任を追及できる可能性があります。

　いずれにせよ、教団への追及だけでなく金融機関への責任追及もあわせて行うのは、一般の人では難しいでしょうから、弁護士に相談する必要があるでしょう。

家族が崩壊しそうになったら

Q24 統一教会──妻が突然韓国に行くと言い出したがどうすればよいか

妻から突然「韓国に行く」と言われました。先祖解怨の特別の儀式をするところがあるので世界平和女性連合のツアーで4日間（3泊）家を留守にすると言い張るのですが、これはどのようなところでしょうか。

A

　行ってしまう前に夫婦でゆっくり話し合ってみましょう。あなたの奥さんは、帰国後には統一教会のためにたたかう戦士となっているかもしれません。文鮮明（故人）こそ神が地上に遣わした「真（まこと）のメシア」だと思いこみ、私には霊界で苦しんで救いを求めている先祖を救って絶対善霊にする責任があると信じ込まされるのです。思いやりがあって、人を疑うことをしない、素直な奥さんのはずです。彼女は、あなたの一族や実家の一族の先祖が地獄で苦しんで救いを求めているから、自分が「氏族のメシア」として出家するくらいの決意でまことの道を歩まないと（つまり、文鮮明の指示どおり活動し、献金しないと）、あなたや子どもたちに親や祖父母以上の不幸がくると信じこまされているのです。それに、自分の悩みや心情をよく聞いて励ましてくれるアベル（先輩格の信者）がいるので、心が癒された気になって、その期待に応えて行動することにやりがいを実感しつつあるかもしれません。

　しかし怒ってはいけません。あなたは仕事に追われて忙しく、家族のことや子どものことなど、ろくに夫婦で話し合うこともなかったのではありませんか。今からでもいいのです。よい機会ですから、2、3日かけて、夫婦で

ゆっくり話し合ってみてください。相談窓口（巻末の参考資料2参照）に相談してみるのも大切です。

●世界平和女性連合とは？

世界平和女性連合は、統一教会のダミー団体で、1992年に文鮮明が指示して組織化されたものです。総裁は文鮮明の妻の韓鶴子、日本の元会長は江利川安栄という女性で、彼女は1998年4月から1999年1月まで統一教会会長でした。現在の日本会長（坪井佳枝）も、運営も統一教会信者がしています。

ところが表面的には、アジア人留学生に奨学金を出す、有名人を呼んでホテルでの講演会や懇親会を開く、アメリカでブッシュ元大統領（父親）にも会える（彼は夫人とともに統一教会の宣伝マンになってしまいました）などと、耳ざわりのよい宣伝をしているのです。「新純潔教育キャンペーン」と称して、青少年の性の乱れを考えようなどと呼びかける宣伝パンフレットも作成しています。マスコミや各地の教育委員会などが、このような世界平和女性連合など統一教会のダミー団体の美辞麗句や有力者の参加にだまされて、そのイベントの協賛者になったり、著名人などが機関誌「ハーストーリー」（2010年に「アイディアル・ファミリー」から改称）のインタビュー記事に登場

世界平和女性連合の機関誌

する例などもあり、困ったものです。韓国と北朝鮮画家の絵画展が、「美術世界」という会社やコリアンアートフェア実行委員会など統一教会のダミー組織主催で各地で開かれていますが、これも統一教会信者が組織的にやっていることです。

●主婦をメインターゲットに

　今後の統一教会の活動は婦人が中心になるといってPTAや団地の自治会、隣組などのさまざまなつながりをもつ婦人を信者にして、友人・知人・親族を誘わせようとしています。そして、このような婦人をソウル近郊の水沢里（スイタクリ）や清平（チョンピョン）、韓国の南に浮かぶ済州島にある統一教会の修練会場に連れていって、最高幹部クラスの講演を聞かせます。帰国したときには一人前の信者になっているというしくみです。文鮮明の生前は、ありがたい文鮮明の言葉まで聞けたからという理由をつけて、1人1万ドルの「感謝献金」などまでさせました。

　清平には広大な統一教会の施設があります。最近では、ソウルからバスで約2時間かかるこの清平にある統一教会の施設に動員して、そこで霊界を実感させる団体活動をさせたり、先祖解怨の儀式に参加させて、マインド・コントロールを強め、献金させたりしています。清平では、文鮮明の妻の母（大母様・テモニムと称する）の霊界からの発言を取り次ぐ女性幹部信者である金孝南（キム・ヒョウナム）の講演で不安をあおったうえで、悪霊を払う儀式をする研修が活動の中心になっています。7代前までの先祖の因縁を解放し、その次は14代前までなどの口実で、次々と大金を出させています。これもまた悪質な霊感商法というべきです。

Q25 共同生活をしている団体から孫を連れ戻したいがどうすればよいか

ヤマギシ会に息子夫婦が入ってしまいました。孫がその学園内で生活しています。このままだと実社会から離れてしまいそうでとても心配です。孫だけでも連れ戻す方法はないでしょうか。

A

● ヤマギシ会

　ヤマギシ会は正式名称を「幸福会ヤマギシ会」といい、滋賀県生まれの山岸巳代蔵が1953年3月に開いた山岸会を前身とする団体です。山岸は1961年に死亡したものの、「自然と人為の調和を基調とした理想社会」をめざし、1999年当時、全国に37ヵ所、海外に7ヵ所の「実顕地」と称する集団農場を有し、子ども約2000人を含め約5500人が生活していました。このうち最大の実顕地が、三重県津市にある「豊里実顕地」です。ヤマギシ会は、こうした農場で生産した鶏卵等の農畜産物を販売し、売上高は1996年の1年間で約120億円に上ったこともありました。

　ヤマギシ会の村民となる（ヤマギシ会では「参画」と称しています）には、「ヤマギシズム生活実顕地調整機関本庁」あてに、「私は終生ヤマギシズム生活を希望しますので、いっさいの人材・雑財を出資いたします」という内容の出資明細申込書を出すこととされていますので、「調整機関」がヤマギシ会の中核機関と考えられています。加えていくつかの実顕地では農事組合法人を設立して運営にあたっており、「豊里実顕地」では、1969年に「ヤマギシズム生活豊里実顕地農事組合法人」を設立し、7人の理事をおいています。ですから、ヤマギシ会は宗教法人ではありません。

このヤマギシ会をめぐる批判的報道が、1996年ころから活発化しました。1998年に入って、名古屋国税局がヤマギシ会に対し約200億円の申告漏れを指摘し、約60億円を追徴したとの報道がなされ（1998年4月16日付け読売新聞朝刊・夕刊）、4月10日には、広島県弁護士会は、広島県三次市内の「ヤマギシズム学園花見山初等部」に対し、子どもの人権が侵害されているということを理由に警告書を発しました。1999年5月11日には、日本弁護士連合会からも施設内の子どもたちの人権を尊重するよう勧告書が出されています。

なお、ヤマギシズム学園といっても、正式な認可を受けたものではありません。ヤマギシ会では、一時、このヤマギシズム学園の学校法人としての認可申請を行っていましたが、日本弁護士連合会の勧告書が出されたのを受け、現在は断念しています。

●ヤマギシ会をめぐるトラブル

ヤマギシ会をめぐるトラブルは、おおむね以下のものに分類できます。

一つ目は、脱会した元村民から出される財産返還の請求をめぐるトラブルです。前述のとおり、ヤマギシ会の村民となるには、職場を捨て、不動産を含むすべての資産をヤマギシ会に出資しなければなりません。したがって、その後に村民が考え直してヤマギシ会をやめようと思っても、脱会後、すぐに生活に困ることになります。後述のように、やめたときには出資を返してほしいという裁判が起こっています。

ヤマギシ会の入村には、特講と呼ばれる7泊8日の講習会（参加費5万円）に出る必要がありますが、特講では徹底的に自我を捨てる教育が施され、「出家」を迫られることになります。ですからこの特講は、違法かつ破壊的なマインド・コントロールではないかとも指摘されています。

二つ目は、ヤマギシ会にいる孫たちに会いたいという祖父母たちとヤマギシ会との間のトラブルです。ヤマギシ会では、家族全員が村民となり共同生活を営むことになりますが、子どもたちの教育はすべてヤマギシ会がすることになっています。このような形態は、親権の本来的な行使ではないとして、

祖父母たちから、親権変更の申立てがいくつも出されています。しかし後述のとおり、裁判所の壁は厚いというのが実情です。なお、親権についてはＱ27も参照してください。

　三つ目は、子どもたちの生育環境をめぐるトラブルです。ヤマギシ会は、二食主義を採用しており、育ちざかりの子どもたちに二食主義を押しつけるのは、子どもの人権侵害ではないかということがあげられます。前記の広島県弁護士会の警告書は6項目にわたる警告を発していますが、その中の一つはこの二食主義の問題点です。日本弁護士連合会の勧告書も、同様の問題を指摘しています。そこで、1998年4月から、ヤマギシ会では、この非難の多い二食主義を一部修正し、子どもたちの登校日には朝食をとることを認めるようになりました。

　ご質問のケースについては、この二つ目と三つ目にかかわることですが、別れた夫婦間の親権をめぐるトラブルの事案について、ヤマギシ会に入った母親の親権を、ヤマギシ会に入っていない父親に変更することを認めた事案はありますが、いまだ祖父母に子の監護権変更の申立てを認容した事案はありません。ただし、ミイラ化遺体事件を引き起こしたSPGF（シャクティパットグル・ファンデーション、元ライフスペース）のケースでは、1999年1月、親による親権行使が適切であったとはいえないとして、祖父に子の監護権を認めた例があります。

　その際裁判所は祖父らが子どもを連れ帰ったのは子ども自身が望んだことであるという点も根拠にしており、やむを得ず子どもに直接会って、どこに住みたいかの意思をその場で確認し、祖父母のもとで暮らしたいと言えば、その場で祖父母が保護する事件が実際に起きています。

　子どもの福祉がからむ重大な問題であり、たとえ両親でも、子どもの意思に反してその思想を全面的に押しつけるのは問題でしょう（Q27、Q28参照）。

●脱会後の問題

　ヤマギシ会は、離村の際にお金を用意してくれません。そのため離村して

も電車代さえ出せず、歩いて逃げたという話もあります。したがって離村した場合、近くの交番に相談するなどして、まずあなたに、あるいは他の親族や知人に連絡するように、お願いしてみてください。

まずは行動です。お金で縛ると簡単に人は脱会できなくなります。ヤマギシ会に限らず「出家」を迫るオウム真理教や統一教会のような宗教団体は、出家や献身の際に、すべての財産を献納させようとします。ヤマギシ会の場合は、それが我執を捨てることであり、宗教団体の場合は、信仰の強さの証しなどと都合のよいことを言っています。

しかし、いくら脱会しにくい客観的状況下にあるといっても、信じることのできなくなった会でいつまでも自分の意思を押し殺して生活していれば、いつかは破綻します。人生は一つしかありません。勇気をもって決断することが大切なのです。

●出資財産の返還請求訴訟

離村時にその出資の一部でも返してくれないヤマギシ会の取扱いは、人道上、多大な問題をはらんでいます。懲役刑の囚人も毎月数千円程度のお小遣いが支給され、出獄後の当面の生活が確保できるしくみとなっています。出獄後の就職先も更生保護施設等であっせんし、出獄後の生活に対する配慮をしています。これと比較しても、ヤマギシ会の対応の非人道性は明らかです。

そこで元村民からヤマギシ会に対し、違法なマインド・コントロールを受けて出資させられた財産を返せとの出資財産の返還請求訴訟がいくつも提起されています。

民法上は、原則として、出資した財産は共有財産ですから返還する義務があります（民法256条）。ヤマギシ会では、参画に際し、「私は終生ヤマギシズム生活を希望しますので、いっさいの人材・雑財を出資いたします」というように、「出資」という言葉を使用しており、出資なら返還が可能なはずで、違法なマインド・コントロールという問題を離れても、元村民の訴えには合理性があります。

もっともヤマギシ会は、出資という名称で呼んでいても、参画は、寄付の一種だと主張しています。前述したヤマギシ会への追徴課税も、寄付であると認定したうえで、追徴しています。

　この問題に関して、2001年1月31日、東京地方裁判所は、参画それ自体は公序良俗違反とはならないが、退会の際に出資した財産の返還を求めることはできないとした約定は公序良俗違反だと認定し、出資した金額のほぼ全額である2億4000万円を返還するように命じましたが、控訴審である2002年2月27日の東京高裁判決は、公序良俗違反だがその範囲は1億円の範囲とし、いわば一部無効の判決を出し、確定しています。

　ちなみに、東京高裁判決では、「脱退しても出資した財産について全く返還請求できない趣旨のものとすれば（中略）被控訴人に脱退することを断念させ、ヤマギシズムの『無所有共用一体生活』を強制することにもなりかねず（中略）、そのような事態は、思想及び良心の自由を保障している憲法19条及び結社の自由を保障している憲法21条の趣旨にもとる」とはっきり認定しています。ただし、裁判を起こして、仮に勝訴できたとしても時間がかかることになります。このケースの提訴は1996年のことで、高裁判決まで7年が経過しています。

　ヤマギシ会では東京地裁判決を受ける形で、一部の出資金を返還する動きがあり、以前とは対応が異なりますので、裁判前に粘り強く交渉してみることも大切です。

　それでも、脱会後すぐに生活が困るという場合には、当面は親族の援助を頼るなり、生活保護を受ける方法をとる必要があります。そうして生活が安定したうえで、やはりヤマギシ会はおかしいというのであれば裁判を起こしてください。

　その場合、弁護士に相談したり、依頼する費用が出せない場合には、各市町村に無料の法律相談の窓口がありますし、弁護士費用を立て替えてくれる法律扶助の制度もありますので、相談されるのもよいでしょう。

Q26 妻が宗教に夢中という理由で離婚できるか

妻がある宗教団体に夢中で、毎日のように何時間も子どもを連れて外出します。土日も出かけますから、家族のつながりもなくなってしまいました。説得してきたのですが、まったく聞き入れません。離婚したいのですが、可能でしょうか。

A

●「信仰が許せないから離婚」はダメ

「夫婦といえどもそれぞれが自らの考えに基づいて信仰を持ち、それに従った生活をすることは信仰の自由として保障されるべきもの」です。ゴルフやパチンコに土日を費やす夫もいます。宗教を信仰する自由はそんな趣味以上に大切な憲法上の権利です。しかし、信仰の自由は「少なくとも夫婦間あるいは、家庭内では無制限のものではなく、信仰を異にする配偶者との婚姻生活の維持継続という面から、そこでの信仰生活や宗教信仰には自ら一定の限度があ」ります。これは、名古屋高等裁判所の判決(名古屋高裁平成3年11月27日判決・判例タイムズ789号219頁)の引用です。

ちなみにこの事件は、「エホバの証人」に妻が深くかかわっているというので夫が離婚を請求したのですが、離婚は認められていません。2年間別居している2人の気持は冷めているかもしれませんが、その原因には、妻への無理解や宗教戒律等への嫌悪が先行して「やめるか離婚か」と一方的に迫るような夫側の対応に問題があった、と述べています。同教団に入った妻に対する夫からの離婚請求事件は多いのですが、同様の考え方に基づいて離婚を認めなかった判例が多数あります(大阪高裁平成2年12月14日判決・判例時報1384号55頁、大阪地裁平成2年5月14日判決・判例時報1367号78頁、東京地裁平

第1章　こんなときどうしたら？

成5年9月17日判決・判例タイムズ872号273頁など）。

● 離婚を認めた判例

　他方、「エホバの証人」に妻が入ったために夫婦の対話が消え、食事をいっしょにすることもなく、夫婦関係も長い間なくなっているなど、具体的な夫婦生活に支障が生じた事例で離婚が認められた判例も少なくありません（名古屋地裁昭和63年4月18日判決・判例タイムズ682号212頁、東京高裁平成2年4月25日判決・判例時報1351号61頁など）。たとえば名古屋地裁判決では、夫婦生活について集会への出席や伝道活動に多くの時間が費やされて日常生活に支障がある、子どもの養育は夫婦間で共同して行うべきなのに幼く判断能力の乏しい子どもに教義を教えこむ、仏式の葬儀・法事・服装等を拒否する、といった事実を認定し、このようなことから破綻した夫婦関係について、妻は「婚姻関係における扶助協力義務の限度を超えて宗教的行為をなしている」と判断し妻にも婚姻関係を破綻させた責任があるとして離婚を認めたのです。

● 客観的な支障の有無がポイント

　離婚を認めるか否かの判断は基本的には婚姻を継続しがたい重大な事由があるかどうかによって決められます（民法770条1項5号）。ただし、それを民法752条に定められた夫婦間の協力義務の観点からとらえるか、婚姻生活上現実にどの程度の支障が生じているかという観点でとらえるかで、結論が異なってきます。前者の観点のほうが後者の観点よりも離婚は認められやすくなると思われます。

　いずれにしても夫婦の一方が嫌いな宗教に夢中になっているというだけでは、離婚は認められません。嫌いな宗教をめぐって夫婦間で論争が続き、不仲になったというだけでも難しいのではないでしょうか。夫に無断で外出・外泊が繰り返される。仕事や家事を放棄し、生活費まで宗教につぎこむ。幼い子どもに教義を教えこんで一般社会から離反・孤立させる。夫婦に会話が

なくなり、別居する。夫婦の性関係も途絶する。このような、一般の離婚事件でも夫婦としての関係が破綻したと客観的に認められる実態があるか否かがポイントになると思われます。

　しかし、離婚を考える前に、奥さんがどのようないきさつと動機でその宗教に参加し、現在どのような気持で活動しているのかをまず知ろうとすることをお勧めしたいのです。奥さんが傾頭している宗教が実はカルトだったという場合では、離婚することは奥さんを被害者として見殺しにすることにもつながりかねませんし、奥さんの熱心な活動により、新たな被害者が出ることになります。相手の気持を思いやっていっしょに考えることから、子どもにとって最も不幸な離婚の危機も、奥さんの人格破綻も、防止できるかもしれません。離婚を考える前に粘り強い根気も必要です。

第1章　こんなときどうしたら？

Q27　妻の宗教活動が原因で離婚する際子どもを妻に渡したくないがどうすればよいか

　妻との間に小学2年生の娘と幼稚園の年中組の息子がいます。妻が宗教に夢中で、私に隠れてクレジットで物を買ったり、献金をして海外のセミナーに出かけたりといったことばかりしているので、離婚することにしました。子どもは妻に渡したくありませんが、このような場合、親権や監護権はどうなるのでしょうか。

A

●親権者選択の基準

　未成年の子がいる夫婦の離婚は、父母のどちらが親権者になるか決まっていないと、協議離婚の届出は受理されません（戸籍法76条1号）。裁判上の離婚では、裁判所が父母のどちらかを親権者と定めます（民法819条5項）。子どもが幼い場合、通常は母親が親権者になることが多いようです。民法でも子どもの出生前に離婚する場合や非嫡出子（未婚の男女の間の子）については母親が当然に親権者になると定めています（民法819条3項・4項）。

　しかし、母親が親権者になった場合、母親のこれまでの行動や性格等から子どもの養育や福祉上明らかに問題があって、夫が引き取っても十分に幼児を扶養できることが認められる場合には、離婚判決で父親を親権者と定めた例もあります。現実に子どもを引き取って片親で生活を維持している場合、その既成事実を尊重する判決も多いようです。

●親権・監護権

　親権を行使する親が子の権利を害し、子の心身の健全な発達を害する状況

があれば、子の親族や児童相談所長などの請求に基づいて、家庭裁判所は親権喪失の審判をします（民法834条。2011年の民法改正で親権停止の制度もできました）。

　しかし、これはあくまで子の福祉のために現在の親権者を変更することがどうしても必要な場合に限って認められるものです。宗教と関係のある事例ではないのですが、子どものいる未亡人の女性が亡夫の友人の妾になった場合でも、親権の喪失が認められなかったことがあります。他方、ヤマギシ会の施設内で生活していた子どもについて、これらの団体から離れて離婚した父が、まだ団体内で生活している母を相手に申し立てた事件では、施設内での子どもの生活の実情や子ども自身の気持などを具体的に認定して、母の親権喪失を認めた事例があります。ただし、審判に時間がかかるため、保全処分として親権を一時停止することもできると定めていますので（家事事件手続法174条）、保全処分を利用することも検討してください。

　また、オウム真理教の施設内で生活している子どもたちについて、離婚していない父が人身保護法に基づいて子の引渡しを請求し、一部認められた事案もあります。現状の生活実態が子の福祉のために明らかに好ましくないということから緊急措置を認めたものです（大阪地裁平成2年9月7日判決・判例タイムズ739号223頁、最高裁平成2年12月6日判決・判例時報1374号42頁）。ただし、裁判所は、小学生についてはこの請求を認めましたが、中学生の14歳の子については子自身が施設内での生活を希望しているとの理由で請求を認めませんでした。しかし、これは、一連の地下鉄サリン事件発生前の裁判事例です。もし、オウム真理教の施設内での悲惨な生活の実態が証拠に基づいて具体的に立証できていれば、15歳程度の子についても、子の引渡しを認める判決が下されたと思われます。

　なお祖父と両親が争った例として、ミイラ化遺体事件を引き起こしたSPGF（シャクティパットグル・ファンデーション、元ライフスペース）のケースで、平成11年1月、親による親権行使が適切であったとはいえないとして、祖父に子の監護権を認めた例があります（Q25参照）。

第1章　こんなときどうしたら？

Q28　カルト集団にいた子どもたちはどうなるか

> オウム真理教にいた子どもたちが保護されたことがありましたが、その後どうしているのですか。カルト集団にいる子どもたちを助けることはできないのですか。また、集団から出た後はどうなるのでしょうか。

A

●親から離され、外の世界を知らない子どもたち

1995年4月から5月、オウム真理教の集団にいた子どもたち100人余りが、児童福祉法33条に基づいて一時保護となったことは衝撃的でした。

この子どもたちは、出家した後、親とも別に生活させられました。赤ん坊でさえも「お世話係」のもとで生活しており、親と離されていました。小学校にも中学校にも行かず、施設の中で国語や算数の授業を受けていました。教材は教団のビデオや漫画で、グルの絶対性などの偏った価値観のみを教えられていました。親の顔を忘れている子どもさえいました。

1997年7月には、ミイラ化遺体事件で知られるライフスペース（現SPGF：シャクティパットグル・ファンデーション）の実態が判明し、教祖が殺人罪で逮捕された後、子どもたちが一時保護されています。2004年4月には、自己啓発団体ホームオブハート（現ヒーリングないしフィールド）でも子どもが一時保護されています。

●子どもたちの状況

オウム真理教の施設内で育てられた子どもたちは、まさに一般言語でいう「虐待」を受けてきたのであり、重大な被害者でしょう。親が信仰に基づいて自分の子に「悪魔の子」などと言い続けて育てるのも精神的な虐待です。

オウムで一時保護された子どもたちは、もう大人です。その後養護施設や祖父母、また後に脱会した親に育てられた子も多いです。しかし、在家になった親といっしょに、再び道場に通っている人もいます。保護されず15歳を過ぎ、後に夜間中学校を卒業したり、高卒認定試験を受けて大学に通った人もいます。ライフスペース事件やホームオブハート事件（Q30参照）では、親が脱会しないままに環境を改善したと主張して団体に戻され、いまだ親に振り回されている子どももいます。

●子どもの心

子どもは成長していく過程で、多くはカルト集団やその教義に傾倒している親についていけなくなります。集団の矛盾を知り、教義に基づいて親に虐待されたり放置されてきたことに、大きな疑問をもちます。

強烈な教義に縛られて親を見つづけ、まともでないと気づいて出てくる子どもたちもいます。表面的には恵まれているように見える教祖や幹部信者の子どもも、親がしてきた犯罪的な事柄や、教団の教えなど外の世界に通用しないことをやがて知ります。

「1人で家出する」勇気がある子どもは、親と衝突を繰り返して、集団から出てきます。自ら児童相談所に相談に行く子どももいました。そして、集団以外の家庭や外の社会を知っていきますが、通例の価値観を知らないという障害を越えていかなければなりません。

一方で、その集団に属したまま大人になる子どももいます。子どもは、たとえ「神の子」「祝福された子」などと言われても、集団と親に適応することを前提に生存が許されてきたのです。「悪魔の子」と言われてきたのならば尚更でしょう。ですから面従腹背の態度で過ごしていくのですが、それが習い性となってしまい、やがてうつ病になってしまうことが少なくありません。抑圧に負けたままで集団の先兵となっていく子どももいます。

●法的な問題の位置づけ

　カルト集団から脱出してきた子どもたちが再びその集団に連れ戻されないよう援助するためには、子どもの成長は子ども自身の権利なのだという観点を強くもつべきです。「児童虐待の防止等に関する法律」の諸規定を活用できます。12歳〜13歳以下の子どもに限らず、人身保護法も使える事例があるはずです。

　制度上は、親権の喪失（民法834条）に加え、柔軟に対応できるように最長2年間の親権の停止制度も、2011年の民法改正で認められています。行政も、刑事処罰さえある学校教育法や児童福祉法等を、もっともっと活用していく義務があります。

Q29 牧師が信者の家族関係を破壊したり信者に性的関係を迫ることは許されるのか

家族で教会に通っていましたが、牧師が妻に私との離婚をすすめたり、未成年者の娘に性的な関係を迫ったりしています。このようなことが許されるのでしょうか。

A

● 地の塩教会事件

「教会及び牧師によるマインドコントロールにより妻の自律的判断を失わせたとして、夫及び長男が家庭破壊行為を理由として、不法行為に基づく損害賠償請求と子供らへの面接の妨害禁止などを求めた」というケースがあります。

一審段階では、夫・長男は敗訴しました（横浜地裁平成11年2月26日判決・判例時報1700号87頁）が、夫側が控訴したところ、控訴審判決は、逆に夫側に逆転勝訴の判決を言い渡しました（東京高裁平成11年12月16日判決・判例時報1742号107頁）。「被控訴人教会の信者を含むキリスト教徒が、牧師その他の聖職者に対して、宗教上の救済を得ようとして倫理に反する行為事実や宗教上罪となるべき事実を告白することは、もともとその告白について牧師その他の聖職者が秘密として守るべき義務を負うことを前提として行われているものであり、告白を行う者は、その事実に関係する第三者が告白の内容である事実を知っているか否かにかかわらず、外部に漏えいすることはないものと信頼し、専ら宗教上の観点から救済を求める趣旨で告白を行うものと推認される。その告白行為が専ら宗教上の行為であるとしても牧師や聖職者の守秘義務は、宗教上の義務にとどまらず、宗教活動を職務として行うに不可欠

なものとして、法律上も黙秘権として保護されているものであるから（たとえば民事訴訟法197条1項2号等）、法律上も守秘義務があるものと解すべきであり、告白者の右の信頼は法的保護の対象となり得る法益というべきである。したがって、告白の内容が予期に反して第三者に漏えいされ、告白者のプライバシーや家族生活の平穏等の人格的利益等が侵害されたといえる場合には、不法行為が成立する」としました。

　また、子どもらに対しても、牧師と教会は、「従前から控訴人と被控訴人教会の建物内で生活していた妻子との面接交渉を拒絶し、これを求める夫の親権の行使を妨害していたものと認められる。牧師や教会の右の妨害行為は、夫の親権の行使を違法に侵害するものといわなければならない」と判示しており、このような妨害は今後も継続するおそれがあると認められるから、夫は、牧師や教会に対し、親権に基づき、妻子との面接交渉（面会交流）に対する妨害行為の禁止を請求することができるとしました。

　ただし、夫側の「妻らの右のような家庭放棄もやむなしとする決意の形成は、牧師のマインドコントロールによるものであり、妻を後継者とすべく伝道師になるよう違法に勧誘したものであるとの主張」については、「夫婦の協議離婚は、最終的には夫婦の自由な意思でのみ決せられるべきものであり、第三者が、強迫行為又は詐欺行為等により夫婦の離婚に関する自由な意思決定を阻害し又はこれをゆがめさせて離婚にふみ切らせようとした場合には、不法行為が成立し得る」という一般論を述べたうえで、「牧師は、妻をマインドコントロールできるほどの聖性や宗教的力量があったものとは到底認めがたいので、妻の自主的な信仰上の判断や離婚等に関する判断を狂わせるような不当な影響力を行使したことを認めるに足りる客観的な証拠はない」とし、否定しました。

　この東京高裁判決は牧師側が上告せず、確定しています。しかし、一審と二審で判断が分かれたことからも明らかなように、宗教がからむ家族の問題については、事実の確定など難しい問題があります。早めに宗教問題に詳しい弁護士に相談されるなどの準備が必要でしょう。

すでに離婚した夫婦の親権の変更などの問題についても難しい問題がありますが、これについてはＱ27を参照してください。

●増加するセクシュアルハラスメントの相談

なお近時、牧師が信者の女性に性的な行為を行うといった事件が散見されます。そもそも牧師の地位を利用した性的な関係の要求は、セクシュアルハラスメントにあたるものだと思われますが、牧師がマインド・コントロールを信者に施してあたかも信者が望んでいるかのように行動させるとセクシャルハラスメントにあたるか否かも難しい局面があるかと思います。著名な事件として平成17年に発覚した聖神中央教会事件があります。この事件は同教会の代表役員で主任牧師であった永田保受刑者が12歳から16歳までの少女7人の子どもを次々と姦淫したというもので強姦罪と準強姦罪に問われました。京都地裁は、平成18年2月21日、20年の実刑判決を下しました。永田保受刑者は控訴せず、この事件は確定しています。

その後平成22年2月、すでに成年に達した20代の信者女性に対する準強姦罪で牧師が起訴された事件も出ています。この事件では、同年5月には、茨城県の牧師が信徒の抵抗できない心理状態に乗じて性行為を強いたとして準強姦罪で起訴されましたが、平成23年5月20日の刑事事件の判決では無罪となりました。しかし、平成26年5月27日の民事訴訟での東京地方裁判所の判決では、4人の女性たちに対するセクシュアルハラスメントが認定されて損害賠償が認められています（なおＱ10参照）。

欧米では、カトリック教会の神父が信者の子どもに対して性的虐待をくり返していたという事件もあり、大問題となりました。

第2章

マインド・コントロールとカルト

マインド・コントロールのテクニック

Q30 日本で起こった宗教事件にはどのようなものがあるか

日本でこれまで宗教団体の引き起こした事件にはどのようなものがありますか。

A

信教の自由が制限されていた戦前には、大本教（おおもときょう）事件、天理教（てんりきょう）事件などいくつかの宗教弾圧の事件が起こっています。しかし戦前の事件は、現在の破壊的カルトの問題を考えるとき、参考になりません。大本教では、神殿の破壊、教祖墓の掘り返しなど、現在では考えられない事件も起きています。信教の自由が自由権の一つとして日本国憲法で保障されており、これは民主主義のバロメーターです。ですから、民主主義の著しく制限されていた時代の事件をそのまま宗教の引き起こした事件として分類すべきかについては疑問があります。その意味で、自由化の度合いが異なる諸外国の宗教事件と日本の宗教事件を、単純に比較することもできません。これが宗教事件を考えるにあたっての注意すべき点です。

では戦後、日本ではどのような宗教事件があったのでしょうか。オウム真理教事件が起きるまでは宗教にまつわる刑事事件として問題にされてきたのは、きつねつき殺人といわれる教団内での信者への暴行殺人事件が中心です。海外では集団自殺事件が目立つのに対し、日本では一部の例外を除き、集団自殺の事件は目立っていません。なお、海外で起きた宗教事件については、Q31を参照してください。

●宗教事件の具体例

　以下で、最近の主な宗教関連の事件をあげてみたいと思います。ただし、多数の報道がなされているオウム真理教事件や統一教会の事件は他の質問を参照してください。

① 1986年１月１日、和歌山県の海水浴場で、25歳から37歳までの独身の女性７人が、灯油をかぶって焼死しているのが発見されました。全員が「真理の友教会」の信者で、その前日に男性教祖が病死したのを受けての自殺でした。

② 1987年２月、神奈川県藤沢市内で、教祖とその側近の女性が、その女性の夫に取りついた悪魔を払うためと称して、夫の身体に塩を塗ってもんだり、ベルトで足を縛り馬乗りとなって押さえつけたり、首を締めつけたりしているうちに、夫を死亡させるという事件が起こりました。２人は、男性の死亡後も３日間にわたり、はさみで死体の後頭部を切開して頸椎を取り出す、皮膚をそぐ、眼球や内臓を取り出す、骨を切断する、脳は水道の水で流して捨てるなどの行為を続けていました。

③ 1990年７月、京都府宮津市の海水浴場で、宗教法人「法友の会」の男性信者１人が暴行を受け水死した事件では、1992年秋に教祖ら８人が逮捕され、全員が傷害致死罪の容疑で起訴され、2000年５月18日に、教祖に懲役４年６月、４人の信者に懲役２年６月の実刑判決が出されています（判例時報1717号150頁）。残りの３人については、1994年に執行猶予付きの有罪判決が出ています。

④ 1995年７月５日には、福島市内で祈禱師ら５人が逮捕され、４人が起訴されました。悪霊を追い出すなどと称して、太鼓のばちなどで叩く、蹴るなどの暴行を加え、６人を死亡させたというものです。死体は教祖宅に放置されていました。2002年５月10日に、福島地方裁判所で判決が出され、教祖の女性には死刑、犯行にかかわった信者３人には無期懲役や懲役18年が言い渡されています。

⑤ 法の華三法行への強制捜査は1999年12月のことですが（Q15参照）、その直前の11月11日、自己啓発セミナーから宗教的団体に変容した「ライフスペース」（現SPGF：シャクティパットグル・ファンデーション）という宗教的団体の信者らが宿泊していたホテル内で、ミイラ化した男性の遺体が見つかりました。ライフスペースは1983年に設立された自己啓発セミナーで、1992年ころから主宰者がインドのサイババの後継者だと称したり、人生の目的を意味する「ビジョン」という言葉を多用したりして、次第に宗教色を強めるようになりました。この事件では、グルと称する主宰者が、シャクティパットと称する治療で病気が治せると称し、重病の病人に対し医療的措置を施さずにこれを放置して死亡させ、さらには遺体がミイラ化しても「なお生きている」と称して「治療」を施していました。殺人罪に問われた主宰者に対しては、千葉地裁平成14年2月5日判決は求刑どおり懲役15年を言い渡しましたが、東京高裁平成14年6月26日判決では、懲役8年と減刑しています。

⑥ 2000年1月20日、宮崎県で1995年に設立された加江田塾という宗教的団体の施設内から、2体のミイラ化した子どもの遺体が発見されるという事件が起こりました。宮崎県警は、同日、加江田塾の主宰者とスタッフの女性2人を逮捕しました。主宰者の男性は元統一教会の信者であり、「加江田塾」と称して約50人の会員を集め、たびたびセミナーのようなものを開いていました。2002年3月26日、宮崎地方裁判所は、保護責任者遺棄致死罪と死体遺棄罪を認め、両被告人に懲役7年を言い渡しました。無罪を主張していた被告人は控訴しましたが、福岡高裁宮崎支部も、2002年12月19日に、一審の懲役7年を支持し、控訴を棄却しています。

⑦ 2003年12月5日には、信者の死亡事件にからんで、千乃正法（「パナウェーブ研究所」とも称しています）の信者5人が、傷害罪の容疑で逮捕されました。警察庁長官も「オウム真理教の初期に似ている」と発言していました。

⑧ 2004年4月には、ホームオブハートの施設内で児童5人が児童相談所

に保護されるという事件が起きています（Q45、Q81参照）。

⑨　2007年9月24日から25日にかけて起きた宗教法人「紀元会（大和神社）」（長野県小諸市）における集団リンチ事件では、当時63歳の女性信者が死亡、その娘A子さん（当時26歳）が重傷を負いました。15歳から80歳の30人以上の信者が逮捕され、その後、家裁送致ないし起訴されています。主犯格の窪田康子被告（同59歳）の懲役12年の判決（求刑14年。2008年11月7日長野地裁、2009年6月8日東京高裁、2009年9月30日最高裁上告棄却決定で確定）を筆頭に全員有罪となり、少女4人が家裁に送致されています。なお、2010年9月には、A子さんから紀元会と教団幹部や窪田康子らに対し、母親の死と自身への傷害に関し約1億6000万円の損害賠償を求める訴訟が提起され、現在東京地方裁判所で裁判が行われています。

⑩　スピリチュアルブームのなかで、「すごい先生がいるんですよ」などと勧誘していた有限会社「神世界」、その下部組織ヒーリングサロン「びびっととうきょう青山サロン」などに神奈川県警の捜査が入ったのは2007年12月19日でした。前身は宗教団体「千手観音教会」（1987年ごろ設立）で、元世界救世教の信者で、創始者の次男が2000年に有限会社千手観音教会事業部を山梨県甲斐市に設立したのが始まりで、2002年に社名を「神世界」としました。教祖は「教主」と呼ばれ、事件当時は全国に100以上の「ヒーリングサロン」を運営。占いや運命鑑定、手かざしによる「癒し」を行っていた「宗教企業」グループともいうべき団体です。現職（当時）の神奈川県警の警視や北海道大学の准教授らが自らの立場を悪用し、「神世界」の霊感商法の勧誘行為をしていたとして、解雇処分されるなどし、教祖は詐欺で逮捕され、2012年12月6日東京高等裁判所は懲役4年6カ月の実刑判決を出し確定しています。

そのほか、オウム真理教はもちろんのこと、統一教会の霊感商法事件、ロマゾフィー協会事件、高島易断・幸運乃光（宗教法人）への経済産業省の業務停止命令と被害者らの提訴、統一教会系企業への警察の捜査と逮捕、顕正

会による入信強要事件、開運商法事件で次々と業者が逮捕されるなど、別Qで書いた事件も相次いでいます。

●経済的被害をもたらす宗教事件

　殺人などの陰惨な事件のほかにも、日本では、諸外国とは異なり、献金やお布施の強要といった経済的被害事件が多発しています。

　1995年10月に愛知県警が摘発した宗教法人明覚寺の霊視商法（Q17参照）、1999年12月に警視庁が摘発した法の華三法行（Q15参照）の事件は、その例です。法の華三法行の被害は日本の消費者被害事件全体をみても、摘発当時で歴代3番目、現在でも歴代8番目に入る消費者被害事件となっています。また末端信者の摘発はなされていますが、教団としては摘発がされていない例として、1980年代初期から発生し現在でも被害が続いている統一教会がその信者を駆使して組織的に行ってきた霊感商法の事件などがあり、同種の事

日本歴代消費者被害事件

位	年	団体名	被害額	被害者	種別
1	2011年	安愚楽牧場	4200億円	73,000人	投資被害
2	1987年	豊田商事	2000億円	30,000人	投資被害
3	2002年	八葉グループ	1559億円	49,000人	投資被害
4	2013年	MRIインターナショナル	1300億円	8,700人	投資被害
5	2009年	L&G（円天）	1260億円	37,000人	投資被害
6	1992年	茨城CC	1200億円	50,000人	ゴルフ会員権
7	2001年	大和都市管財	1100億円	17,000人	投資被害
8	2000年	法の華三法行	950億円	22,000人	宗教被害
9	2008年	ワールド・オーシャン・ファーム	849億円	35,000人	投資被害
10	2007年	リッチランド	540億円	13,000人	投資被害

※数字はいずれも約。各新聞社の集計を著者の紀藤正樹がまとめたもの。
※なお、全国霊感商法被害弁護士連絡会などに相談の寄せられた霊感商法被害の相談（1987年〜2013年）は、33376件、1156億円203万8183円にも上っている。

件が後を絶たないのが現状です。

　日本の宗教団体の中で、特に破壊的カルトが起こしてきた事件は、資金集めに伴う事件がほとんどです。他の欧米諸国では、主に人権の問題を中心に宗教被害事件が取り扱われるのに対し、日本では消費者問題を担当してきた弁護士が、人権問題も含むあらゆる宗教被害事件に対応しているのはこのためです。

第2章 マインド・コントロールとカルト

Q31 海外で起きた宗教事件にはどのようなものがあるか

> 海外でのカルトに関する事件には、どのようなものがあるのでしょうか。

A

オウム真理教事件に限らず、世界中で凄惨なカルトによる殺人事件が起こっています。以下に、主な事件をあげて説明します。

●シャロン・テート事件

1969年8月8日深夜、アメリカで、ハリウッド女優のシャロン・テートとその友人ら5人が、シャロンの自宅で惨殺されるという事件が起こりました。映画監督ロマン・ポランスキーの妻シャロン・テートは、当時妊娠8カ月でした。シャロンは太いロープで天井につるし上げられたうえ、全身をナイフでめった刺しにされ、現場には被害者の血で「PIG（ブタ）」という文字が残されていました。

ハリウッドを震撼させたこの事件は、チャールズ・マンソンが率いる「ファミリー」という宗教カルトの犯行でした。マンソンらにより殺害された被害者は判明しているだけでも7人に及び、1971年2月、マンソンには死刑判決が下りました。ところが1972年2月にカリフォルニア州が死刑制度を廃止したため（現在は復活）、マンソンらは終身無期刑となって現在に至っています。

「ファミリー」も、オウム真理教にみられるような一種のハルマゲドン思想を掲げていました。「近い将来、白人対黒人の人種戦争が起こり、いったんは黒人が勝利する。しかし自分たちのファミリーは砂漠に生き残り、最後

には黒人から支配権を取り戻す」と説いていたのです。この事件は黒人による白人の殺戮を装い、人種戦争を誘発するために行った犯行とみられています。

●人民寺院事件

1978年11月20日、南米ガイアナのジョーンズタウンで912人もの死者を出した集団無理心中事件が起こりました。これは宗教カルトが引き起こした集団自殺事件としては最大のものです。なお、この種の事件は一般に集団自殺事件と報じられますが、実際は、子どもまで巻き添えにされる集団無理心中（つまり、殺人事件）と考えられる事件がほとんどで（この事件もそうです）、報道に接する場合も注意が必要です。

教祖ジム・ジョーンズが率いる「人民寺院」は、1953年にアメリカで生まれたカルトです。彼らは1977年に、毛沢東主義に基づく集団農業によるコミューンづくりをめざしてガイアナに移住しました。これを心配した信者の家族らが世論を動かし、下院議員レオ・J・ライアンらが「人民寺院」の現状を調査するためにジョーンズタウンを訪れました。ところがジム・ジョーンズは、下院議員ら4人を殺害し、子どもまでも巻き込んで集団自殺を遂げたのです。被害者のうち約3分の1は幼児を含む未成年者だったので、「無理心中」どころか「集団虐殺事件」というほうが正しいかもしれません。

こうした宗教団体の集団自殺事件は世界中で起こっており、韓国でも1987年8月30日、「五大洋」の教祖朴順子と31人の信者らが集団自殺を遂げたケースがあります。

●ブランチ・ダヴィディアン事件

1993年、デビット・コレッシュを教祖とする「ブランチ・ダヴィディアン」が、アメリカ・テキサス州ウェイコで51日間武装して籠城したという事件が起こりました。そしてついに4月19日、FBIと銃撃戦を繰り広げ、コレッシュ本人を含む信者86人が爆死しました。この団体も一種のハルマゲドン

の到来を予言し、武装していました。

●太陽寺院事件

1994年10月5日には、スイスとカナダで「太陽寺院」のジョゼフ・ド・マンブロ教祖（なお、新聞報道等ではリュック・ジュレが教祖であるかのように報道されていましたが、それは間違いです）を含む信者53人が集団無理心中を遂げる事件が起きています。幼児まで殺害されていますので、この事件も集団自殺事件というよりも、集団無理心中事件と言うべきです。

さらに1995年12月23日にも、フランス山中で太陽寺院の信者ら16人の後追い集団自殺事件が起きています。

●マレーシアでの事件

1994年9月28日には、マレーシアのサバ州（ボルネオ島）で、カルト信者189人が保護されたケースがあります。信者たちは終末論を信じ、教団はサンダカン郊外のブルランというところの農園に立てこもり、集団自殺の危険が生じていたといいます。警察は電気、水道の供給を切断して投降を呼びかけたが、説得に応じなかったため、1500人の鎮圧部隊が催涙弾を使い強行作戦に踏み切ったと報道されました。保護された信者の中には女性40人、児童55人が含まれていました。教団はキリスト教の十二使徒にちなみ「予言者ペテロ」を名乗るペトルス・ドレン教祖と、聖母マリアを自称する妻が支配していました。

●ヘブンズゲイト事件

1997年3月26日、米サンディアゴの高級住宅地ランチョ・サンタフェにある豪邸で、20歳代から70歳代までの男女39人の遺体が発見されました。すべて「ヘブンズゲイト」の信者たちで、教祖のマーシャル・アップルホワイトは、前年の11月に発見された「ヘールポップすい星とともに地球に接近する宇宙船に乗り込み、肉体を離れて別世界で再生する」など、インターネット

を積極的に活用して布教していました。この事件も死体の状況から集団無理心中事件と言うべきものです。

●神の十戒事件

2000年3月17日、中部アフリカのウガンダ南西部のカヌング村で、教祖ジョゼフ・キブウェテレ氏の世界終末論を信じる「神の十戒復古運動」という宗教団体の集団自殺事件が起こりました。この事件は、前述した人民寺院事件に次ぐ大量被害者の事件となりました。

教団の信者数は推定4000人だということですが、もともと「世界は1999年12月31日に終末を迎える」と説いていたものの、これをこの事件が起きる当日の3月17日に変更し、この日に悲劇は起こったのです。いわばオウム真理教が自作自演したハルマゲドンのように、予言実行型ともいえる事件ですが、2000年3月29日付けの毎日新聞によると、「3月17日に炎上したカヌング村の教団本部では330人の遺体が確認され、炭化して粉々になって埋められた遺体を含め、推定計500人が焼死したと警察は発表した。さらにその後、教団本部のすぐわきから6体の刺殺・毒殺遺体が見つかったほか、24日にも現場から約50キロ離れたルトマ村の教団の農地から、死後2、3週間とみられる153体の刺殺・撲殺・絞殺体が見つかった。さらにルガジ村でも教団幹部の土地などから80体が新たに発掘された。推計700人を上回る遺体のうち100人以上が子供で、周辺の教団施設からも相次いで他殺体が見つかるなどし、死者総数は推定700人を上回ったとされている」とのことです。

この事件でも、遺体の中に子どもまで含まれていたということですから、集団無理心中事件、否、集団虐殺事件であることは明らかでしょう。

●サイエントロジー

サイエントロジーは、コースごとに定額の料金設定を行う関係で外形的には営利企業のセミナー企業と変わりませんが、自身は宗教団体を自称している団体です。フランスではコース中の事故として死亡事件が起こり、意図し

ない殺人と詐欺未遂罪で有罪判決が下されたこともあります。最近、フランスで再び詐欺罪で有罪判決が下されました。詳しくはＱ８、Ｑ９をみてください。

●海外の事件の特徴と対カルト政策の必要性

　このように海外では、オウム真理教事件のように「対社会破壊型」の宗教事件は少なく、自滅的な事件が多いのが特徴といえるでしょう。もちろん日本でも、真理の友教会事件（Q30参照）にみられるように自滅的な事件が起こっていますので、注意が必要です。

　いずれにせよ、こうしたカルトの悲劇を防ぐためには、「信じているからいいじゃないか」と、信者の「自己責任」原則に委ねる時代は終わったという認識をもつべきです。自己責任原則の行きつく先は、カルトの暴走であり、人権侵害であり、解決への社会のコストの増加です。消費者問題と同様に、自己責任原則のうまく機能しない領域が「カルト問題」というべきで、日本でも信者・構成員の人権を確保する施策をとるべき時期がきています。

　具体的には、信者構成員に対する人権侵害事件にきちんと対処すること、すなわち児童虐待をきちんと犯罪として取り締まること、労働基準法や最低賃金法などの労働諸法規の脱法行為をきちんと取り締まることなどが、カルトの暴走を防ぐ意味でも不可欠だろうと思います。

　カルト内は前近代的労働体質がはびこっており、そうした労働者搾取の状態にあるうえに、宗教法人に対する非課税措置がある以上、放置すれば、カルトが増殖するのは必然です。そのあたりのからくりを、政府（行政・警察）、政治家や経済学者も認識し、是正していく時代に入っていると思います（Q62参照）。

Q32 カルトとはどのようなものか

> カルト、破壊的カルト、新新宗教など、いろいろな言葉がありますが、どのように違うのですか。

A

●カルトと宗教の定義

　カルトとは、浅見定雄東北学院大学名誉教授によれば、「特定の教祖や教義を熱狂的に信じる新奇少の宗教集団」のことをいいます。比較的新しくて、一般社会になじんでおらず、一見奇妙に思える、小さな宗教団体です。カルトの定義は、「カルト」と記載したことが名誉毀損に当たるとしてメディアなど相手に起こした訴訟の中で裁判所が述べています。

　一つ目は、ライフスペースからの訴訟で、東京地裁平成12年3月24日判決では、「『カルト』という言葉それ自体は、崇拝や熱狂的、狂信的な崇拝及びそういう熱狂者の集団を意味するにすぎず、この言葉が直ちに他人の社会的評価を低下させるものであるとまでいうことはできない」としつつ、文脈によっては「社会的評価を低下させる場合があり得る」としながらも請求を棄却しています。

　もう一つは、ワールドメイトからの訴訟で、東京地裁平成9年2月4日判決では、「多義的、抽象的であって、具体的な事実の摘示を伴ってその語意が明らかにされない限り」とし、また「抽象的ながらも否定的な評価を表すことがあるとしても（中略）他の立場から『カルト』と評することは、不当ないし不合理であるとまではいえず、そのような言辞は、表現の自由の範囲内のものとして許容されるというべきである」と請求を棄却しています。

　一方、「宗教」の定義は百人百様ですが、政教分離をめぐる津地鎮祭訴訟

の中で裁判所は、「敢えて定義づければ、憲法でいう宗教とは『超自然的、超人間的本質（すなわち絶対者、造物主、至高の存在等、なかんずく神、仏、霊等）の存在を確信し、畏敬崇拝する心情と行為』」（名古屋高裁昭和46年5月14日判決・判例時報630号7頁）と判断しています。法的な観点からの定義です。

●新新宗教とは何か

これは宗教学者の表現です。1970年代以降に日本で勃興した宗教のことをいいます。新新宗教には、従来の宗教団体にはなかった特徴があります。
① 世帯ごとではなく個人を対象とする。
② 超能力などのオカルト的なものと、より親近性のある教義をもつ。
③ 大量のビラを配ったり、書籍やビデオを大量に販売したり、マスメディアを含めた新しい宣伝手段を徹底的に使うなどの斬新な布教方法をとる。
④ 従来の「生病老死」といった苦悩だけではなく、現世を超越する解脱や悟りへのあこがれを刺激する。

新新宗教は、いわば「豊かな社会」の中で出てきた宗教です。新新宗教のすべてがカルトであるとか、まして「破壊的カルト」というわけではありません。新新宗教でもメンバーが熱狂的に信じているものばかりではなく、また熱狂的であっても違法行為をしていない団体も多くあるからです。

●破壊的カルトとは

カルトの一部に「破壊的カルト」があります。これは、「代表者または特定の主義主張に絶対的に服従させるべく、メンバーないしメンバー候補者の思考能力と思考意欲を停止ないし著しく減退させて、目的のためには違法行為も繰り返してする集団」と定義できると思います。

この定義をみて気がついたかもしれませんが、「破壊的カルト」については、宗教的な要素は抜いて、その集団の特性に着目して定義するのが通例です。問題が宗教それ自体にあるのではなく、メンバーの精神を破壊し、違法

行為を繰り返すところにあるからです。ですから、破壊的カルトの中には、宗教団体ではなく、一部の過激な政治結社といった思想カルト、自己啓発セミナーのような心理療法カルト、マルチ商法のような商業カルトなどもあるのです。

それでも、宗教が死後のことまで保証する絶対的な価値観をもち、神秘体験も得るなどしているので、他の団体よりも破壊的カルトが発生しやすいものです。

●信教の自由は保障されなければならない

家族の一員が他の宗教に入ったときは、何かとトラブルが生じることがあります。葬儀の形式を喪主の意向とは違った形でするよう求めたり、特定の肉は食べなくなる、あるいは特定の曜日や時間には必ず礼拝をすることなどです。「この葬儀の方式では地獄に行ってしまう」、「私の言うとおりしないからこんなに早く死んだ」などと言い出すこともあります。この事態は「困った」というほかなく、家族の苦労は理解できます。

しかし、その多くは「信教の自由」の範囲内のことです。家族としては確かに困った事態ですが、肉は食べない、絶食をする、特定の時間や曜日には絶対的に礼拝や休息をするというのは、宗教が違えば多かれ少なかれ伴うものです。もっぱら宗教団体と宗教者自身が調整すべきことです。告別式をする法的義務はなく、別々の宗教による二つの告別式があっても法的な問題はないのです。つまり、「いわしの頭」教でも、信じること、信じるがためにする行為は、他人の正当な利益を害しない限りに自由なのです。関係者は、むしろ今までの宗教や人生観が本人にとって魅力がなく、人の悩みや、魂があるのだとすればそれを救えなかったことを反省の材料にすべきでしょう。

しかし、このようなケースでも場合によれば違法になります。故人の遺族に対して「このままだと地獄に落ちる」といって本人の自由意思を侵害するような方法で自らの信仰する宗教儀式を強要すれば強要罪（刑法223条）になり得ますし、同様の方法で布施をさせれば恐喝罪（刑法249条）になり得ます。

小さな子どもを毎日のように長時間、布教に引き回せば虐待ともいい得ます。

　一方、刑法188条2項には「説教、礼拝又は葬式を妨害した者は、1年以下の懲役若しくは禁錮又は10万円以下の罰金に処する」という規定があります。宗教儀式につき、刑事罰をつけてまで守ろうとしているのです。ただし説教とは礼拝に準じるものを言い、いわば儀式形式の保護なのであって、勧誘活動に対して平穏に意見や抗議をすることはもちろん自由です。

Q33 破壊的カルトにはどのような特徴があるか

> カルトの中で、メンバーの思考能力が破壊されて違法行為を重ねるまでになったものを破壊的カルトということはわかりました。でも、宗教的なものにだけ気をつけていればいいのですか。昔の連合赤軍はどうですか。どのような特徴があるのですか。

A

●破壊的カルトの特徴

　破壊的カルトでは、その集団において繰り返される違法行為を問題とします。そのメンバーは他人の言葉が耳に入らず、さまざまな情報を自分で分析したり思索する能力が著しく低下しています。明確な矛盾さえ矛盾としてみることができない状態になっています。たとえば、教祖がウソをついても「私たちをためされているんだ」となり、刑事処罰によって獄にいても「教祖様は全人類の罪を背負い、私たちを助けるために不自由な生活をしておられるんだ」ということになるのです。

　浅見定雄東北学院大学名誉教授によれば、典型的には次の特徴を持ちます。

① メンバーは、教祖または特定の主義主張に無条件に心酔しています。
② 集団の中では疑問をもったり反対意見を言うことは認められません。
③ 栄養不足、睡眠不足にさせられ、体力を消耗させる労働をさせられ、また同じ言葉や動作を繰り返すことを求められます。
④ 極端な「選良主義」の発想に立ち、外部の者は劣位にあり、悪であると教えられます。
⑤ 教祖から今までの自分について罪悪感をもたされ、かつその集団が外部から被害を受けているなどと教えこまされます。

⑥ 家族や友人とのつき合いを絶たれ、また集団外の情報は知らず、集団の中の情報も自分に関係すること以外は知らされませんし、知る必要がないと言われます。

⑦ メンバーは、他のメンバーとの共同生活を勧められます。

⑧ 集団の中は階層に分かれ、教祖または指導者の指示のみならず、上位者の指示には絶対的に従うべきものとされています。

⑨ メンバーは、「違法行為でも目的のためにはするべきだ」と明示されたり、たとえ話で言われます。実際にさまざまな違法行為をします。

⑩ 教祖または指導者は、自身の述べる内容と異なった生活状態、男女関係をもっています。

⑪ 教祖または指導者の説法・発言は時期によって変化し、前後に矛盾していることがあります。

⑫ メンバーの勧誘、集団の維持、活動のためにマインド・コントロールの手法を使います（マインド・コントロールについては、Q35～Q39参照）。

以上からして、たとえば連合赤軍などの一部の「革命集団」なども、破壊的カルト集団としての特徴を多分にもっていたということができると思います。また自己啓発セミナーの一部も選良意識を強くもっており、メンバーに、返すあてもない借金をさせたり、指導者に絶対的に従うよう指導していますから、破壊的カルトの特徴をもっています。さらにマルチ商法などの団体の一部も破壊的カルトの特徴をもっています。詐欺という違法行為をしていることはもちろん、メンバーは「自分は金持ちになれるのに他の人は気づいていない」という選良意識をもっているからです。

●破壊的カルトの問題点

さて、破壊的カルトの問題は違法行為にあります。ここでいう違法行為は、殺人、傷害、文書偽造、恐喝、強要、監禁、薬物使用、盗聴などの典型的な刑事法の違法行為だけではありません。組織的に自動車のナンバープレート

を変えて道路運送車両法に違反したり、指導者らが選挙に立候補した場合に住んでもいない所に信者の住民票を集中させて公職選挙法に違反したり、非課税となっている宗教施設を選挙運動に使ったり、児童であるのに学校に通わせず学校教育法に違反するなどのように行政法規に違反している場合も含みます。

また、救命のために必要な輸血やインスリン注射など現代医療を児童にまで拒否させたりします。そのほか、施設周辺への迷惑をかえりみずに騒音や煤煙を流したり、未成年者であるのに親に所在を伝えずその居所指定権を侵害する、就学や進学の自由を奪う、代表の宗教的な脅かしで離婚させたり、職業を変えさせたりなど、民事的に違法となりうる行為も含まれます。

そしてもちろん、メンバーが自分で能力を停止させたり著しく低下させたりする精神破壊の違法行為もあります。カルト問題が「魂の虐待の問題」といわれるのはこのためです。脱会した後、元のメンバーは「自分の青春を返せ」という気持をもつことになります。

●宗教的な破壊的カルトの特徴――神秘体験

他の破壊的カルトとは異なり、宗教的な破壊的カルトには他とは際だった違いがあります。「神秘体験」です。破壊的カルトでは、これが意図的に誘導され、体験させられもします。

神秘体験とは、「光を見た」、「仏陀と会った」、「地獄を見た」、「教祖が飛んできてくれた」、「宇宙と合一した」というようなものです。1994年6月以降のオウム真理教のように、修行という設定の中でLSD、覚醒剤、メスカリン硫酸塩といった薬物を投与されれば、もちろん誰でも体験をします（薬物投与と刑事事件の関係についてはQ44参照）。

しかし、それ以前からオウムでの修行では神秘体験がありました。長時間、息を吐かせたり、立位礼拝を繰り返させることで神秘な体験も起きるのです。統一教会でも、疲れきって歩くなかで「神体験」をすることがあります。ある団体では漆黒の闇の中に置いて恐怖感と神秘な感覚を与えます。このよう

な体験は、脳生理学者によれば、空気を吐きすぎたときに起こる低酸素性脳症の現象であり、吸いすぎたときに起こる過換気症候群の現象であり、暗い部屋に長くいたから変性意識が出てきたにすぎない、ということになります。

　しかし、本人たちにとっては、そのような体験もまさに現実の体験であり、その体験をした後には、それまで現実世界とされていたもののほうが幻だという感覚を抱くものです。自分の属している宗教的な破壊的カルト集団について、さまざまな矛盾や違法行為があることが頭では理解できても、なおこだわる根拠として神秘体験が重要な要素になっているのです。

Q34 ミニカルトって何ですか

友だちが去年、子育てのボランティアグループに入り、代表の人に一日の行動をすべてメールで報告し、代表の送り迎えまでしていると思っていたら、今度は、夫が子どもを性的に虐待していた、先生に言われてわかったとか言いだして離婚すると言っています。ご主人は、妻はもう頭がおかしくなっていると言っているのですが、大丈夫でしょうか。

A

● 真実の確定

性的虐待があったかどうかは、家庭内部のことですから容易にわかりません。具体的にお友だちが目撃したのか、いつ、どのようなことがあったのか親しいならば聞いてみるのもよいでしょう。お友だちを児童相談所に誘って、いっしょに相談に行ってもいいかもしれません。

そして、言っていることがおかしい、あり得ないと思えたら、そのご友人自身の精神状態を心配してあげてください。日々のことをすべて報告し、いつも送り迎えしている「ボランティアグループ」という人間関係はおかしいものです。そのほか、金銭的に何か出していないか、代表が言ってることやパンフレットなどに異様な事柄がないかを調べていってみてください。

● ミニカルト

破壊的カルトという現象は、何も宗教団体にだけ起こるのではなく、宗教とは関係もない、極めて小さな団体にも起こります。3人集まれば「社会」だともいわれますが、一般社会には通じない倫理、社会規範をもつ「部分社会」が、でき上がってしまっていることがあるのです。

たとえば、浄水器販売会社、不動産会社でもカルト化していたものがあります。社員は、社長に魅力を感じているからか全面的に服従し、家庭内のことまですべてを報告し、その暴力も甘んじて受けつつ、極めて低い賃金で仕事をし続けていたのです。代表の歌を直立不動で聞くとか、離婚を勧められたとか、本名とは別の奇妙な名前を付けられたなど、利益を求めるための会社なのに、実に不可思議なことがままあります。

　また、10人ほどの劇団や音楽教室が、日常的な暴力や金銭的収奪、家庭への介入といった活動に及んで、カルト化していた例もあります。劇団は、人生観もからめての表現活動ですし、音楽は感性を磨くもので師匠と弟子といった関係が強いものです。ですから、指導者が、その性格傾向とか感性に異様さを増していったとき、容易に破壊的カルトにも転化します。魅力あるスポーツ指導者が、長い間ハーレム状態を維持していた団体もあります。女性たちは外部で仕事をして、団体維持費名目で高額なお金を出し続け、毎夜代表宅を訪れてその「お話」を聞いていました。団体の外に向けては、スポーツ普及や文化的な活動をしているのです。

　これらの団体では、後にメンバーから聞いてみれば、「活動は好きだから続けたかった」、「市でもボランティア登録や講師登録もされていた」、「代表は私がいなければ活動ができないとも言ってくれた」、「一度は逆らったが他のメンバーに責められた」、「離れたら1人ぼっちになってしまうと思った」、「もう私の人生になっていた」、「新聞もテレビも見ていなかった」、「子どもに辛い思いをさせてしまった」、などの話が出てきます。

　もちろん、祈禱師や占い師、時には「カウンセラー」という人を中心に、同様の問題があるという相談がしばしばあります。このような、数十人レベルの破壊的カルトを、「ミニカルト」といいます。Q30で紹介したように小さな団体での殺人事件なども、この延長上にあります。

●助ける方法

　ご友人も、そんな代表に「支配」されている可能性があります。恋人同士

でもないのですからすべてを報告するというのは、異常な人間関係です。また、「性」の問題は、多くのカルト団体の代表は、たいてい逸脱しているものです。メンバーの配偶者についていろいろあげつらって離婚を勧めるとか、ありもしない性的虐待があるとか言っていれば、すでに破壊的カルトになっているとも思われます。

このような事例をみてくると、家庭内暴力＝ドメスティック・ヴァイオレンス（DV）や、ヤクザが情婦を確保している状態と似ている感じも受けます。そんな夫は妻に対して、いつもは何かと暴言とひどい暴力をふるいますが、その後とても優しくします。そして妻は、「私がいなければこの人はやっていけないのではないか」、「この人は外ではよいことをしてるんだもの」、「これが私の生きている意味かも」、「いまさら別の人生はないんだろうな」、「私さえ我慢すれば」、「考えてみればいいところもあるんだし」などと、考えてしまっているものです。

ですから、助ける方法もDV被害者の友人を助けるのと似ています。お友だちのご家族などと相談しつつ、本人のあなたへの信頼を失わないように話し方に気をつけつつ、対応していってみてください。ご本人は、どこか疑問を感じている点があるはずです。その疑問への理解を助け、勇気をもたせられれば、お友だちは変われる可能性があります。代表自身が子どもにまできつくあたり始めたことが、きっかけになったこともあります。たまたまその時に、疑問を聞いてくれる人がいて解決方向に向かったのです。

次いで、お友だちともども専門の弁護士に相談に行き、団体との縁を切ることが大切だと思われます。金銭の一部なりともの返せという請求、荷物の引き取りなどの請求があれば弁護士として通知を出せますし、しつこい電話などから「絶縁」するためだけでも弁護士から通知を出すことができます。それはお友だちが団体との間を切る心理的なケジメにもなります。その後、またお友だちは生き直すことになります。こころにポッカリと穴が開いています。どうぞ聞き役になり、一生のよいご友人となってあげてください。

Q35 洗脳とマインド・コントロールとはどう違うのか

洗脳とマインド・コントロールとは、どのように違うのでしょうか。やはり、洗脳のほうが解くのが難しいのですか。

A

● 区別の基準と類似点

　洗脳とマインド・コントロールの違いは、強制的な性質があるかどうかと、その性質自体によると考えられます。

　たとえば、独房に入れて一つの主義主張を教えこむとき、本人がその主義主張について理念的に理解しており、それに同意して入るならば、強制的な性質がなく、洗脳とはいえません。しかし、強制的に入れられるなら洗脳です。薬物を使用するときは、いかに本人が同意していても、実感としてその作用を知らないのですから洗脳です。

　一方、マインド・コントロールは、こうした強制的要素をできるだけ排除して、本人に納得ずくで選択したと思わせて、価値観の転換を図る手法が集積されたものです。

　しかし、両者は、人の人格を変容させるという意味では同じことですし、社会的用語としては洗脳とマインド・コントロールを区別せず使う場合もありますので、この問題を紛らわしくしています。

　ただ重要なことは、洗脳よりも、むしろマインド・コントロールの場合のほうが「解く（溶く）」のが困難だということです。洗脳の場合は、薬物とか強制的な性質による手段だったのですから、本人が後になって知ったときに「だまされた。自分の意思ではないのに変えられた」と自覚しやすいので

す。そのため、洗脳した主体からしばらく離れただけで、洗脳を自覚して回復してしまうことさえあります。

　これに対し、マインド・コントロールは、本人が「人格を変えられた」と感じるものではありません。自分は自分の意思で「真理」を求め、それに出会い、そこにこそ正しい価値があるから、その他のすべてを捨てた、などと思っています。マインド・コントロールでは、優しげな誠意ある誘い方をされ、恐怖心をあおられ、依存心をかきたてられながらはめ込まれていきます。洗脳以上に人格が変容され、本人がその問題を感じにくくなっているのです。

　ですから、洗脳よりもマインド・コントロールの場合のほうが「解く（溶く）」のが困難なのです。

　そこで専門家は、洗脳とマインド・コントロールを区別して語るのが一般的です。

第2章 マインド・コントロールとカルト

Q36 マインド・コントロールはどこにでもあるのではないか

マインド・コントロールなんてどこにでもあるような気もします。親の子どもに対する影響、学校の子どもに対する影響、「会社主義」といわれる日本の風土も、マインド・コントロールではないのですか。

A

ご質問のような発言を、多くの人がしています。マインド・コントロールという概念が一般化されてしまったために、かえってその恐ろしさについての認識が希薄になってしまったと思います。

●逆に質問させてください

「学校や会社では、帰宅してからインターネットをすることまで禁止しますか。新聞や外の本を読むな、と言いますか」、「毎日毎朝毎夜、教義を暗唱させますか」、「極端にまで睡眠不足、栄養不足にさせますか」、「毎日、すべての事柄を報告するように指示しますか」、「脱会すれば地獄行きなどといって恐怖感で縛りますか」、「何の目的でそんな生活をさせられているか、隠されていますか」。

つまり問題は、心理操作のテクニックをどの程度使われるか、何のために使われるかにあります。前述した破壊的カルト集団におけるマインド・コントロールの特徴のすべてを備えている集団もあるでしょうし、その手法の一部が使われている団体もあるでしょう。マインド・コントロールが使われているかどうかも、破壊的カルト集団か否かについても、決してオール・オア・ナッシングで議論してはならないと思われます。

●量的な変化はどこかで質的に変化する

　たとえば、勧誘段階では集団の名前を明示し、教義も要約して説明して入会させる集団、一見、破壊的カルトとは思えない集団もあるでしょう。しかし、軽い感覚で入会させた後に、時間をかけてマインド・コントロールしていくのです。家族や他の社会から切り離させ、他の情報を入れることを禁止させ、週に何度も講義を受けなければ地獄に落ちるなどと説明し、集まれば反論も質問も許されなかったり後回しにされ、多くの人の前で自分の悩みを告白させたり、熱狂的な雰囲気を演出するという手法なのです。

　破壊的カルトか否か、マインド・コントロールされているか否かも、ゼロか100かで議論することはやめたいところです。量的な変化はどこかで質的な変化を起こすものです。たとえてみれば、100mlの水の中に青いインクを1滴落としても、色はつきません。2滴でも同じでしょう。しかし100滴落とせば水も青く見えてきます。

　どこかで、質的に変化するのです。

　ですからその集団で使われているマインド・コントロールの種類と程度を問題にし、メンバーがしている違法行為の内容を問題にして対処していくほかありません。

Q37 心の変容過程はどうなっているか

友人が、ある自己啓発セミナーに通うようになりました。今では、学校を休んでアルバイトを重ね、参加費用をつくっています。最初は3万円でしたが、今度は50万円も出してセミナーを受けると言っています。ついには「卒業しても就職する気はない。そこのスタッフになる」と言い出し、私も誘われています。どうしてこうなったのでしょうか。

A

●秘密の手法？

「破壊的カルトでのマインド・コントロール」というと、大変謎めいた秘密の手法というイメージをもつ方が多いと思います。しかし、決してそうではありません。一つひとつの手法は理解しやすいものであり、セールスマンの話法でも使われ、「説得術」などとしても紹介されているものが多いのです。破壊的カルトでは、そのさまざまなテクニックが集積されて系統的・組織的に使われているのです。その結果、メンバーは、教祖・幹部やその主義主張に絶対的に服従し、「目的のためには手段を選ばず」という心情にまでなり、実際に違法行為を重ねてしまうのです。

●解凍―変革―再凍結

心の変化の過程は、「解凍―変革―再凍結」です。この結果、メンバーは従来の人格の上に、変容させられた人格の殻がつけられてしまいます。

「解凍」とは、心が揺さぶられるだけ揺さぶられ、従前の自分の価値体系——ウソはついてはいけない、人に迷惑をかけてはいけない、人を裏切ってはならない、違法行為をしてはならない、人を傷つけてはならないなど——

それ自体が、根底から揺さぶられるという意味です。「そもそも、このままの自分では生きていてはいけないのではないか」という疑念をもつのですから、従前の道徳とか法を守ろうという精神が根底から崩壊しても不思議はないのです。

そして「変革」の過程で、破壊的カルトの価値体系がたたきこまれます。「解凍」の過程で揺さぶられた心は、何か新しいもの、それも絶対的な価値体系を求めます。白い吸い取り紙のような心は、赤ん坊が言葉を覚えていくように、その破壊的カルトの価値体系を受け入れてしまいます。ここで、その集団の教義を「絶対的な真理だ」と断言するのが破壊的カルトの特徴であり、その魅力は絶大なものがあります。そのうえで今度は、その「絶対的な真理」がもとになって、今までのすべての情報が解釈され直します。いわく、家族の愛情は自分の自立を妨げるだけで何の意味もない、政治は陰謀団体によって牛耳られている、人類の血統を正すためには敵を殲滅しなければならない、などということです。

最後の過程が「再凍結」です。これは、教えこまれた「絶対的真理」を、自分の価値体系にまで高めさせるプロセスです。メンバーは、実践こそ真理に尽くす道だと教えこまれています。今までの家庭・学校・社会からは、精神的にはもちろん多くの場合は物理的にも離れてしまい、破壊的カルトのさまざまな活動に従事します。すると、時に自分のしていることに疑問が湧いても、また幹部の行動や言葉に矛盾を感じても、「自分の認識がまだまだ不足しているから理解できないんだ」という気持になります。つまり、自己合理化を図ってしまうのです。

同時に、「ここで破壊的カルトから離れてしまったら、ここまでやってきた自分の努力が無駄になってしまう」と感じます。「真理を知ったうえで離れることは、最初から知らなかったことより罪が重い」という教義もしばしばあって、脱会を難しくさせます。これが「再凍結」です。

次頁の図は、立正大学教授の西田公昭氏によるマインド・コントロールの概念図です。従来もっていたさまざまな信念や認識が、新しいものにとって

第2章 マインド・コントロールとカルト

代わってしまう過程を示しています。この図からも、新しい人格が意図的に形成され、従来の人格よりも中心的な位置を占める過程が理解できます。

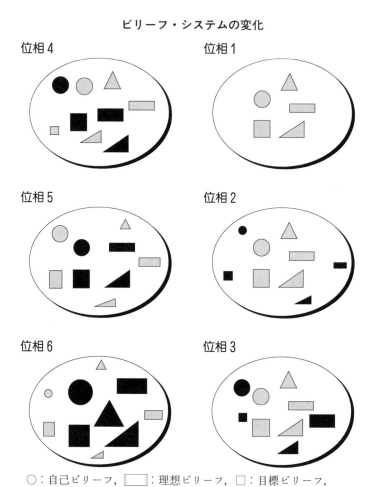

ビリーフ・システムの変化

○：自己ビリーフ，▭：理想ビリーフ，□：目標ビリーフ，
◿：因果ビリーフ，△：権威ビリーフ。
　黒く塗られたものは，新しく入力されたX組織のビリーフを表わし，形が大きいほど，ビリーフが多く形成され，中心にあるほど，個人的に価値が高いことを示す。

Q38 マインド・コントロールの手法はどのようなものか

　マインド・コントロールの手法って、具体的にはどのようなものがあるのですか。

A

　社会心理学では、心理操作の手法について、さまざまな人間の心理傾向を明らかにしています。まず勧誘段階でのテクニックとして、①好意性の原理、②段階の原理、③権威の原理、④希少性の原理、⑤返報性の原理、⑥恐怖の原理について説明します。また、Q39も参照してください。

● **好意性の原理**

　人は、自分が好意をもっている人の話をよく聞く傾向にあります。また、自分に好意的な態度で接してくれる人の話もよく聞く傾向があります。また、好意をもてる態度や服装をしている人の話をよく聞きます。これを好意性の原理といい、セールスマンであれば最初に習得することでしょう。もちろん、自分を最初から非難する人の話は聞きません。

　ですから、勧誘者が教師であるときには生徒を、学校の先輩であれば後輩を、兄弟姉妹がいれば兄弟姉妹を、そして恋人同士、友人同士にも誘わせます。このようなケースで高い確率で勧誘に成功するのです。事例は山のようにあります。

　未知の人を誘うときは、勧誘者は、服装・態度に十分に気をつけています。勧誘者は、勧誘される人の現在の悩みや見解を、実に真剣に、じっくりと聞いてくれます。これにより、勧誘される人は、勧誘者に好意をもってしまうのです。時には、男性に対しては外見が素敵な女性が勧誘に当たりますし、

その逆もあります。

　また、真の団体名を言わず、ダミーサークルや占いなどをきっかけにして、まず信頼関係をつくり、そのうえで勧誘してくることもあります。世界の不思議現象や、金縛り体験の不安まで話し合う仲になったうえで、「自分がわかるようになってみない？」「何のために生きるのか考えているんです」といって誘ったりします。メンバーが子どもを同道し、そのかわいらしさを利用して勧誘することもあります。集団に参加すれば、最初は温かく受け入れられ、褒められもします。この優しげな勧誘手法を「赤ずきんちゃんテクニック」といいます。狼が赤頭巾をかぶって素顔を隠しているのです。

●段階の原理

　人は、いきなり高いハードルを越えるように要求されると断わりがちです。ですから、勧誘者は、いきなり「○○○という団体ですが、とてもすばらしい会ですから入会してください」とは言いません。「お時間あります？」「ちょっとだけ時間をください。ここでいいですから」、「そこの喫茶店で30分だけ話を聞いてください」という誘い方をするのです。

　あなたは好きな人をデートに誘うとき、いきなり「今度の日曜日に映画とフランス料理をごいっしょしませんか」とは言わないでしょう。まず軽く映画の話をして、しばらくして何気なく、「そういえば、今度の日曜日あいてる？」と聞いて、段階を踏んで誘うのではないでしょうか。段階を踏むことで成功率は上昇します。

　破壊的カルトで使われる手法も同じです。知合いになった後に、「おもしろいビデオがあるんだ」、「占いの結果が出るからそこのアパートまで行こうか」、「一度だけ行ってみて、気に入られなければ入らなければいいんじゃない？」と誘うのです。段階の原理を利用し、まず低いボールを投げることから勧誘が始まるこの手法を、ローボールテクニックといいます。

　似たものとして、まず軽くでも約束させてしまい、さらに約束を確認させていくという、コミットメントの原理の利用もあります。

●権威の原理

人は権威に弱いものです。社会・経済・歴史・科学・宇宙論の発展など、すべてを知っている人などいません。そんなとき、その道で権威があるとされている人の話を聞かされると、とりあえずそれを信じるほかありません。

破壊的カルトは、メンバーには○○大学を出た人もいる、教祖が偉い人と親しく話した、知識人の○○がこんなふうに評価している、などといったことを宣伝材料にします。たとえば教祖が○○賞を受賞したときの写真やビデオをしっかり記録するなどして、他の権威を利用するのです（外的権威の利用。Q40参照）。

権威の原理は、その集団や代表者自身についても利用されます。「代表はいろいろ本を出してベストセラーになっている」と紹介したり、案内した先生に紹介者が深々と頭を下げたり、「普通ならまず会えない人なんだ」と繰り返して誘います。そしてその人は、上位の偉い人らしい態度、服装、演出で登場します（自己の権威化手法。Q41参照）。それを見たあなたは、「偉い人の言うことだから間違いない」と思ってしまうのです。

●稀少性の原理

人は、「今しかない、これしかない」と言われると、焦ってしまい深く考えることもなしに同意しやすいものです。スーパーで、「30分限り！」とバーゲンセールをするのも、この原理を利用したものです。破壊的カルトでも、「今日しか会えないんだ」、「来年になってからでは遅いんだ」、「あと3人だけなんだ」などと人・物・時間を限定します。稀少性の原理といいます。

バーゲン商品であれば、あとで余計な物を買ってしまったと後悔する程度で済みますが、破壊的カルトの場合には、根こそぎ財産を取られたり、人生の重大な選択をすることになります。破壊的カルトは、「幸福に生きる方法」、「本物の自分を見つける」、「先祖の因縁を絶つ」、「家族や子どもが不幸にならないようにする」、はては「堕落した人類を救う」、「ハルマゲドンを

とめる」、「衆生を救う」ことをキャッチフレーズにするのです。このような言葉のもとに活動した信者が失うものは大きいのです。

　稀少性の原理の利用により、勧誘される人は、他の情報も検討し、家族や友人と相談し、時間をかけて決める余裕を失います。「人類の破滅は近い」、「銀行も倒産して円の価値はなくなる」、「今週の日曜日だけ来ていただけるのです」などといって急がせるのです。そして、「あなた自身の問題なんだから、自分だけで決めるべきです」とプライドを刺激されつつ断言されれば、人と相談することなく、人生の一大事を決めてしまうのです。

●返報性の原理

　「タダほど高いものはない」という格言があります。人は他人に借りをつくったときに、それを返さなければならないという気持になります。善良な人ほどそんな気持になるものです。「借り」というのは、物品や金銭に限りません。自分の悩みをじっくり聞いてくれた人、自分に修行方法を教えてくれたり、直面する学校の試験の指導をしてくれた人などに対して「借り」を感じます。これを返報性の原理といいます。

　この原理を利用して、破壊的カルトでは積極的に「貸し」をつくります。そして、その後の勧誘をより効果あるものにしようとするのです。

●恐怖の原理

　ほとんどの破壊的カルトでは、強烈な恐怖説得をします。多くは、団体に一応は導き入れた後に使われます。「あなたは中絶したことがあるから、その因縁で子どもが就職も結婚もできない」、「あなたの人生がうまくいかないのは先祖が武士で人を殺したからだ」などというものです。

　不安感をあおる材料は、いくらでもあります。産業革命の後、人類は自分が自然の一部であることも忘れ、地球の資源を浪費し、人類が生まれ育った環境の保全に気を配りませんでした。はてはその利益のために互いに世界的な戦争までしてきたのであり、とうとう地球上の生物の多くを死滅させるほ

どの力をもってしまっているのですから。

　そのような資料をもとに、「地球の自然環境は破壊されている」、「人口が爆発的に増加して食料不足になる」、「人類はもともとの原罪を知らないから世界中で悲劇が起こっている」などという恐怖説得をされれば、多くの人は不安になって、絶対的なものを求めたくなります。

　また、根本的な恐怖の源と言われる「死」自体について、「今のような人生を送っていて、あなたの死んだ後の魂はどうなりますか」「地獄にいきたいのですか」という恐怖説得もあります。

　マインド・コントロールは、こうして始まります。

Q39 破壊的カルトに入会した後もマインド・コントロールは継続されるのか

教団のメンバーになって、さらに「出家」などのスタッフになった後でも、マインド・コントロールされ続けるのですか。もうマインド・コントロールをする側であって、マインド・コントロールされることはないのでしょうか。

A

ご質問のような点は、広く誤解されているようです。

実は、スタッフになって、その集団の環境に深く入りこんだ後でも、マインド・コントロールは強化されていきます。Q37で述べた解凍―変革―再凍結のうち、変革がより徹底的にされ、再凍結がより堅固になっていく過程になります。

●同調性の原理

具体的に考えてみましょう。破壊的カルトのスタッフになれば、同じ集団にいる人とともに寝起きするようになります。人里離れた施設のこともありますが、都会の中でも、あるいは珍味などの物品売りのために移動する車内であっても、同じ思想をもつ人といつもいっしょにいるのです。そのような状況では、集団に対しての疑問が出てきても口には出せませんし、たとえ口に出したとしてもただちに他の人に言い負かされてしまいます。

マインド・コントロールの手法の一つに、人は周囲の人に同調してしまいやすいものであるという「同調性の原理」の利用があります。いっしょに生活する環境というのは、まさに同調性の原理を利用したものです。

なお、この原理は勧誘のときにもしばしば使われます。1カ所に勧誘対象

者を集め、サクラ役の数人がまず決断した振りをして他の人の決断を引き出すという方法や、すでにメンバーになっている人がそれを隠して同席し、それとなく1人を誘う方法などがあります。しかし、集団内での同調性は、スタッフになった後でこそ、つくられた環境の中で、自然な形で、最大限の効力を発揮していきます。

●行動・情報・思想・感情のコントロール

　アメリカの脱会カウンセラーであるスティーブン・ハッサンは、マインド・コントロールは、行動・情報・思想・感情の四つの基本的構成要素からなるといいます。

　破壊的カルトのスタッフになってしまえば、居場所も、すべき仕事も指示され、行動日程が決められ、経済的にも集団に依存することになります。多くは睡眠時間を制限され、食事の回数や内容も決められ、しばしば性行為についての規制もあります。これが行動のコントロールです。睡眠時間が極端に減らされ、栄養も不足したり偏っていたりするうえに、次々と課題が与えられると、思考能力が落ちてしまいます。

　テレビなどを自由に視聴することは許されず、書籍や新聞も自由に読めません。「疑念が湧くということはまだ真理を完全には理解していないからだ。もっと集中的に学習せよ」と言われます。

　スタッフにまでなれば、集団の外部の人たちは「真理」を知らない劣った存在であり、社会の情報にはウソが多いとされ、外部の思想はどんなに言いつくろっても悪魔の思想だ、などと言い聞かされます。これが情報と思想のコントロールです。

　また、「脱会したときは地獄行き」だとか「因縁が切れない」、「七代末までたたる」などの恐怖が、心の底までたたきこまれています。多くの破壊的カルトには、独自の歌、音楽、踊り、イメージビデオなどがあり（オウム真理教では、空を飛ぶ教祖、自分が小さくなって教祖の胸に抱かれる場面、死の瞬間や死顔が特集されたもの、地獄の様子を描いたとされるアニメビデオなどがあ

りました)、感情もからめとられています。ですから、集団から与えられた仕事内容に体がついていかないときでも、指導者が悪いのではなく、「自分が悪い、自分が至らなくて申し訳ない」と思ってしまうのです。これが感情のコントロールです。

●一貫性の原理（認知的不協和の理論）

　人間というのは、自分が一貫していたい存在です。やさしい両親に育てられたり、まじめに社会生活を送ってきた人ほど、自分が一貫していたいという気持をもつようです。それは、アイデンティティの一環ですから、当然のことでしょう。

　しかし、そんな人こそ、集積したテクニックを使われて破壊的カルトに入りスタッフになったとき、より熱心なメンバーになってしまいます。これが一貫性の原理です。

　その結果、たとえば教祖の言った予言が客観的に外れても、「いや、当たっている」、「教祖の努力のおかげで外れたんだ」などと考えたり、他のメンバーが知らないうちに犯罪行為をしたことが明白になっても、「それは冤罪だ」、「自分とは関係がない」、「教祖には深いお考えがあるはず」と考えたりします。社会心理学では、思想、感情、行動のくいちがいには限度があることを「認知的不協和の理論」といいます。その結果、感情において家族を懐しく思っても、「それは愛着にすぎない」と自ら抑制してしまい、思想において時に「やはり人に迷惑をかけるのはよくないのでは」と考えても、自ら思考を停止してしまうのです。端的にいえば、既成事実が重なるとき、それが心理に及ぼす影響はとても大きいのです。

　ですから、スタッフになるために今までの学業や仕事を捨てたり、スタッフになって一日中その集団の仕事をしたり、また自ら人を誘っていたりすれば、集団から離れられないのです。

●優越感の原理

　スタッフになった人にとって、一般の社会人や勧誘対象者はいまだ「真理」を知らない人です。スタッフにならずに社会生活を営みながら通っている人も、自分とは異なって「真理」にすべてを尽くすことができない劣位にある人です。スタッフは、そんな優越感を抱いています。だからこそだまして入信させても罪はないし、だまして金銭を出させても「真理」のために使ってあげるんだ、という意識をもつことになるのです。

　また多くのカルトでは、スタッフの中でも何段階もの上下関係があります。もちろん最高位は代表者です。各段階には階級名があり、着る服の色や素材が違っていたりします。段階によって別の名前が与えられることもしばしばあります。スタッフたちは、自分が「真理」を究め、汚れを完全になくすためには、上位者にならなければならないと言われ、さらに上位者は素敵な名前や衣装をつけていたりしますので、あこがれの対象になります。これが、スタッフになった後に主に利用される優越感の原理です。

●マインド・コントロールが解けそうになると

　以上は、マインド・コントロールを強化するテクニックですが、スタッフとなっても、何かの機会に疑問が湧いてきてマインド・コントロールが解けそうになることがあります。そんなときは「サタンが来る」とか「三悪趣（地獄・動物・飢餓）に落ちる」と言い、再度厳しい修行を課されたりします。「真理」を知ったのに裏切るのは、「真理」を知らないよりも罪が重いと強調されます。こうして脱会自体が罪であり、また脱会を考えること自体が恐怖感となり、ますます脱会が難しくなっていきます。スタッフになった後は、勧誘対象者に対してマインド・コントロールする立場である同時に、自らが引き続きマインド・コントロール維持を強化されていく状態なのです。

Q40 カルトが知識人などにより外的権威をつけられることに問題はないのか

一部の知識人や宗教学者、またジャーナリストなどが、破壊的カルトを擁護する発言をしてきたようですが、そのようなことをやめさせることはできないのですか。

A

●オウム真理教の実態を知らなかった「評論家」たち

オウム真理教については、吉本隆明氏、中沢新一氏、荒俣宏氏、山折哲雄氏、島田裕巳氏、栗本慎一郎氏らが、教祖と面談し、その発言が週刊誌やオウム真理教の出版物・ビデオで宣伝されました。

山折氏は、過去、教祖との対談で、オウム真理教の実態を知らなかったのか、「ただ、ある宗教理念に基づいてそれを広めていくだけでの活動ではあまり意味がない。やはりその時代の常識や価値観に根本的に挑戦することではじめて存在理由が出てくる。それをしなければ宗教の意味はないわけですね」とまで述べ、社会への挑戦を勧めています（別冊太陽77号1992年春）。吉本氏は、一連の事件が判明してきた中でさえ「僕は、（麻原を）現存する仏教系の修行者の中で世界有数の人ではないかというくらい高く評価しています」と言いました（1995年9月5日付け産経新聞）。このような記事をオウム真理教は雑誌に掲載し、宣伝や内部の動揺の防止に使いました。権威の原理（Q38参照）の「権威」になっていたのです。中沢氏や島田氏のさまざまに言論は、それ以上に勧誘や活動に利用されていました。自分の言論活動がどのように使われるかということを、これらの方々はどこまで認識していたのでしょうか。

彼らは、破壊的カルトの実態と危険性を知らないままに対談し、また安易に発表をしてしまうという状態でした。これに呼応して、売らんかな主義で発表する雑誌やテレビ局。そのようなところが問題でしょう。

これらの人の中には、今でも学生に教えていたり、発言がマスメディアに出ていたりする人もあります。いかに「学識」があるからとはいえ、洞察力がなかったことが明白になったにもかかわらず、その反省もしないままに、どうして続けられるのでしょうか。大学なども、名物教授であれば大学の宣伝になると考えてそのような学者の発言を放置していることが多く、無責任極まります。

●責任のある発言を

「大学の自治」は「教授の終身雇用制」を意味しないし、「表現の自由」は「表現の無責任」を意味しないはずです。オウム真理教に限らず、他の破壊的カルトをめぐっても安易に「理解を示している」一部の知識人があとを絶ちませんし、アメリカでも一部の知識人や学者が破壊的カルトを擁護してきた例があります。

そのような言動を止めるには、先に述べた原因を取り除くしかありません。批判力のあるまともなアカデミズムの発展が待たれます。まして、学者やジャーナリストの中には、単に調査や取材で教団の便宜を受けるだけでなく、多額の講演料を受領したり、書籍を多数買ってもらえる、などの形で補助が出ていると思われる方もいて、調査の中立性を疑わせます。

なお、前述した島田裕巳氏は、後にオウム真理教の研究をあらためてし直し、教義・修行の実態にも目を向けた『オウム』（トランスビュー）を出版するなど相応の総括をされています。また最近では宗教学者の中でも、自らの著作や発言が破壊的カルトに利用される危険性も考慮して、言葉を選んで責任ある表現をしなくてはならないと考える学者もでてきており、オウム真理教事件以降は宗教学のあり方も大きく変わってきています。

第2章　マインド・コントロールとカルト

Q41　新聞広告で大きく出ている本は信用できるか

> 息子が通っている宗教団体の教祖の書いた本が、新聞広告で大きく取り上げられていました。これまでは心配して反対していたのですが、新聞広告に出るくらいですから、信用してもよいのでしょうか。

A

●広告に出たからといって信用できるわけではない

　現在出版されている多くの書籍の初版刷り数は、一部を除けば、せいぜい2000部ほどにすぎません。ですから、1冊2000円程度の書籍を出版するとして、400万円を出して初版の2000部を買い取ると言えば、喜んで書籍を発行してくれる出版社はたくさんあります。書籍も、ゴーストライターに頼めば自分で書く必要はありません。こうして短期間に多数の書籍を出すことも可能となります。ほぼ同じ内容の本が、同じ宗教団体関係の個人や団体から体裁を変えて多数出版されるのはそのためです。

　詐欺商法で摘発されたKKC（経済革命倶楽部）の会長は、5カ月間に3冊の本を出していましたし、信者に買い取らせた教祖の出版物を、街頭や戸別訪問で配布させている宗教団体も複数あります。

●「博士号」は買える！

　著者の手元に、アメリカの大学が発行した博士資格の取得案内のパンフレットがあります。その案内にはこう書いてあります。「学外学位認定制度の国際キャンペーン期間中につき〇〇年〇月末日までに申請された方は次の申請費用が適用されます。学士認定コース75万円、修士認定コース95万円、博士認定コース165万円」。別の箇所には「万一学位取得が不合格になった時は、

全額お返し致します」とあります。博士などの学位を、お金で買うことができるのです。米国には、週刊誌等に広告を出し、さかんに学位取得を宣伝してこうした学位を販売する大学がたくさんあります。そのため博士資格をもっているというだけでは信用されず、その博士資格がどこの大学で認定されたのかが米国では重要視されるのです。

　宇宙パワーで難病を治すと称し高額の治療費をだまし取ったとして、東京地方裁判所で詐欺による不法行為損害賠償を命じられた自称超能力者の中国人女性邵錦（しょうきん）は、この大学から博士資格を得たとして、日本テレビから発行した書籍などで「博士」であることを大々的に宣伝していました（Q21参照）。法の華三法行の教祖福永法源や健康食品販売会社の社長などもこの大学で博士号を取っています（Q15参照）。

　社会心理学の著名なテキストである『影響力の武器』（ロバート・B・チャルディーニ著、誠信書房）は、「権威」のもつ影響力の強さと、その盲目的過信の危険性をはっきりと指摘しています（権威の原理。Q38参照）。しかし、医者に見放されるような難病や治りにくいアトピー等で悩んでいる人は、権威のありそうな人物が、「あんたは治る」などと言うと医者以上に頼ってしまいがちなので、警戒が必要です。

　ところが反社会的な宗教団体の多くは、こうした権威を信用性をアピールする道具に使います。機関誌（紙）に、教祖が、有名人や政治家と会ったという写真を掲載したり、教祖が大学から博士号を送られたとか、◎◎賞をもらったなどと大々的に宣伝します。書籍を多数出し、新聞・雑誌広告を出すということもあります。大新聞といっても広告基準は甘く、よほど問題となっていない限り、新聞広告も事実上フリーパスというのが実情です。

　地方ではなかなか機会はないのかもしれませんが、東京に住んでいると、著名な政治家に会うのもそれほど難しいことではありません。政治家の集金パーティーは日常茶飯事です。そうしたパーティーの多くは、２万円程度の参加費が必要ですが、パーティーは集金が目的ですから、お金さえ支払えば、誰でも参加できます。有名政治家といっしょに写真をとることも簡単なこと

です。著名な芸能人も招待されていることがあり、いっしょに写真をとらせてくれと言えば気軽に応じてくれます。ですから有名な政治家や芸能人といっしょに写った写真があるからといっても、少しも偉いことではないのです。

　要するに、一般の人が「権威」だと考える多くものは、お金さえあれば取得できるものなのです。本来きちんとしたことを行っている宗教団体であれば、そういった権威にすがった布教をしなくても、信者は、教祖の宗教的態度におのずからついていくものではないでしょうか。

　ごく稀に、名刺に多くの肩書を刷っている人がいます。こうした名刺に「うさんくささ」を覚えるのと同じように、権威ばかりを強調する教祖にも、疑いの目を向けてよいのです。

　その宗教団体に問題があるか否かは、その団体が実際に行っている活動で判断されるべきです。人が権威に影響を受けることは否めない事実ですが、原点に立ち返って、その団体の実質に目を向ける姿勢が大切です。

Q42 カルトのメンバーの価値観はそんなに違うのか

　オウム真理教の事件では、「教祖を最終解脱者と信じたから犯罪を犯した」と言われていますが、やはりよくわかりません。人を殺すことは悪いことですから、教祖を信じたからといって人を殺してよいはずはありません。人を殺した本人の心はどうなっているのですか。

A

　16世紀のフランスの哲学者パスカルは、「人は宗教的確信にたったときほど、完璧にしかも喜んで罪を犯す」といったそうです。
　ある宗教やイデオロギーに「確信」をもったときとは、イデオロギーを完全に「信じた」ときであり、それが正しいかどうかをあらためて検証する意欲も能力もなくなっている時です。ですから、それに従ってのみ行動することは、何の不思議もありません。ですから、その主義主張が「目的のためには手段を選ばない」という教えを含んでいる場合、確信しているならば犯罪まで犯しても不思議ではありません。

● 「人を殺すな」は普遍的か

　もともと、「人を殺すな」という規範も、実は貫徹されていたものではありません。もちろん、現在の多くの国においては、人の命の重要さを前提においた「基本的人権の尊重」というイデオロギーが主軸となっています。ヒューマニズムといってよいでしょう。しかし、これも普遍的なものではなかったのです。日本国憲法では普遍的なものとして宣言されていますが、むしろそれまでは普遍的ではなかったからこそ「普遍的であるべきもの」として規定されているのです。
　第二次世界大戦中や戦前の日本では、国の内外で組織的に人権を侵害して

きたことが明らかになっています。世界の歴史でも、国や絶対的君主などの支配者、また家族の中では家長を守るために、他の民族を殺し、不義理をした者を村八分にもしてきました。君主制度を守るために、家の名誉を守るために、いかに多くの人が殺され苦しみにあえいできたか、歴史を学ぶことによって知ることができます。当時の人たちは、そんな苦しみにあえぎながらも、それは許されることとして受け止め、時には当然のこととされてきました。中には、すべての人には基本的な人権があると、思い至った人がいたかもしれません。しかしそのヒューマニズムの概念は支配的な考えにならず、むしろ確信をもって他人の人権を侵害してきたという歴史があったのです。

現在でも、ヒューマニズムが真に市民生活に浸透しているかについては疑問があります。過労死するまで働かせても何の心の痛みも感じない使用者たち。国民の命を守るべき立場にありながら関係業界に気を遣い薬害で人を死なせていった官僚たち。安易に自衛隊を戦地に派遣しようとする政治家たち。ヒューマニズムは、決して全世界で貫徹されているのでもなければ、あらゆる社会で尊重されているのでもないという現実があるのです。

●人は状況に拘束される

ですから、ヒューマニズムが支配的ではない社会にあるとき、人はむしろその社会での他の支配的な観念に従ってしまうものなのだといえます。そこでは、自らの集団を妨害する者を殺すことは仕方がない、さらにはよいことだなどという、ヒューマニズムを無視したイデオロギーを支配的な価値観とすることもできるのです。「人は状況に拘束される」のです。

まして宗教的な確信をもつということは、他のイデオロギーと異なって、指導者から、超自然的、超人間的な価値観を与えられ、自らが死んだ後も、また自分が殺した人の死後のことも具体的に説明してくれているのです。よりいっそう自信をもって、何のためらいもなく罪を犯すことができるのです。本人は、その宗教の教義に従えば善行をしたということになり、他のイデオロギーによる確信の場合よりも、より完璧に喜んで罪を犯すのです。

Q43 犯罪までさせるカルトのテクニックはどのようなものか

統一教会は霊感商法などの恐喝的な行為をし、オウム真理教は都庁の職員やマスメディアへの強烈な嫌がらせ、選挙での盗聴、リンチ、死体遺棄、殺人、しかも無差別殺人までしてきました。いかにマインド・コントロールとはいえ、犯罪までさせるのは難しいと思いますが、どのようなテクニックが使われたのでしょうか。

A

●次々と繰り返し行われるマインド・コントロール

オウム真理教の一連の事件のように、出家して数ヵ月の若者が殺人行為まですることには、驚きを禁じ得ませんでした。しかし、すでに述べたさまざまなマインド・コントロールのテクニックは、それぞれが単独で使われるものではなく、次々と、重複しつつ使われているのです。ですから、最初は違法性の低い、たとえば代表者の指示でスピード違反をした運転をさせられる、選挙時間外にも選挙運動をする、ポスターにいたずら書きをするなどといった犯罪行為から指示は始まり、それがエスカレートしていってもまったく不思議はありません。そもそも破壊的カルトでは、その集団での価値観が善であり、外部は悪だとされていますから、社会を救済するために違法行為をしてもそれは正しい行為である、という論理になっています。

個別の事情をみていくと、代表者と宗教名目での性交渉をもたされた後に、違法行為を命じられたり、代表者から特別扱いされるという優越感が極限にまで利用されていたり、代表者から「君とだけの秘密だからね」という秘密の共有、「君しかいないんだ」という特別の称賛というテクニックが使われ

ているようです。これらは優越感の原理（Q39参照）の利用ですが、相当の効果があるようです。

このような手法が、外部の情報や感情の入る余地のない共同生活をしている閉鎖的な集団で使われると、教祖の犯罪行為の指示を拒否できない心理状態になると思われます。

●「ルビコン川の手法」

そして、一つでも重大な犯罪を犯したときは、「もう戻るところはない」、「あれは正しいことをしたはずだ」と本人自身で首を締めてしまう心理効果があります。坂本一家殺人事件や地下鉄サリン事件などで被告人になっている元幹部の一人は、「（1989年に）坂本事件を起こし、あれで、もう終わった、もう逃げられないと感じた」といいます。自分の思考や行動を一貫させていたいという原理の一種でしょうが、「ルビコン川の手法」とでも名づけられると思います。

Q44 マインド・コントロールされたうえで犯した罪でも刑事責任を問えるか

> オウム真理教の事件では、信者はマインド・コントロールされていたということが強く言われ、被告人の中には自分がどうしてこんな事件まで起こしたかを問い続けている人がいると聞きます。「責任能力」がなければ無罪になってしまうと聞きますが、そのようなことがあり得るのですか。

A

● 責任能力とは

　責任能力について正面から争われたのは、オウム真理教事件です。いわば教祖が信者をロボットのように操作して起こした事件だから、ロボットの信者は無罪ではないか、と弁護側の立論です。そのような主張は、小さなカルト集団による殺人や傷害致死事件でも、しばしばされています。実は、検察側も、教祖の責任を追及する場面では、教祖の絶対性、信者が絶対的に服従する状況と背景を強調しているのです。1995年7月発覚した福島県祈禱師事件では、2008年9月16日女性教祖の死刑判決が確定しています。これは、教祖と被害者の家族らが、除霊などと称して信者に次々と激しい暴行を加え、4人を殺害、2人を傷害致死、1人に重傷を負わせてそのまま腐乱死体にしていた事件です。この事件では、家族信者3人は、無期懲役、懲役18年そして執行猶予付きの刑罰でした。ライフスペース事件では、被害者の周囲にいた家族信者は保護責任者遺棄致死罪で起訴されましたが執行猶予付きとなりました。一方、教祖は最高裁判所まで争いましたが、2005年7月4日、不作為による殺人罪として懲役7年が確定しました。信者に対する刑罰をどう考

えるかは、まさに裁判実務では問題なのです。

　被告人らに接してきた多くの人は「彼らはまさに教祖の手足だった」と感じています。そのような場合、刑法39条でいう「自己の行為の事理・結果を判断し、その判断に従って動く能力」がないとされれば無罪になり、それが著しく低下しているとみれば刑が減軽されます。

　オウム裁判は、教祖以外に12人に死刑判決が言い渡されていて、全員の死刑判決が最高裁判所で確定しています。このすべての被告人に完全責任能力が認定されています。

　1997年、静岡県立大学の西田公昭助教授（当時。現立正大学教授）が、東京地方裁判所の二つの法廷で、証言しました。その見解によれば、責任能力はあるが、情状の問題として十分考慮しなければならないといいます。判決では、「松本と被告人の関係等を考慮すると、被告人が本件各犯行で重大かつ不可欠な役割を果たしていることは前述のとおりであるが、犯行を全体としてみれば、被告人の本件各犯行に対する関与はなお従属的、受働的であったといってよい」（東京地裁平成9年3月18日判決）とされたり、「教団によって情報等が管理されており、教義によって上位者の指示をそのまま実践することが修行になるとされていたこともあってその指示に従ってしまった面も否定できず、その関与は従属的であったと評価できること、現在では……」（東京地裁平成9年5月28日判決）という表現がみられます。これらがマインド・コントロールの主張が影響した限度でした。そして地下鉄サリン事件など重大事件ですから、死刑判決となりました。

　そもそも、近代刑法は、精神病者がその妄想の中で犯した事件の場合、なぜ無罪としているのでしょうか。理由は簡単です。そのような状態での行為については1人の人間として非難することができず、刑罰によって処断したとしても本人に違法行為をしたという自覚や悔悟が芽生えるはずもないからです。

　しかし、マインド・コントロールや洗脳のもとにあっては、自分のしている行為について、その行為が今の法秩序では許されないことは認識していま

すし、証拠湮滅や逃亡もしています。さらにオウム真理教では、グルとされた教祖のクローン人間になることが奨励されていました。松本智津夫被告人も精神病ではなく人格障害にとどまるものと思われます。この人格障害については責任能力のあることに争いがないものです。したがって、それをめざして同様の人格に変容させられつつあった者も、責任能力はあることとされてしまいます。

●期待可能性とは

では期待可能性についてはどうでしょうか。期待可能性の理論とは、違法行為をしたとしても、その具体的な事情のもとでは誰でもそうしてしまったと考えられる場合には、その違法行為以外の行為を「期待する」ことができないことを理由に責任がないとして責任を阻却し無罪とする理論です。またこれが相当程度に制限されていたときは、量刑を定めるときに十分に情状酌量されてよいものと思われます。もちろん、宗教的な確信があるというだけで、期待可能性が低いとはいえません。それは単なる確信犯であって、法律に違反した行為であること、自分がしようとしていること、それを止める手段を自覚しているのですから量刑には影響しません。むしろ重く処罰されることもあるでしょう。ですから、オウム真理教事件でも、単なる確信犯だったとして、期待可能性が低かったともいえないと主張する人も出てくるでしょう。

しかし、問題はマインド・コントロールにあるのです。そんな宗教的確信をもった経緯にあるのです。これまで述べてきたマインド・コントロールの実態からすれば、「はまってしまった」状況が理解されると思います。殺人事件に関係していたある被告人については、精神鑑定ではなく「心理鑑定」がされました。精神科医と法学者の共同の鑑定であり、適法行為を期待できるかどうかの問題であると指摘され、それは著しく困難であったであろうと報告されました。まして、事件前にLSDなどの薬物が使われている被告人については、薬物の作用によって教祖の指示に絶対的に従う素地がつくられ

ていたという実態があります。この場合には、責任の有無・程度も問題になり得るでしょう。

したがって、期待可能性は相当程度に減じていたというべきであり、量刑上考慮されるのがあるべき判断だと思われます。特に死刑制度のある日本においては、絶対者である教祖以外の被告人について極刑を科すべきか、執行すべきなのか、大いに議論すべきことでしょう。

破壊的カルトにおけるメンバーは、誰も独自に犯罪傾向をもっていたのではありません。オウム真理教であれば、むしろ物質的利益ばかりを求めているような当時の日本の社会風潮の中で、自分を成長させ社会をまともにしようと考えて入信してきた者が多いのです。先とは別の被告人に対する判決では「麻原および教団とのかかわりを捨象して、被告人を一個の人間としてみるかぎり、被告人の資質ないし人間性それ自体を取り立てて非難することはできない。およそ師を誤まるほど不幸なことはなく、この意味において、被告人もまた、不幸かつ不運であったと言える」（東京地裁平成12年6月29日判決）とあります。死刑判決の中にこのような文言があるのは異例中の異例です。

彼らは、教祖に出会わなければ、彼のシステム化したマインド・コントロールの毒牙にかからなければ、教祖が設定した実行犯同士が互いに影響し拘束し合う状況におかれなければ、このような罪など決して犯さなかったのです。

Q45 マインド・コントロールの違法性

> 統一教会の元信者が起こしている「青春を返せ裁判」という、マインドコントロールの違法性を争う裁判を知りました。どのような裁判で、どのような結果になっているのでしょうか。

A

●青春を返せ裁判

統一教会が一般の人をビデオセンターに誘いこんで信者に仕立て上げ、献身者として酷使する一連のやり方がひどすぎるとして、元信者が統一教会に対して慰謝料を請求したのが、いわゆる「青春を返せ裁判」です。

東京地方裁判所や名古屋高等裁判所では、統一教会の幹部個人の名義で和解金を支払うという形で和解したケースもありますが、統一教会の組織的でシステム化されたやり方は違法であるとして、裁判でも、その責任が認められています。主なものは以下のとおりです。

●広島高裁岡山支部平成12年9月14日判決

平成12年9月14日、広島高等裁判所岡山支部は、元信者の請求を退けた原審の岡山地裁判決を逆転し、慰謝料100万円を認めました。

マインド・コントロールについては本人の状態を説明するものとしては理解できるが、マインド・コントロールだからただちに違法とはいえないとコメントしながらも、一連の行為を全体として客観的にみると、「予め個人情報を集め、献金、入信に至るまでのスケジュールも決めた上で、その予定された流れに沿い、ことさらに虚言を弄して、正体を偽って勧誘した後、さらに偽占い師を仕立てて演出して欺罔し、いたずらに害悪を告知して、控訴人

（著者注・元信者）の不安をあおり、困惑させるなどして、控訴人の自由意思を制約し、執拗に迫って、控訴人の財産に比較して不当に高額な財貨を献金させ、その延長としてさらに宗教選択の自由を奪って入信させ、控訴人の生活を侵し、自由に生きるべき時間を奪ったもの」であり、違法としたのです。この判決は、最高裁平成13年2月9日決定で確定しました。

● 札幌地裁平成13年6月29日判決・札幌高裁平成15年3月14日判決

　札幌地方裁判所は、元信者20人の訴えを認めて、合計約2000万円の慰謝料等の支払いを統一教会に命じました。詳細・緻密で長大な判決なので、インターネットなどで調べてみてください。札幌高等裁判所も、より明快に統一教会の責任を認めています。

　判決では、統一教会の勧誘の手口は、組織的・欺瞞的・強迫的で、勧誘される側の信教の自由を侵害するおそれのある違法なものだとしています。この判決は、最高裁平成15年10月10日決定により確定しました。

　その後札幌では、平成16年1月8日と6月25日と2回に分けて新たな訴訟が起こされ、前者につき平成26年3月24日と後者につき平成24年3月29日に元信者勝訴の判決が相次いで出されています（双方の事件とも控訴されましたが、後者の訴訟については平成25年10月31日付で同旨の判決がでています）。

● 東京地裁平成14年8月21日判決・東京高裁平成15年8月28日判決

　東京地方裁判所は、札幌地方裁判所と同様に、元信者3人の主張を認めて、統一教会に920万円の支払いを命じました。この裁判は「違法伝道訴訟」と呼ばれ、統一教会の伝道のあり方を正面から問題とし、統一教会のアベル・カインの教義や霊界・地獄についての教えが信者の脱会を困難なものにしていると判断するとともに、事実上拒否できない心境に追いこんで合同結婚式に参加させたことについても違法だとしています。この判決は、最高裁平成

16年2月26日決定により確定しました。

●新潟地裁平成14年10月28日判決

新潟地方裁判所は、元信者7人の主張を認めて、合計約1500万円の支払いを統一教会に命じました。この判決も東京高裁平成16年5月13日判決を経て、最高裁平成16年11月12日決定により確定しています。また、別のグループの事件も原告44人について、いずれも新潟地方裁判所で勝訴し、最高裁平成18年6月8日および平成19年3月23日の各決定により確定しています。

●大阪高裁平成15年5月21日判決

これは、元信者3人の訴えを認めず敗訴とした神戸地裁平成13年4月10日判決を逆転させたものです。過大な献金や新たな信者獲得の目的で、相手方の自由な意思による判断を妨げる手法を計画的にとったことによって、長期間教義に盲従させたとして、違法性を認めました。この判決も、最高裁平成15年10月10日決定により確定しました。

●ホームオブハート事件判決

ホームオブハート事件では、これらの裁判群を一歩進めて、マインド・コントロールという言葉が判決の中ではっきりと違法性の根拠として明示された日本で最初の判決が出ています。すなわち、東京地裁平成19年2月26日判決は、「マインドコントロールされた状態に他人を意図的に陥れる行為は、社会通念に照らし、許容される余地のない違法行為であることは、明らかである。精神医学や心理学の知識を濫用してはならないことは当然のことであって、これらの知識を濫用して他人の心を傷つけることが、およそ血の通った人間のやるようなことではないことは、論をまたないところである。他人に考える余裕や反論する余裕を与えずに、特定の考え方、価値観に基づき集団で長時間一人の相手を罵倒し続けることは、精神的な拷問に等しく、相手の心に深い痛手を永遠に残すことになるのであって、このような行為がおよ

そ血の通った人間のやるようなことではないことも、また、論をまたないところである」とはっきりと認定しています（判例時報1965号81頁）。なお、ホームオブハートについては、Q30、Q81参照。

以上の判例群からも、裁判実務上は、マインド・コントロールの存在およびマインド・コントロールの違法性は、確定判例として認められていると評価できます。

● 統一教会の問題性

多くの裁判所で統一教会の伝道方法について違法性が認められている理由はどこにあるのでしょうか。

第1に、正体を隠してビデオセンターに誘いこみ、あたかも特定の宗教団体とは関係のない真理であるかのように教義を教えこみ、抜き差しならない心境に追いこんだところで、「実は統一教会で、メシアは文鮮明です」と明かすことの問題があります。

第2に、その教義がいったん信じると容易に離脱できない内容であり、それを悪用して信者の生活や考え方まで拘束していることの問題があります。

第3に、こうして組織に組み込まれた信者に霊感商法の手口で資金集めをさせたり、詐欺・強迫的な誘いこみ活動に奔走させることの問題があります。

ここまで組織的で巧妙に信者に仕立て上げるシステムをつくり、全国統一的に末端までその方法を実施している教団は他に類をみません。しかし統一教会では、これだけ多くの判決が出ても、20年前と同じような方法で今も市民を詐欺的に勧誘し、教化しようとしています。すでに最高裁判決が出されているにもかかわらず、これを無視し続ける統一教会の遵法意識の欠如は甚しいというほかなく、まさしく破壊的カルトの姿そのものというべきでしょう。ですから、くれぐれも気をつけてほしいと思います。

元信者の被害回復のためには

Q46 妻が勝手に献金した預貯金を取り戻せるか

> 私の妻はある教団の信者なのですが、最近、私に内緒で私の預貯金を500万円も教団に布施してしまいました。取り戻すことはできるのでしょうか。

A

このような相談は宗教関係に限らず、かなり多くあります。一般の事件でも「息子が勝手に私の預金をおろしてキャバクラの女性にいれ上げてしまった」、「夫が○○トレーディングという会社の勧誘でプラチナの商品先物取引に手を出していた。心配していたが、今度は私がパートに出ている間に、タンスの裏に隠しておいた、私が結婚のときに持ってきた通帳と印鑑を持ち出して、私のお金をつぎこんでしまった」などの相談があります。

● 家族本人に対して返還請求できるか

ご質問のケースにおいて妻が不法行為をしたことは明らかですから、当然、妻に対して損害賠償を請求できます。たとえ親子や夫婦であっても、法律上は別人ですから、請求できます。しかし、本人にはそんな財産も支払能力もない場合には、妻を訴えても意味がありません。

● 金融機関の責任は？

次に、「預貯金」とあるので、銀行や郵便局等の金融機関に責任がないかという問題があります。妻が夫に内緒で、夫の定期貯金を途中解約してしま

った事例もありました。こんな場合に、「預貯金の払戻しは無効だ」と主張できないかということです。

　金融機関の責任を認める判決もありますが（東京地裁平成15年2月28日判決・金融商事判例1178号53頁等）、金融機関に対しては印鑑が一致していれば、その責任を問うのは難しいのが現状です。金融機関としては、本人だと判断した、あるいは本人の許可を得ていると判断したことに過失はないから、債権の準占有者への弁済（民法478条）として、払戻しは有効だと主張するでしょう。そうなると、最高裁判所まで争うことを覚悟して裁判を起こすほかはありません。

　家族がおかしな金銭支出をしていることがわかったら、文書で本人以外の払戻しには応じないよう金融機関に申し入れておくことが、後に重要な意味をもつこともあります。

●相手方の団体に請求できるか

　では、布施を受け取った宗教団体や無駄づかい先のクラブ、商品先物取引の業者には返金を請求できないのでしょうか。

　結論からいえば、この家族による無断の「預貯金の払戻し」を支払先の人や団体が知っていたか、預貯金を勝手に持ち出すという妻の不法行為にどのくらい関与していたかによりますし、その知っていたこと、関与したことを証明できるかどうかによります。オウム真理教では、薬物まで使って恐怖感を与え、布施を強要し、それによって信者らが影響を受けて夫の預貯金をおろして献金したという事例がありました。これに対して裁判所は、団体としての責任と代表者の責任の両方を認め、被害額を支払うように命じました（大阪地裁平成8年7月28日判決）。

　統一教会では既婚女性に対し、夫の預貯金を解約して献金させたり、子どもの学資保険を解約して献金させたりしています。夫名義のカードを使って借金させて献金させることもしています。このような活動を組織的にしている場合、無断で貯金をとられたり、知らないうちに借金をされていた夫とし

ては、信者の妻を使ってお金を取得した統一教会やその幹部に不法行為責任を問えると思われます。

　破壊的カルトの場合には、団体が関与したことの証明ができるかについて特殊な問題があります。本人がその団体から離れて自立していこうという気持になっていなければ、本人は団体をかばってすべてを自分の判断でしたことだと言い張ります。教団の関与も教団から勧められたこともすべてを否定し、「どうぞ私を刑務所に送ってください」とまで言うのです。

　このような妻の証拠隠匿やウソを克服して、裁判所に統一教会の責任を認めてもらうのは容易ではありませんが、十分可能性があります。

　逆に、その教団から真に脱会しているのであれば、他の事例の放蕩息子とは異なり、自分自身も教団にだまされたという事実を証言するでしょう。

　やはり重要なことは、本人の脱マインド・コントロールなのです。

Q47 宗教団体の指示による海外派遣先での娘の死亡の責任を宗教団体に問えるか

某宗教団体の信者になっている娘が、その教団の指示で海外派遣させられたのですが、先日現地で殺されてしまいました。派遣を指示した教団に責任はないのですか。

A

●統一教会の場合、韓国に6000人以上の日本人信者が

1980年代初頭、アメリカの郊外で戸別訪問による伝道活動をしていた日本人女性信者が強姦されて殺される事件がありました。統一教会はその遺族に、不十分ですが和解金を支払いました。1992年には、乳幼児を日本に残して海外宣教にかり出された日本人女性信者が、ノイローゼになったのか、ウルグアイの高層ホテルから投身自殺をしました。1996年にも、フィラデルフィア市内で統一教会の指示で花売りをさせられていた信者の男性が、2人組の男から撲殺されて金をとられたという事件が発生しました。

統一教会では、多くの日本人が世界各地で、信者の家族関係や職業・性格等にかかわりなく、言葉もわからない海外で長期間の共同生活をさせて、組織活動に従事させられています。駐在国の政府に違法滞在として検挙されたり、国外追放された例も少なくありません。また、危険な地域に残留している信者もおり、1996年のアルバニアの政変による動乱のときは、日本大使館員の手配により、ドイツ軍の飛行機で緊急保護されるということもありました。合同結婚式で日本人女性を韓国人男性と結婚させ、嫁不足の韓国の農村等に多数滞在させています。韓国人の妻として在韓している女性信者が約6000人、その子どもが1万人以上韓国で生活しています。言葉がろくに通じ

ない、価値観や家族感が異なる韓国の大家族世帯の嫁として苦しんでいる女性が多数おり、帰国するお金もない重大な人権侵害状態が多発しています。

●カルト組織による海外派遣の問題

　カルトに国境はありません。むしろ国境を悪用している側面もあります。ヨーロッパでは、A国で社会問題を起こして警察が動き出す頃には、すでに多くのメンバーがB国で同様の活動をしている、という状況で、カルト対策が後手に回っていました。このためEU議会では、各国政府の情報交換と欧州警察機能の充実が提言されています。ECの1985年決議（EC決議。Q76参照）では、外国旅行者をカルトに誘って、旅先の地に終生とどめさせることを問題だとし、メンバーを海外に派遣する場合には、そのメンバーが病気になったら、組織の責任で母国に帰国させるべきだとしています。

　カルトは、メンバーを人間としてではなく組織の駒・道具とみなします。組織の目標が至上のものであり、メンバーはその達成のための道具なのです。メンバー個々人の実情や能力等にかかわりなく、海外派遣が決められ、派遣先で過酷な生活を強いられます。本人は、その苦しみを克服することこそ信者の使命であり、教祖の恩に報いることだと信じて組織の指示に従います。

●教団の法的責任

　Q48で説明するように教団にも信者に対する安全配慮義務があります。教団は、海外に派遣した信者の生命・健康を保持する義務があり、これに違反したために信者が殺されたとすれば、安全配慮義務に反したことで債務不履行責任（民法415条）または不法行為責任（民法709条）が問われるでしょう。治安の悪さや衛生環境の劣悪さを十分説明しないまま、恵まれない環境の国に派遣して、そこで災難にあった場合は教団に責任があります。しかし、その責任はどこの国の教団組織が負うことになるのかは微妙です。事件のあった国の支部か、教団本部がある国か、日本支部の指示でその国に渡って被害を受けたのであれば派遣した日本の支部も責任を負うべきです。

Q48 教団の活動での過労が原因となった事故の責任を教団に問えるか

夫が、教団の活動中に交通事故（自損事故）で死亡しました。教団の活動で過労状態となっていたことによる運転中の事故とのことですが、教団に責任は問えませんか。

A

●安全配慮義務

まず、宗教にかかわりない一般企業の場合について説明しましょう。たとえば、Aさんが、建築会社B社の社員として作業中、工事現場で落下死した場合はどうでしょうか。B社には、その従業員や下請労働者を安全な環境で働かせる義務があります。これは使用者の安全配慮義務といわれています。落下現場の状況にもよりますが、仮に足を踏み外しても死に至らないよう救命ネットを張るなどの防災義務を怠ったB社には、この安全配慮義務に反している責任があります。

自衛隊員の死亡事故について最高裁昭和50年2月25日判決は、「安全配慮義務は、ある法律関係に基づいて特別な社会的接触の関係に入った当事者間において、当該法律関係の付随義務として……信義則上負う義務として一般的に認められるべきもの」であるとしています。

ご質問のようなケースで、宗教団体の活動に従事していた信者がその活動中に事故に遭遇した場合についても、教団に同様の安全配慮義務があります。

●教団の使用者責任

それでは、あなたの夫が事故車に同乗していた場合はどうでしょうか。も

し、その車両が教団のものであれば、自動車損害賠償保障法3条に基づいて、教団に死亡に伴う損害賠償を全額請求できます。

次に、運転していた信者（仮にCさんとします）が、教団の車両ではなく自分の自家用車を運転して自損事故を起こした結果、同乗していた夫が死亡した場合はどうでしょうか。この場合、信者Cさんのほかに、教団にも責任を問えるのでしょうか。民法715条1項は使用者責任について、「ある事業のために他人を使用する者は、被用者がその事業の執行について第三者に加えたる損害を賠償する責任を負う」と定めています。ここで問題になるのは次の2点です。第1に、「教団の事業のため他人を使用していた」と認められるかどうか。つまり、使用関係があるか否かという問題です。第2に、「教団の事業の執行につき」といえるかどうか。つまり、何のために、どのような立場の人が運転していたかが問題です。

オウム真理教の信者が、上九一色村を視察していた弁護士のカメラを奪い取りフィルムを抜き取った行為について、横浜地裁平成5年6月30日判決（判例時報1472号117頁）は、信者らは監視のため教団に配置させられていてこのような行為に及んだとして、教団の使用者責任を認めています。この判決は平成6年7月14日に最高裁判決で確定しています。統一教会信者による違法な献金勧誘行為についても、統一教会の使用者責任を認めた判決が多数あります。

ですから、運転していたCさんが教団のスタッフであって、教団の行事の一環として運転中の事故であれば、教団にも責任があるでしょう。たとえば、スタッフのCさんが、教団の講演会が大阪で開かれるので山梨から信者を乗せて運転していた途中での事故なら、教団にも責任があります。しかし、在家の信者仲間で遠方に出かける途中の事故だとすると、教団に責任を問うのは難しいかもしれません。

●マイクロ車の事故

統一教会では、ワゴン車を改造して、6人前後の信者を1台の車に寝泊ま

りさせつつ各地で珍味、コーヒー、ハンカチ等を売り歩いて資金稼ぎさせる「マイクロ隊」が常時活動しています。1人1日2万円、1台で12万円、それを40日続け、30台が稼働すると……すごい額が集まるのです。野の花会やしんぜん会等のボランティア活動だと嘘をついて、信者は、割り当てられた担当エリアを戸別訪問して売り歩くのです。このワゴン車の運転者（多くはチームリーダーの男性信者）が過労で居眠り運転をしたため後部荷台に乗っていた信者らが死亡したり重傷を負う悲惨な事故が再三起きています。1987年1月東京都足立区で3人死亡・2人重傷、1991年1月尾鷲で2人死亡・4人重傷などが典型例です。このような場合、統一教会にも法的責任があることは明白です。

Q49 給与から天引きされていた献金を取り戻したいがどうすればよいか

> 4年間、教団のスタッフとして働いてきましたが、先日脱会し、退職しました。一応、給料は出た形になっていたのですが、お布施として天引きされていたので、貯金もありません。このままでは生活ができないので給料分を取り戻したいのですが、可能でしょうか。

A

●カルト教団における二つの労働形態

　教団に出家して、外形上は教団の事務や雑務など通常の労働者と同じような生活をしているのに、1カ月1万円程度しか支給されず、長時間労働、休日労働も当たり前といったケースがあります。信者をただ働きさせることで労働経費を極限まで削ることができ、しかも労働から得られた収益が「献金」と同じ効果を得ることができます。具体的には二つの形態があります。一つは、文字どおりのただ働きで、信者の自発的な奉仕として、給与の支払いもまったくしていないという形態です。労働災害が起きても、労災保険も加入はしていませんから、まったくの泣き寝入りとなってしまいます。もう一つは、ご質問のように一応信者に給料を支払う形をとるのですが、実際には一部をお小遣いとしてしか支給せず、残りをお布施として教団にキックバックする形態です。脱税ともいえるもので、規範意識の乏しい破壊的カルトの関連企業でよくみられる労働形態です。

●労働基準法・最低賃金法違反

　いずれの方法も、外形上通常の労働とまったく変わらない状況が認められ

るのであれば、労働基準法や最低賃金法などの労働法規に違反するものです。Q50でも紹介している松山地裁今治支部平成8年3月14日判決（労働法律旬報1386号）は、「労基法の適用の可否を検討するに際し、個々人の内心の意思（宗教的な信念）を詮索した結果によって判断することは、かえって『宗教尊重の精神』（本件通達）に反すると解されるところであるから、右のとおりの外形的、客観的な事情の有無によって判断するのが相当であ」るとしています。破壊的カルトの内部での前近代的な労使関係は労働基準法等の脱法行為といっても過言ではありません。信者たちが自分の意思で働いているといっても、労働基準法は、使用者側に比べて弱者である労働者の賃金や労働条件が低条件に抑えられがちであることを考慮して定められたものですから、自発的な意思を重視するのは不合理です。

　わずかな金額しか支給されないことで、信者は脱会してもすぐに生活に困ることになります。脱会後の生活の困窮を恐れて、脱会自体も精神的に極めて困難になることはQ25で指摘したところです。さらに給与が形式的にでも支払われていた事案では、脱会した翌年には住民税の支払いが請求されるため、困惑してしまうというケースもよくみられます。

●未払給与を取り戻すために

　本人に聞いても、いくら給与をもらっていたのかをまったく知らないということがあります。しかし、まがりなりにも給与が支払われた形がとられていたのであれば、地方自治体から課税証明書を取り寄せることで、具体的な給与額が過去にさかのぼって明らかになります。それにより未払給与額が計算できます。労働が文字どおり奉仕とされていて、給与が形式上も支払われていないケースでは、未払給与分を最低賃金法で計算することになります。過去のケースでは、民事調停や裁判上の和解などで未払給与分を取り戻したケースがあります。

　判決までいった例としては、前述した松山地裁今治支部判決がありますが、これは一応外形上も給与とみることが可能な金銭が支払われていたという事

案について、未払夜間割増賃金や残業手当の支払いを命じた事例ですので、「給与と呼ぶべきものが全く支払われていない場合」あるいは「給与は出ているが、お布施として天引きされている」といった前記の二つの形態については、まだ直接の裁判例は出ていないことに注意する必要があります。ただし、慰謝料請求の計算で、信者としての期間を考慮した判決例は多数出ています。弁護士に相談する必要があるでしょう。

　いずれにせよ、労働基準法や税法などの法令に違反し、信者の人権も踏みにじられているのですから、行政や警察などが、きちんとした摘発をすることが、破壊的カルトの暴走を防ぐ意味で大事なことです。

Q50 教団の運営する会社では残業も奉仕として手当が出ないが許されるのか

教団が運営する会社で働いてきたのですが、先日、過労が原因で病気にかかり、会社をやめました。会社にいる間は、残業や休日出勤をしても何の手当もなく奉仕だと言われ、無給で働いてきました。このようなことが許されるのでしょうか。

A

● 宗教団体にも労働基準法等の適用がある

　宗教団体やその関連企業の職員についても、労働基準法や社会保険等の諸法規が遵守されるべきなのは当然のことです。献身や出家と称して信者を教団施設に居住させ、それまでの仕事をやめさせて教団の職務に従事させながら、ただ働き同然、事故が起きても労災保険も受けられないというような状態は、労働者の最低限の労働条件を定めた労働基準法や最低賃金法に違反すると思われます。このような就労実態は、破壊的カルトと呼ばれる教団ほど、その宗教活動に完全に組みこまれた形で運用されていて、そこには労働者としての権利や待遇をまったく無視した、前近代的な労使関係が認められます。

　しかし、信者の活動の中に奉仕という側面があることを、否定しきれないのも事実です。宗教団体の信者の仕事が労働基準法の対象である労働といえるのか、宗教上の奉仕活動にすぎないのかの区別について、「宗教法人又は宗教団体の事業又は事務所に対する労働基準法の適用について」と題する労働基準局長通達（昭和27年2月5日基発49号）は、①宗教上の儀式、布教等に従事する者、教師、僧職者等で修業中の者、信者であって何らの給与を受けず奉仕する者等は、労働基準法上の労働者ではないこと、②一般の企業の労

働者と同様に、労働契約に基づき、労務を提供し、賃金を受ける者は、労働基準法の労働者であること、③宗教上の奉仕ないし就業であるという信念に基づいて、一般の労働者と同様の勤務に服し賃金を受けている者については、具体的な労働条件なかんずく給与の額、支給方法等を一般の企業のそれと比較し、個々の事例について実情に即して判断されたいこと、という三つの事項を定めています。

　奉仕と労働の区別の関係では①と③が重要です。参考となる判例として、寺院で働き、毎月現金の支給を受けていた原告が、未払いの深夜割増賃金および残業手当を求めた事件で、被告寺院側が、労働ではなく「奉仕だ」として争ったものがあります。裁判所は原告の主張を認め、被告に対し未払いの残業手当等の支払いを命じました（松山地裁今治支判平成8年3月14日・労働法律旬報1386号）。裁判所は、通達の適用について、「労基法の適用の可否を検討するに際し、個々人の内心の意思（宗教的な信念）を詮索した結果によって判断することは、かえって『宗教尊重の精神』（通達）に反すると解されるところであるから、右のとおりの外形的、客観的な事情の有無によって判断するのが相当であ」るとしています。

● **あなたの場合も請求できる可能性がある**

　この判例の趣旨を押し進めると、通達の①についても、肩書にとらわれず、外形的、客観的な事情で判断するのが妥当でしょう。一方、この判例でいう「外形的、客観的な事情」を厳格に考えすぎると、給料が支払われないなど、労働条件が劣悪な者であるほど奉仕だとされ、労働基準法の適用が認められにくくなるという矛盾があります。そのため、労働か否かを区別する基準とされている「外形的、客観的な事情」の判断は、教団や信者の主観を排し、「信者のおかれた状態が労働と呼べる事情」などと、緩やかに解される必要があります。

　真実修行に終始している者について労働者性が認められないことはありうるとしても、宗教上の奉仕ないし修行であることを口実として無給の労働奉

仕を強制することは極めて問題があります。労使関係の中で搾取されやすい労働者を保護するために確立されてきた労働法規の趣旨から、僧侶や聖職者、純粋に修業中の者はともかくとして、一般の信者を長期間にわたって教団の仕事などに従事させる場合には、宗教上の奉仕としての側面が存在する場合であっても、できるだけ労働者性を肯定したうえで、労働基準法などの適用を認め、不当な権利侵害が行われることのないように取り扱う配慮が必要です。ですから、あなたに未払いの残業手当などがあるのであれば、請求してみてもよいでしょう。教団とうまく話がまとまらないようなら弁護士に相談し、裁判も辞さない姿勢を見せる必要もありそうです。

カルトから脱けるには

Q51 高校生の私にしつこく恐いことを言ってくる先輩にどのように対応したらよいか

> 尊敬している高校の先輩から、「このままでは日本は滅びてしまう」、「いっしょに考えてくれ」、「ある団体に入会しよう」といつも言われます。先日は、喫茶店で話していたら、組織の上の人らしい大学生が2人同席し、終電まで帰らせてもらえませんでした。しつこいし、不安にもなっていたので、結局入会してしまいました。明日は学校帰りに道場に行く約束になっています。大丈夫でしょうか。

A

●道場には行かないで！

　宗教の勧誘だろうと、政治団体の勧誘だろうと、金融会社の取立てだろうと、恐怖感をあおりたて、あまりにしつこく、高校生を深夜まで誘うというのは普通ではありません。熱狂的に「真理だ」と信じて勧誘しているのだと思います。しかし嫌なら、はっきりと「NO！」と断わることです（Q63参照）。

　「占い教室」や「やせられるセミナー」などの宗教団体でないものでも、しつこく、先祖やさまざまな教祖を祭り上げる勧誘が目につきます。破壊的カルトも、悪質商法も、約束をよく守り、義理堅く、「人に嫌われるのがいや」な人が誘われやすいものです。入会したこと、明日行くと約束したことなど、気にしないでください。個人の「やめる自由」「信じない自由」は宗

教団体の布教の自由に優先するのですから。

「そんなことでは地獄に落ちる」と言われても、ノーと言える強い気持が大切です。勧誘を断るための訓練としてデパートに行って服やズボンを3着くらい試着して、「やはり買わない」という練習をしてみてください。「行かない」と言うと、もっとしつこくつきまとわれるかもしれません。そんなときには警察に通報しましょう。警察が勧誘する側を強要罪で逮捕した例もあります（Q7参照）。道場に行けば、返報性の原理（Q38参照）、同調性の原理（Q39参照）などのテクニックが使われ、あなたはさらにその団体にはまっていってしまいます。そのうえ、あなた自身が勧誘に成功したりすれば、一貫性の原理（Q39参照）からして、より離れにくくなります。

家族や学校にも相談してください。同じような立場の人もいると思われます。先輩自身も被害者かもしれません。相談をすることは、自分にとってもその先輩にとっても大切なことです。巻末の参考資料2の相談窓口に相談してみるのもよいでしょう。

Q52 社長からセミナーや宗教にしつこく勧誘されるがどうすればよいか

> 私は地方都市の会社に勤めているのですが、社長が〇〇研究所の主催するセミナーに熱心で、従業員は順次、参加させられています。行かないとクビになりそうです。知り合いは、有力な取引先が「死んだ後の一大事がわかる」というので義理でついて行ったら、どこかのお寺で真っ暗な所に入れられて怖かった、ということでした。どうすればよいのでしょうか。

A

●優越的地位を利用した勧誘

どちらも、勧誘する側がその優越的な地位を利用しての勧誘です。破壊的カルトへの入信過程では、先輩が後輩を、先生が生徒を、クラブなどの指導者がメンバーを、職場の上司が部下を、医師が看護師や患者を、有力な取引先が義理絡みで誘います。ハローワークの職員が相談者を勧誘した事例もあります。霊感商法をしていた「神世界」グループでは、神奈川県警の幹部警察官である警視正の男性が部下を誘うなどして、懲戒解雇になりました。

このように勧誘する側とされる側に上下関係がある場合、地位が平等な場合に比較して勧誘方法の違法性が認められやすくなります。違法伝道の可能性が、友人などでの勧誘よりもより認められやすくなるのです。上司が部下に対しセクハラをした場合のほうが、違法性が認められやすいのと同じです。

まともな宗教団体であれば、このような優越的な地位を利用した勧誘をすると、本人の自由な意思による入信ではない可能性があって信用を失うことから避けるものです。放課後、校門の前で先生がチラシを配るという団体が

ありますが、方法によっては問題となるでしょう。オウム真理教では、高等学校の近辺にアジトをつくり、先生が生徒を次々とそこに誘って入信・出家にまで至らせた例がありました。

●勧誘をどうやって止めるか

さて、そのような勧誘をどのように止めさせるか、どうやって避ければよいでしょうか。

学校であれば、保護者は、校長や教育委員会にすぐに相談すべきでしょう。職場であればさらにその上司に、相談していた官公庁であれば監督者に、時には弁護士を代理につけてでも言うべきです。社長の命令でも業務以外の命令に従う義務はないからです。学校が生徒に、会社が従業員に負っている安全配慮義務（Q48参照）に違反している可能性もあり、損害や慰謝料を請求する、として止めるよう求めるのが適切です。告げることによって不利益を被ることがあれば、労働基準法上や民事上の違法にもなります。

このように正式な手続を踏んでも、経営者本人が教団にはまっている場合などは、容易に止められるものではありません。良いことをしているつもりだからです。巻末の参考資料2の相談窓口に相談してみる方法もあります。ただし、いずれの方法でもセミナーにはまっている社長や取引先に考え方を改めてもらうには努力が必要です。社長自身も被害者かもしれないのです。

結局、経営者の姿勢が変化する可能性がなければ、労使関係は信頼のうえに成り立っている以上、他の職場を探すほかはないと思われます。多額の布施をさせる宗教や、自己啓発セミナーなどにはまって、倒産した会社や専門職の事務所なども、少なくありません。

それなりの会社であっても、オーナー経営者が精神世界や宗教に興味をもち、セミナーや宗教も利用して職場を運営している例がみられます。しかし、そのような人間関係や神がかりでのビジネスは、早晩崩壊します。早めに逃げ出したほうよいでしょう。また、インターネットなどでかなり調べられる時代になっていますから、入社する前によく調べてください。

Q53 確実に脱会するためにはどうすればよいか

> 教団をやめようと思ってメール連絡をし、幹部に電話もしました。すると、翌日から信者が押しかけてきてやめさせてくれません。どうしたらよいでしょうか。

A

●信頼のおける人に相談を

　大変なことになりましたね。今こそ、あなたにとって大事な時です。脱会しようとしても、何度も何度もしつこく「やめれば来世地獄に落ちる」、「ここまでいっしょに頑張ってきたんじゃないの？」などと言われることがあります。これこそ破壊的カルトの特徴ですから、なおさら確実にやめなければなりません。1人で対応してはいけません。あなたはそれなりにその集団の教えも魅力も知ってしまっているのですから、再び説得されてしまう危険性が高いのです。家族や信頼のおける人に相談してください。集団の施設に1人で行くなど、絶対にしないでください。施設に服などを残していても第三者に取りにいってもらってください。

●確実に脱会するために

　確実に脱会するためには、弁護士に依頼するか、配達証明付きの内容証明郵便で、本部や所属支部に脱会通知書を出すことがより良いです。教団の定めている書式や、「面談しなければならない」などの教団規則には一切従う義務はありません。教団の布教の自由よりも個人の脱会の自由が優先するからです。脱会通知書の具体的な書き方は、末尾の例を参考にしてください。

　緊急の事態のとき、たとえば、暴行される、家や部屋をこじあけてでも信

者が入ろうとする、連れていかれそうになるというようなときは、警察へ110番してください。相手に悪いなどとは思わないでください。悪いことをしているのはあなたではないのです。また、そのような行動まですることから、あなたを止める人が続いて脱会する例もあるのです。電話や訪問が続くときには、その経過をメモし、録音やビデオをとるようにしてください。これ以上嫌がらせを受けないための仮処分命令を裁判所に申し立てる方法もあります。

●最も重要なのはあなたの心です

脱会後は、あなた自身が、よく話を聞いてくれる人やカウンセラーを探したり、脱会者のホームページを探したり、直接脱会者に会ったりしてください。心の整理のために、できれば手記を書いてみてください。心配であれば、巻末の相談窓口に相談してみるのもよいでしょう。破壊的カルトにはそれなりに魅力があり、マインド・コントロールの結果とはいえ、その時のあなたの心に隙間があったから入りこんできたのです。あなたの心には、破壊的カルトの問題と別に、今の人生に満足していないという思いがあったはずです。あなたは、どこか恐怖と不安な気持を残しているはずです。あなたの心は、今こそ癒される必要があるのです。そんなとき、他のカルト集団にはまらないように、気をつけてください。気分転換に散歩などはどうでしょうか。好きな歌をひたすら聞くのもいいですね。

●脱会通知の書き方（例）

① 大きな文房具店で「内容証明郵便」のセットを買って、
② セットの説明どおりの文字数、行数以内で、同じものを3枚書き（支部にも出す場合は4枚（場合によっては、支部に出してもよいでしょう））、
③ 封筒に本部の宛名（支部にも出す場合はもう1枚に支部の宛名）を書き、差出人の住所を裏に書いたうえで、

④ 各市町村の中央郵便局に3枚（4枚）の文書と封筒を持っていって、
⑤ 内容証明郵便かつ配達証明郵便で、出してください。
⑥ 自分で出すときは、自分の住所を書かなければならないことになります。
⑦ 書く内容は、下記のとおりでかまいません。信頼を失った理由やあなたの気持などを書くのは自由ですが、相手を刺激して嫌がらせなどを誘発しないようにしてください。

```
                                    ○○年○○月○○日
    〒○○○　住所
      宗教法人○○○○　　　御中
   ⎛ 〒○○○　住所                              ⎞
   ⎝  宗教法人○○○○　　○○道場　　御中    ⎠

                        〒○○○　住所
                                 氏名            印


              通　知　書
    私○○○○（○○年○○月○○日生、番号○○○
  ○）は、○○年○○月○○日に、貴団体に入信した者
  ですが、ここに貴団体を脱会したので、通知します。
    直ちに名簿から私の住所氏名等を削除し、郵便物、
  電話及びメールを含め、一切の連絡をしないでくださ
  い。
```

（注）内容証明郵便の詳細については、もよりの郵便局または日本郵便お客様サービス相談センター（0120-23-28-86）へ問い合わせてください。

Q54 どのようにカルトから脱会してくるのか

> 親友が、ある団体に5年間いた後に戻ってきました。「あの団体は間違っていた」というので、脱会しているとは思いますが、ため息ばかりついています。信頼してよいのでしょうか。

A

●破壊的カルトの寿命

破壊的カルトは、永遠に存在することは不可能です。短くて10年、長くて何十年というところです。カルト性をなくしていかなければ、必ずや崩壊します。目的のためには手段を選ばないのですから社会との間でも集団の中でも矛盾を重ねるほかはなく、どこかで崩壊せざるを得ません。この意味で、すべてのメンバーは将来的に「脱会者」になるといってよいのです。

●脱会の類型

信者が脱会してくる態様は1人ひとり違いますが、おおむね次のように分けられます。

① 除名されたり病気で放り出された人
② 仕事のきつさや、仲間割れ、体の不調、資金が底をついて出てきた人
③ 異性と恋愛関係になって現実に目覚めたり、以前の生活が恋しくて出てきた人
④ 集団のやっていることや集団自体のあり方が、どこかおかしいと思って出てきた人
⑤ 脱会カウンセリングによって出てきた人

●メンバーは大事にされていなかった

　破壊的カルトにとって、1人ひとりのメンバーは大切な存在ではありません。重要なのは、教祖であり、教義・思想・組織そのものです。ですから、財産もなく病弱な人や障害者は、もともと勧誘の対象にもなりません。そして、メンバーになって全財産を布施し、尽くし切っても、役に立たなくなれば冷たくされやがて放り出されます。放り出された場合が①の類型です。

　②③や④の類型は、自分自身の意思によって出てきたのです。しかし、これらの場合は、「入信した目的を遂げられなかった」という劣等感や敗北感をもっていますし、教義や思想からも完全には離れていないことが少なくありません。「組織や幹部はおかしかったけれど、教祖や思想は正しかった」、「教祖のやったことは間違いだったけれど、もともとは正しかったはずだし、思想も修行もよいものだ」と思っていたりします。しかし教団組織からは「裏切り者」などと言われ、挨拶もされず、嫌がらせを受けたりします。

　この段階は不安定極まりないものです。集団から離れることを決意しただけです。自分を責める信者もいます。時間経過や、集団がしてきた違法行為の現実を知り、集団の教え自体が偽りや矛盾だらけだったりすることに気づくと「心にポッカリと穴があく」段階となります。そして「教祖をにくむ」、「教祖を憎む自分をにくみ」の段階を経て、やがて笑い話にもできるような「カルトを超える」ことで精神状態が安定していければ最もよいのです。

●周囲の人が脱会者を救う

　以上のとおり、脱会者にもさまざまな類型があり、それぞれ違った事情と気持で脱会とその後の立ち直りをしてくるものです。その間、赤ちゃん帰りをしたり、反抗期をし直すこともしばしばあります。周囲の人は脱会者を排斥せずに、「さりげない気がかり」をしてつき合ってあげ、また立ち直りのカウンセリングに結びつけ、うつ状態が重いと見たら精神科や心療内科を受診させてあげてください。

Q55 カウンセリングはどのように行われるか

「脱会カウンセリングは、逆洗脳だ」などと言う人がいますが、そうなのですか。また、脱会すればカウンセリングは終わりなのでしょうか。

A

●脱会カウンセリング

　脱会カウンセリングは「逆洗脳」でもなければ「逆マインド・コントロール」でもありません。思考能力と思考意欲を回復してもらうためのものです。ですから、洗脳やマインド・コントロールのように、睡眠不足にさせる、情報をコントロールするなどということはせず、「ぐっすり寝てください」、「他の本や情報も見てください」と言います。薬は、医師が、うつ状態を改善させるとき、あるいは統合失調症の範疇に入っていると判断したときにしか使いません。逆洗脳の手法をとるカウンセラーがいたとすれば、それは誤ったカウンセリングであるといえ、本人の自立には役立ちません。

　重要なのは、カウンセリングには「脱会カウンセリング」だけがあるのではなく、事前に家族に対する「家族カウンセリング」があり、脱会後のケアのための「立ち直りのカウンセリング」もあるということです。この三つのカウンセリングは、どれも欠くことのできないものです。脱会して数年後の状態を考えたとき、この三つのカウンセリングが万全であったときにこそ、本人は最も強く立ち直り、「自分自身で考えられる」状態になっているものです。

●家族カウンセリングの重要性

　子どもを脱会させようとするとき、親は、いくつかのことを心の底から自

覚しなければなりません。子どもに対する勝手な愛情で脱会させようとすると失敗すること、問題のない家族などあり得ないこと、親がすべて正しいなどあり得ないこと、社会の「常識」がすべて正しいなどあり得ないこと、本人は家族関係について問題を感じていること、本人にとってカルトのすべてを否定されたら言いようもなくつらいこと、などです。

したがって、家族カウンセリングでは、本人の成育歴と家族の成り立ちはもちろん、親の成育歴、宗教・思想、結婚の経緯、夫婦仲、片親ならば離婚等の経緯、兄弟姉妹の構成と関係など、すべてを明らかにして話し合う必要があります。このことは、本人の入信の経緯を知るためにも重要です。このようなことを積極的に話し合うことができるくらい、家族同士とカウンセラーは信頼関係をつくっておかなければなりません。

また家族の1人ひとりも、本人が破壊的カルトにからめとられたことによって、心理的に深く傷ついています。ですから、家族の人たちも、カウンセラーに悩みを話し、家族間の関係を調整し合わなければなりません。時には同じ悩みを持つ方と、温泉にでも行ってぐちを言い合い、心を癒す必要があります。家族が余裕をもっていなければ、脱会カウンセリングはなかなかうまくいかないのです。

●立ち直りのカウンセリング

立ち直りのカウンセリングは、脱会後の精神的な不安を克服するためのものです。聞き上手な方であれば、一般の臨床心理士らが対応できます。「強がりを言う、実は泣き虫」の、でも普通の大人たちの苦渋と痛みについて、決して同調しきることなく、対処してほしいと思います。

このとき、脱会者同士の集まりを開いたり、インターネット上で語り合うのも有益です。脱会後のそれぞれの段階にある元信者が、かつて思想と経験を共有し、脱会してからも同じ悩みをもった者同士として話し合うだけで、立ち直りのきっかけになります。

●カウンセラー

　脱会カウンセリングに際して話すことは、カウンセラーによってすべて異なりますし、ケース・バイ・ケースです。しかし、すべてのカウンセラーに共通していることがあります。脱会カウンセリングというのは魂と魂のぶつかり合い、本音と本音のぶつかり合いであることを十分自覚していることです。カウンセラー自身、自らの心と自らの醜さを裸にしてこそ相手は心を開くものです。カウンセリングですから、裸の魂となった「自分をみる自分」をも失わないことが必要です。

　また、問題は、その集団の教えではなく、本人がこれを熱狂的に信じ、違法行為をしてもかまわないと信じているというところに本質であると広く認識されています。仏教系のカルトであっても仏教自体の問題ではないし、キリスト教系のカルトであってもキリスト教自体の問題ではないということです。

　したがって、宗派の違いとかその集団の教義についてカウンセラーが深く知っているかどうかなどは、あまり関係がないのです。キリスト教の牧師が、オウム真理教の信者についての救出カウンセリングをすることも可能なのです。高名な僧侶であってもカルトメンバーの心理を知らない方は、仏教系カルトメンバーのカウンセリングはできないのです。

●脱会カウンセリングの過程

　脱マインド・コントロールのためのカウンセリングでは、次に述べる四つの過程をたどるといってよいでしょう。これは故平岡正幸牧師によるものですが、多くのカウンセラーがこれに同意しています。何らかの事情で自分から離脱してきた場合でも、脱マインド・コントロールのカウンセリングが必要であり、その場合、次の報告の、③無気力期の段階から始まります。

　① 拒絶期　　本人も家族も興奮していますし、本人は家族から暴力をふるわれたり薬物を投与されたりするのではないかと怖がっています。こ

の段階では、家族は本人に安心感を与えなければなりません。

② **交換条件期** 本人が次々と交換条件を出してきます。家族はそれにたじろぎ、立ち往生します。家族は、自分たちのどんな努力も、結局は本人の気持を変えられないのではないかという絶望感におそわれます。家族に、本人ともう一度人生をやり直すのだという覚悟が本当にできていないと、この山場は容易に越えられません。このクライマックスの状況で力を発揮するのは、言葉ではなく、家族のぎりぎりの思いです。家族の心の底からほとばしりでた愛情にのみ、「カルトの自分」ではなく「本来の自分」が反応するからです。

③ **無気力期** この段階は、前期と後期に分けられます。前期では、葛藤が大きく、情緒不安定です。「生涯を捧げる決意をしていたものが崩壊するかもしれない。でも、とりあえず家族のもとにいてやってもいい」と思っています。後期では、本人はその集団からやめてもいいと思っていますが、そこにいた期間を無駄にしたくないし、もしその集団の主張が正しかったらどうしようという不安も残しています。このような

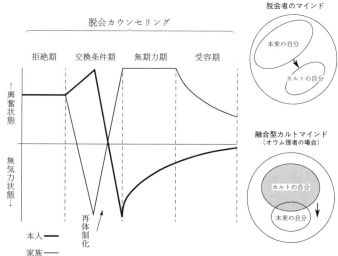

カウンセリング期間中の心のドラマ

段階で「脱会届けを出しなさい」などと急がせるのは逆効果になりがちです。
④　受容期　　本人の心は次第に安定してきますが、これは長い最終コーナーの始まりです。家族や周囲の人々の気持が本当に変わっていないと、この段階で家族に不信感をもった本人がその集団に戻ることもあり、または人間嫌いになって社会を放浪していくこともあります。

　脱会が確実となり、その後は時にうつに陥りながらも、立ち直りに結びつけることが大切です。中には脱会後、新しい人生の選択を夢見て、興奮状態となる脱会者もいて、このような興奮状況も現実感のなさからくるものであり、落ちついてもらうことも大切です。この時期、立ち直りのカウンセリングが重要な理由です。

Q56 カウンセラーとはどのようなものか

カウンセラーには、何か資格が必要なのでしょうか。また、カウンセリングにかかる費用や、カウンセラーの義務はどのようになっているのでしょうか。

A

●脱会カウンセラーの資格

日本では、そもそも一般のカウンセラーを含めて、今のところ「国家資格」はありません。

もともと「カウンセリング」は広く一般に行われてきました。学校の教師も、養護の先生も、親戚のよく話を聞いてくれるおじさんやおばさんも、家庭裁判所の調査官も、弁護士や取調べの刑事も、実際はカウンセリングにあたってきました。対象は、青少年だったり、夫婦関係に悩む人だったり、心を開かない被疑者でした。友人同士のカウンセリングもよくあったはずです。

カウンセリングとは、本人に素直に気持を表す力をもたせる行為、「心の癒し」を図る行為、本人の中に自立していく力が出るように助力する行為だったのです。実は宗教者もカウンセラーだったはずです。死亡率100パーセントの悩み深い人間にとっては、宗教こそが「癒し」であり、カウンセリングだったはずですから。

ところで臨床心理士は、公益財団法人日本臨床心理士資格認定協会の認定する民間資格ですが、学校での児童・学生のカウンセリング、エイズ問題でのカウンセリング、犯罪・災害被害者に対するカウンセリング、精神科病院などで努力しています。臨床心理士は近く国家資格になりましょうが、それは一定のレベルが保証される「臨床心理士という名称の独占」であって「カ

ウンセリング業務の独占」にはならない見込みです。

　一方で、人権問題を起こしている団体なのに「カウンセラー育成」と言っていたり、「ヒーリングカウンセリング」と宣伝し、むしろ精神を不安定にさせたり、宗教的な色彩ある団体への入口となっているものもあります。これらには気をつけなければなりません。

●脱会カウンセリングの歴史

　日本での脱会カウンセリングは、1960年代、統一教会の信者の悲惨さと被害の深刻さが知られていったため、家族の願いにより何人かの牧師が試み始めました。当初は、キリスト教の「異端」を「正統」に戻すための作業として始まりました。

　その後、カウンセリングをしていくうちに、これが「正統」と「異端」という宗教的な問題ではなく、本人が考える力を失っていること自体が問題だということがわかってきました。これにより脱会カウンセリングも、本人自身の心の癒しを図って考える力をもたせ、自立の支援をするものと認識され始めたのです。「異端から正統へ」という考えは、脱会カウンセリングとして正しくないと多くの人が思うようになりました。

　その輪が広がり、関心をもった一部のカウンセラー、仏教者、弁護士、精神科医らが脱会カウンセリングを始めました。現在では、少なからぬ臨床心理士も関心をもつようになっています。脱会者も、各所で活動をしています。

●カウンセリングの費用

　カウンセリングの費用は、カウンセラーによって違います。家族カウンセリングを含めて会費制にしている方もいます。ちなみに著者の1人は、単純に家族カウンセリングは1時間1万円、本人のカウンセリングは半日3万円、1日5万円としています（交通費・宿泊費別）。宗教者は費用を受け取らない方も多いようですが、カウンセリングは寺院や教会の一般の運営をする貴重な時間を割いているのですから、資力のある方はそれなりにお礼をしていた

だきたいところです。

●カウンセリングの法的性質

カウンセリングは、法律上は法律行為以外の事務を委託するという準委任契約（民法656条）にあたると思われます。ここでは無償だろうと有償だろうと、受任者の「善良なる管理者の注意義務」（民法644条）には変わりがないと規定されていて、費用をもらわなくても手を抜いてよいものではないのですから、妥当だと考えます。人の心の全体と相対しようとする行為ですから、当然のことでしょう。

●カウンセラーの義務

2000年1月、日本脱カルト協会では、「破壊的カルト問題にかかわるカウンリングにあたる者の申し合わせ」が成立しました。この中では、次にあげるようなことが決められています。

① 秘密を守る権利と義務
② 本人に対し絶対者にならない義務
③ カウンセラーの思想・宗教に本人を導こうとしない義務
④ 精神疾患など専門領域とつながるときは協働する義務

このうち②の絶対者にならない義務は、次のような理由で必ず守られなければいけないものです。破壊的カルトから脱出するときというのは劇的な瞬間であり、文字どおり本人の「眼の色」も表情も変わってきます。その時点は、卵から生まれた雛が初めて親を見るようなものです。しかも本人は、破壊的カルトで絶対者に従う癖がついてしまっています。ですから、本人は自分を救ってくれたカウンセラーを絶対者にしたがります。しかしそれでは、他人を絶対者にして本人はその言葉に従うという図式が変わらないのですから、本人が自立できるわけがありません。ですから、あえてカウンセラーは絶対者にはならないように自戒しなければならないのです。

③の「導こうとしない義務」は、各宗派のカウンセリングをしていない幹

部の方には容易に理解いただけないところですが、実際にカウンセリングにあたっている宗教者にとっては自明のことです。たまたま後にその宗派に入ってくれればうれしいけれど、それが目的ではなく、そうなったのも縁にしかすぎない、という意識がほしいところです。これも、脱会者がカウンセラーを絶対者にしたがることから導かれる義務です。

　家族の方は、著名なカウンセラーばかり探し回って、その人を絶対者として頼るのではなく、自らが当事者であると自覚してください。そうすることが、本人とも家族とも本音で話すことを嫌がらない素敵なカウンセラーを育てるのです。お金さえ出せば脱会させることができると考えることは論外ですし、そのような考え方は、事前の家族調整もできていない証明であり、本人と家族との本音の心のぶつかり合いなどできるはずがありません。必ずボロが出ます。

Q57 合同結婚式に参加した娘を脱会させたいがどのような対応をすればよいか

> 看護師をしていた私の娘（25歳）が、突然合同結婚式に参加して、韓国人男性と結婚し、入籍してしまいました。来週、相手の男性と2人で、久しぶりに実家に帰ってくる予定ですが、来月に韓国に渡航してそこで家庭をもつので認めてほしいと言っています。妻は気も狂わんばかりですし、私もどうすればよいか途方に暮れています。娘は、「拉致監禁なんかしないでね」と再三言うのですが、どうしたらよいでしょうか。

A

●ありがちな対応

娘さんが統一教会に深入りして自分の人生を破壊し、あなたの家庭の平穏を壊すだけでなく、霊感商法や詐欺的伝道を行うことで社会にも迷惑をかけ続けることについて、あなたが悲嘆にくれていることはよくわかります。このような事態に直面した家族がよくとる対応として、次のようなパターンがあります。

① 成人した大人なのだから、自分で選んだ道を進めばよいと考えて放置する。

② 断固として反対し、勘当して、実家にいっさい立ち入らせず、連絡もとらない。つまり、「あの子は死んでしまったと思ってあきらめる」と考える。

③ 他人に迷惑をかけるのはカルトにマインド・コントロールされている病人だと決めつけ、無理に精神科病院に入れたり、本人の意思に反してホテルやマンションに閉じこめて脱会を迫る。

183

①や②のような対応では、統一教会の信者のおかれる状況を考えると、娘さんがかわいそうではないでしょうか。合同結婚式の相手との間にできた孫は、いったいどのような人生を歩むのでしょうか。娘さんが社会に迷惑をかけるのを放置してよいのかという問題もあります。

一方、③のような娘さんの人格を無視した対応は、親子の信頼関係に深い傷を残すおそれがあります。また、統一教会が批判キャンペーンをしているように、拉致監禁による人権侵害になるおそれもあります。

●信者の立場で話し合う

理想的な対応は、次のようなものでしょう。

まず、娘さんがなぜ統一教会に入ったのか、また信者としてどのような気持でどのような活動をしているかについて、資料（巻末の参考資料1参照）を読み、本人からもじっくり話を聞いてください。むやみに反対すると、本人は正直に話してくれなくなりますから、できるだけ反対するような発言はせず、本人から詳しい話を聞き出すことに全精力を傾けてください。このために本人の脱会が多少遅れても、辛抱することが必要です。ただし、金銭の要求などは毅然と断ってください。

このようにして、「信者である私を両親も受け入れてくれている」という信頼関係を娘さんと保ちつつ、頃合いをみて、本人の承諾のもとに、カルトの仲間との連絡を断って親子でじっくりと話し合う場を設定してください。そして、本人が了解するなら、そこに脱会して元気に暮らしている元信者や牧師などのカウンセリングの専門家にきてもらうか、専門家のところに通って、本人に、このままでよいのか真剣に考え直してもらうのです。自分の頭で、自分なりに、本気で考えるようになれば、もう脱会したのと同じです。

●理想的な対応の難しさ

しかし、このような理想的な対応をすることは、実際には非常に難しいのが実情です。

Q57 合同結婚式に参加した娘を脱会させたいがどのような対応をすればよいか

第1に、カルトの特色は、本人に「自分の頭で判断するのは罪」と思いこませることにありますから、本人が自分の頭で考える気持になるまでがたいへんです。

「脱会する」のは、信者本人にとって大変な決断です。信者は、「この道を知った後に離れることは、何も知らないでいることより数倍重い罪だ」と、再三教えこまれています。脱会することは、「死」よりも恐怖なのです。それに、自分の青春をかけて取り組んできた統一教会の活動が誤りだったと認めること自体、とてもつらいことです。ですから、話合いの場からできれば逃げ出したいと思う信者の苦しみについて、十分に理解してあげる必要があります。そして、その苦しみを克服するためには、家族の懸命の思い、愛を本人に伝えていくしかないでしょう。「両親がここまで一生懸命になって自分と話し合おうとしているのだから、自分もこれに応えなければいけない」という気持に、娘さんになってもらうよう努力するしかないのです。

第2に、本人の承諾のもとで話し合うといっても、本人が承諾するまでがたいへんです。本人の承諾を得られるかどうかは、家族がどこまで必死になって本人との話し合いを追求するかということに尽きるのです。カルト信者になっても、娘さんは両親との信頼関係は守りたいと思っていますから、「お父さんがそこまで言うなら、よい機会だから、この際、お父さんを説得しよう。お父さんがその間、仕事を休むというなら、私も統一教会とは連絡をとらなくてもいい」と考えるほどに、懸命に話合いを求めるのです。

第3に、この方法だと何年もかかるかもしれません。それに、ご質問のケースでは、放っておくと韓国に行ってしまうのです。相手の男性との間に子どもができたらどうするのかという心配もあるでしょう。しかし、これは娘さんの一生の問題です。親の責任として、カルトに入った娘を、親が「人生をかけて取り戻す」という決意があってもよいのではないでしょうか。

いま、娘さんは一生の問題に直面しているのです。たいへん困難な話合いではありますが、カルトの精神的呪縛に負けないよう、あせらず、あきらめず、辛抱強く、娘さんと向き合ってください。

Q58 信者を脱会させるために無理に閉じこめて話し合うことは問題があるか

エホバの証人や統一教会の信者を脱会させようとした親や牧師が訴えられた事件があると聞きました。その裁判はどのような結果になったのでしょうか。

A

●牧師の責任が認められた事件

いくつかの裁判で、牧師に賠償責任が認められています。

主な例として、第1に、エホバの証人の信者Aの夫から相談を受けた牧師が訴えられた事件で、判決は牧師に40万円の支払いを命じました（神戸地裁平成13年3月30日判決、大阪高裁平成14年8月7日判決）。牧師がかねてより脱会説得用に使っていた一戸建てを、自由に出られないように改造し、そこに夫が信者である妻Aをだまして連れていき、Aが明らかに牧師との話合いを拒否しているのにもかかわらず、17日間にわたって外出できない状態で説得を続けたという事案です。大阪高等裁判所は、「（家族が）法的手続を利用していたのでは、権利の実現や回復が著しく困難となる場合には、事態の緊急性、目的の正当性、手段の相当性、法益の均衡等の一定の要件の下に自力救済が許される」、つまり違法性がなくなる場合もあると述べました。しかし、この事例は、信者の身体・精神の自由を侵害したものであり、手段が社会的に相当とはいえないと判断しました。

第2に、統一教会から娘を脱会させるために、両親が知人などに頼んで教会に押し入り、娘を強引に連れ出したうえ、1年2カ月間、親子でマンションに閉じこもって話し合い（信者は監禁と主張）、牧師もマンションに頻繁に

通って娘を脱会させようとした事案について、広島高裁松江支部平成14年2月22日判決は、両親と牧師に対して娘に15万円を支払うように命じました。この判決では、両親が娘を逮捕・監禁したこと、牧師がこれを手伝った（幇助）ことを認めています。ただ、一連の両親の行動が、「親の子に対する愛情に基づいてなされていること、監禁中は特段の有形力の行使が認められないこと」などから、慰謝料10万円、弁護士費用5万円の合計15万円に限って支払うように命じたのです。同種事案の判決がもう1件あります。

●牧師や両親などの責任が否定された事件

他方、父親が借りたアパートに住んで統一教会信者としての活動をしていた娘を説得して、別のマンションに連れていき、そこで約70日間、親子で話合いをしていたところ、娘が逃げ出したという事案で、平成14年3月8日東京地裁判決は、娘の請求を認めませんでした。両親に対する脱会強要をしないという不作為請求については、娘は、アメリカ人と結婚してアメリカに居住していることなどから認める必要はないと判断しました。また、牧師は両親から頼まれて、信者本人の了解のもとにマンションに通って話合いを行っていたものであり、信者がその意思に反して両親からマンションに閉じこめられているという認識が牧師にあったと認められないとして、牧師に対する請求も棄却されました。同年12月26日の東京高裁判決も、同様の判断をしており、この判決は最高裁決定により確定しています。

また平成18年3月23日、最高裁判所で信者とその両親の間に和解が成立した事件があります。平成11年1月に信者が両親ら6人と2人の牧師に損害賠償請求訴訟を横浜地方裁判所に起こしてから7年後のことでした。

T夫妻の3人娘の長女Xは原理研究会（統一教会の学生組織）に入って、二女Y、三女Zも誘い信者にしました。それにまったく気がついていなかったT夫妻は平成7年8月、長女Xが突然統一教会の信者であって合同結婚式に参加して信者の男性と結婚すると宣言したので驚愕しました。

同年10月、T夫妻は長女Xと二女Yを同時にマンションに連れていってS

牧師の説得を受けさせました。Yは脱会しましたが、Xは話し合いの場から逃げ出しました。三女Zはそれ以来両親と音信不通が続きました。統一教会がZの脱会を防止するため両親との連絡を禁じたのでしょう。前述した和解当日、実に10年余ぶりにT夫妻は三女Zと会うことができたのです。

　T夫妻は、平成9年1月にレストランから出てきたXが抵抗しているのを抱き起こして車に乗せ話し合いのために用意したマンションに連れていき、それから約5ヵ月間話し合いを続けました。S牧師はこのマンションに何回か通って脱会に向けた話し合いをしました。

　横浜地裁平成16年1月23日判決と、東京高裁平成16年8月31日判決は、両親や両親を手伝った親族たち、それにS牧師および両親から相談を受けていたK牧師のいずれにも賠償責任がないとしました。高裁判決は、両親らの行為はわが子を心配したもので「社会通念に照らして相当と認められる範囲を逸脱したと」はいえず、「脱会強要に当たる」と言えないとしました。

　これを受けて、最高裁判所で異例の和解が成立しました。和解内容は、両親と長女、三女とは「互いに相手方の信仰の自由や価値観を尊重し、これに干渉しない」ことと、「円満な親子関係を築くことができるようお互いに努力する」というものです。極めて当然の内容です。統一教会としても組織の思惑で親子関係にいたらずに亀裂を生じさせないよう配慮すべきことが、ここに盛り込まれたといえるでしょう。なお、両牧師については、平成18年4月25日に信者側の上告を棄却する決定が下され、責任がないことが確定しました。

●名誉毀損

　このようなテーマに関連して、室生忠という宗教ジャーナリストが、「創」という月刊誌で書いた、浅見定雄東北学院大学名誉教授についての記事が名誉毀損であるとした判決があります（東京地裁平成13年12月17日判決）。これは、浅見名誉教授が「強制説得」の請負人であるなどとした記事が事実に反することを認め、室生氏などに対して90万円の支払いと謝罪文の掲載を命じ

たものです。東京高裁平成14年1月29日判決も同様の結論を出し、最高裁決定により確定しました。

●最近の事件

平成7年9月から同20年2月まで12年余り、マンションに監禁されて統一教会からの脱会を強要されたとして、男性信者がその兄夫婦と妹の3人および牧師とカウンセラーらを訴えた裁判があります。信者の両親は話合いの最中と終了後に死去しました。家族やカウンセラー、牧師は、信者の承諾のうえで話し合いをしていたので違法性はないと争いましたが、東京地裁平成26年1月28日判決は、家族3人とカウンセラーの責任を認めています。さらにこの判決の控訴審判決である東京高裁平成26年11月13日判決は、牧師を含めて被告5人の責任を認め、合計2200万円（うちカウンセラーについては1100万円、牧師については440万円）の支払いを命じました（上告中）。なお、男性信者は逮捕監禁等の罪で、刑事告訴も行っていましたが、不起訴処分となり、検察審査会でも不起訴相当とされています。

●話し合いに求められる節度

家族や牧師の脱会説得活動のあり方に一定の節度が求められるのは当然です。しかし、家族が信者との絆を求めて話合いを求めるのも当然のことです。統一教会が家族の動きを警戒して信者の家族と信者との間に深い亀裂を生じさせている現実をみれば、統一教会の、家族関係崩壊についての責任も重大だといえます。

Q59 脱会すればすぐに元気になるのか

> 破壊的カルトにいた人は、もともとまじめで、よい家庭環境の人が多く、頭もよい人が多いと聞きます。友人に統一教会から脱会した人がいるのですが、1年たっても親に食べさせてもらっているようです。いつまでも甘えていてはいけないと思うのですが。

A

●脱会すればもう元気？

「いつまでも甘えていてはいけない」というのは、正論です。誰も反論できません。でも、人には頑張りたくても頑張れない時があります。たとえば、躁うつ病患者がうつ状態のときは、「頑張れ」とは決して言ってはいけないものです。さらに本人を追いつめてしまうからです。

破壊的カルトから脱会してきたときは、すべての人が精神的な後遺症に陥っています。他方、自立は後遺症からの回復という産みの苦しみを経てのみ、本物になるものです。故高橋紳吾精神科医師は「PMCS―ポストマインドコントロールシンドローム」という概念を提唱しました。その内容は次のようなものです。

① 揺れ戻し現象　　その集団に戻りたくなる気持がたびたび生じる。

② 自発性の低下　　自発的に行動を起こす、自分の人生を立て直すという意欲がなかなかわかない。

③ 抑うつないし恐怖　　うつ状態になり自殺願望にさいなまれる。脱会したけれど、教団の教えがやはり正しいのではないか、または自分はもう社会でやっていけないのではないかと恐怖にかられる。

④ カウンセラーなど特定の人物への過度の依存ないし同一化　　絶対的

な人や思想を追い求める傾向にあり、破壊的カルトの誤りを伝えてくれたカウンセラーなどに日々の生活のすべてを相談したくなる。
⑤　悪夢　　教祖や幹部が夢の中に出てきて、「裏切り者」と言い、また地獄やリンチにあっている夢をみる。

●順調に回復するために

　脱会者の自立までの回復過程を順序だてていえば、次のようになります。
　①命までかけた価値観が崩壊して心にポッカリ穴があき、②そんな破壊的カルトに入った自分、人を誘った自分、違法行為をした自分を激しく嫌悪し、③指導した教祖や指導者を恨み、恨む自分をさらに嫌悪し、④一方でカウンセラーなどに日々の行動を指示されたがり、⑤やがて教祖も１人の人間にすぎなかったと理解し、自分の経験も受容していく。
　そしてその途中、何度となく、破壊的カルト集団に戻りたくなる気持をもつのです。
　この回復過程を順調に進むかどうかには、二つの要素があります。一つは、Q54で述べた脱会の類型です。また、Q55の脱会カウンセリングを受けたか、家族カウンセリングや立ち直りのカウンセリングがあったか、それが十分だったか、家族はそれを忘れずにいるかどうか、ということも影響します。どの類型の脱会であっても、カウンセリングを受けている人のほうが、回復はよりスムーズかつ完全になります。
　もう一つの要素は、破壊的カルトに入った背景と結果の問題です。たとえば、親子関係が原因で破壊的カルトに入ってしまった場合にもともとの親子関係が少しでもよい方向に向かっているのか、本人が納得したか、脱会しても大学に復学できず、復学してもとても勉強をする気になれず退学したのではないか、世間的に大企業とされる会社にいたのにそれを捨てて家出していたのではないか、もともとエリートとされていて初めての挫折だったのではないか、金銭的被害が少しでも回復できるのか、などの事柄が解決の方向に向かっていなければ、順調に回復することが難しくなることもあります。

「脱会」は、人生をかけた絶対的な価値観を失ったことを意味します。かといってカルトに入る前の価値観には従う気持になど容易にならず、新しい価値観もみつからないままに、社会ではマイナスから出発しなければならないと思っています。世界観、人生観、倫理感、家族観や異性への感情の持ち方などすべてが失われたのです。神経の線が数ミクロンという細さになっているといって過言ではありません。

また、元「信者」だった方には申し訳ないのですが、破壊的カルトから戻ったときの精神年齢は、その影響で低くなっています。破壊的カルトの中では通常の社会的経験がないのですから、社会常識に疎いことはもちろん、絶対的なものを求めたがる癖はなかなか直りません。「大人」の良いところも、悪いところももっていません。20歳の人が破壊的カルトに全面的に入って5年経って戻ったとき、その精神年齢は25歳ではありません。20歳でもありません。15歳と考えたほうがよいでしょう。ご家族は「赤ちゃん返り」も受容してあげてほしいです。家族以外に本音で親身になって聞いてくれる人がいたり、脱会者同士の集まりに出るなどの機会があることも重要です。

ご質問の場合であれば、本人は、あなたが気にかけていてくれること自体が、とてもうれしいものです。「遅れてきた反抗期の谷間の、1人とじこもっている子ども」だと思って、見守ってあげてください。社会復帰を決して急がせないでください。本人が急いでいるようなら、「もっと休んでからでいいんだよ」と言ってあげてください。本人自身が心の中で、経験を何度も咀嚼し、納得して回復していかなければ、その後、社会の中で誰もが直面する課題や障害に、しっかりと対応できないのです。

自らの苦渋と、破壊的カルトでの絶対的価値観を乗り越えたとき、本当の脱会と社会復帰を果たしたといえるのです。

Q60 家族は本人にどのように対応すればよいか

(1) 35歳になる私の姪が、自己啓発セミナーに熱中しているようで、今度は会社をやめて、教祖に指示された別の職業につこうとしています。セミナーを受けるためにあちこちのサラ金から借金をし、退職金もその団体に寄付してしまったようです。どうしたらよいでしょうか。

(2) 大学生の息子が上京してアパート暮らしをしていますが、某教団のスタッフになるので退学したいと言ってきました。どうしたらよいでしょうか。

A

●頭ごなしに叱ってはいけない

　会社や借金や大学のことよりも、まず本人との対話を考えてください。その際、最も重要なことは、本人に「バカなことを言うな」とか、「ここまで育てたのに勝手すぎる」などは言ってはいけないのです。

　理由は簡単です。本人は、その破壊的カルトの論理に従い、「親が言っていた常識や社会の常識がおかしい。人類の将来やすべての衆生のためにその常識を変えなければならない。組織の言っていることが理論的にも正しい」と考え、そう確信しているからです。マインド・コントロールによるとはいえ、本人は人生のすべてをかけようと決意しているのです。それを頭ごなしに叱りつけ、時には暴力的に止めたりすることは、本人の心を家族からさらに離れさせてしまいます。そのようなことをすれば、本人は家族に隠れて行動するようになってしまうでしょう。

　たとえば、自分の子どもが、どう見てもまともでない異性に熱中してしまったときに、親はどうすればよいでしょうか。頭ごなしに叱ったりすれば、

かえって熱をあげてしまうでしょう。ケースとしては違いますが、破壊的カルトにかかわる本人や家族の心理状態は、この場合によく似ています。この場合「どうしちゃったの？」と優しく聴いていくことが大切であることは、多くの親も知っていましょう。同じことです。

頭ごなしに言うことで、たとえ止めることができても、本人は家族に対して根深い不満をもつだけです。数カ月後にはまたその集団にいくか、他の形で自らの人生を放棄してしまう可能性があります。

●まず家族がすべきこと

まず家族がすべきことは、その破壊的カルト集団の情報を集めることです。見たくもないものかもしれませんが、本人が勧誘のためにくれる冊子なども大切に保管し、本人の言動と家族の対応を、日を追って記録してください。同時に、破壊的カルトにおけるメンバーの心理状態や、脱会者の手記、カウンセリングについて説明した本（巻末の参考資料1参照）などをじっくり読んでください。よく取り上げられる破壊的カルト集団でなくても、マインド・コントロールされた心理状態は極めて似通っていますから、十分に参考になります。

そして、本人が信じている教義や思想について、できそうならば、一つひとつ質問してください。「教えて」と言ってみてください。本人は、「いっしょに道場にいこう」とか「上の人と会って話してほしい」などと言うでしょうが、そこは慎重に考えて、「私が話し合いたいのは、私の子どもである君なんだ」と話してください。自分が取り込まれないように気をつけなければなりません。破壊的カルトの教義は、すべてを完全に解明した「真理」とうたわれており、大変に魅力があります。ミイラ取りがミイラにならないように注意してください。

本人の話を聞いたら、家族自ら、仏教ならば一般の仏教の原典を、キリスト教ならば聖書を、啓発セミナーならば心理学の本などを買ってきて読み出し、自分も自分なりに勉強するという姿勢を示してください。そして「いろ

いろ話してくれてありがとう」と言ってください。

いつしか、本人が必ずもっている今までの不満を話し出すことを期待して、そして、話し出したらじっくり聞いてください。それが家族に対する不満であっても、弁解はしないでください。本人の身になって、謝罪すべきことは心から謝罪してください。

また、同じ集団について同じように苦しんでいる家族がいるはずです。そのような家族同士がお互いに情報を交換して、「家族の会」をつくっていく必要があります。時には気晴らしに、同様の境遇の家族で温泉旅行にでもいってください。そして、その集団のしている行為とメンバーを勧誘し維持するテクニックを明確にしつつ、救出カウンセリングをしてくれるカウンセラーを探してください。専門的な弁護士も探す必要があります。具体的な違法行為を一つでも発見できれば動いてくれるかもしれません。破壊的カルトは違法行為をするために、家族だけの問題ではなく社会の問題になり、その事実の把握と追及があってこそ、救出カウンセリングをすることが許されるのです。そして、カウンセラーから家族カウンセリング（Q55参照）を受けてください。幸せだった家庭も不幸だった家庭も、すべて違うものです。家族カウンセリングによって、本人の心理状態と家族との関係の問題をあらためて理解し認識できます。また本人に対してどのように対応したらよいかが理解できます。

●家族は本人の話を聞く

脱会カウンセリングの機会がつくることができたら、果敢に、しかし心の中では決して急がずに行動してください。破壊的カルトからの脱会カウンセリングのためには、いかに重要な仕事についている家族でも、少なくとも数カ月は本人とのことを優先してください。家族自身が変わらなければ本人は決して変わらないのです。

脱会カウンセリングの段階になっても、なかなかプライドを捨てない親御さんがいます。親はその破壊的カルト集団の異常性、犯罪性に目が奪われ、

どうして本人がそのメンバーになったか、どうして本人がそこに執着するかを詰問したくて仕方がありません。本人に、育てた自分＝親に対して謝らせたくて仕方がありません。しかし、話し合う相手は教祖でもなく主義・思想でもなく、自分の子どもであり家族なのです。家族が、不要なプライドや見栄、世間体を捨てなければ、本人も破壊的カルトで着けられた仮面を脱げません。

　信者の中には、家族の中での「生病老死」の苦悩があった方も少なくありません。兄弟が病気だったり、親しい人が苦しみながら死んでいったようなことです。破壊的カルトに入る前から家族としての機能が不全だった場合もありましょう。たとえ家族の問題がなくても、集団の上の者から、家族関係のちょっとした行き違いを針小棒大に増幅されていることも多いものです。親は、ひたすら話を聞いて、自分も心から話をしなければなりません。話をする際、本人がもう幼児ではないことを忘れないでください。「本人を一番よく知っているのは自分なんだ」という親としての自信は捨ててください。親の人生観を問われているようなときは、真っ正面から、1人の深い縁があった者としての親自身の話を始めていくことが必要です。

●カウンセラーの重要性

　親や兄弟、ましてや友人だけで脱会させようなどとは考えないでください。本人と決裂してしまってはいけません。多くの場合は本人と言い争いになるだけで、その屁理屈に嫌気がさしてしまい、それを感じた本人からの愛情もとぎれてしまいます。ミイラ取りがミイラになって、友人や親までメンバーになってしまうことが少なくありません。

　破壊的カルトは「絶対的な価値」が設定されていて、魅力があります。人間は、どこか絶対的なものに服従していたいという気持がありますから、それを刺激されたときは危険なのです。親自身が、人生に根差した人生観をもち、自信をもって自分のしてきた人生を説明できなければ、親自身が破壊的カルトにはまってしまいます。カウンセラーはこの点を知っています。また、

本人として他人との対話であれば、自分自身にも正面から向き合わなければならなくなるのです。カウンセラーについてはQ56を参照してください。

●**友人や親戚は注意が必要**

　友人は、立ち直りのカウンセリング（Q55参照）がある程度進んだ段階でのみ会ってください。いかに親しかった友人でも、脱会カウンセリングの際は邪魔になります。本人は、友人に対してはよりプライドを高くしており、自分が破壊的カルトに入って行動していることを強く正当化します。それによって本人は、自分を追い詰めてしまうのです。友人がさらに被害者になることもあり得ましょう。同様の理由で、親戚の人も、本人と苦楽をともにしていたり本人が深く信頼している関係にある人でなければ、話し合いの相手としては邪魔になります。

　「あせらず、あきらめず」が合言葉です（Q57参照）。

Q61 危ない破壊的カルトに入らないためにはどうすればよいか

> 破壊的カルトが、とても恐ろしいものだということはわかりました。知らないうちにマインド・コントロールされるのではないかと心配です。予防方法はないのですか。

A

●誰もがもつ心のすき間につけこむ破壊的カルト

人は、誰でも心にすき間があいている時があります。大学に入学したが将来の目標が決まっていないとき、家族が亡くなったとき、失恋したとき、仕事にやりがいがないとき、失業した時など、誰でも心にすき間ができます。そして人間には、「生病老死」という苦悩があります。

まず、破壊的カルトを構成している信者の1人ひとりは、もともと普通の人であり、むしろ「よい人」であることを忘れないでください。彼らは、あなたを救おうと思って言葉巧みに誘うのです。「よい人だから間違いがない」というものではないのです。

●破壊的カルトに入らないための予防法

予防方法については、著者の1人と慶應義塾大学の榊博文教授（当時）とで整理しました。

① 相手の所属・地位を確認する　偽サークルや偽学生などを使う破壊的カルトがあります。経歴などにもウソがないか、確認してみてください。

② 別の場所に連れていかれそうになっても絶対に行かない　別の場所

に行けば、サクラを利用した同調性の原理、を使った手法が使われるかもしれませんし、ほかのメンバーも来て恐怖説得されるかもしれません。相手のテリトリーには簡単に入らないようにしましょう。

③ 「あなただけ」「今回限り」と言ってきたら要注意　　稀少性の原理（人・物・時間の限定テクニック）はなかなか効果的です。心は操作されるものであることを自覚しましょう。

④ 勧誘の内容が変わったら間違いなく危険、即座に断わる　　親しくなった後に本題に入ったり（好意性の原理）、別の話題や小さな約束から始める（段階の原理）こともテクニックです。話が変わってきたら「怪しいぞ」と感じ、直ちに断わりましょう。

⑤ 恐怖感をあおってきたら、直ちにその場を去る　　恐怖説得を使わない破壊的カルトはないといってよいでしょう。どんな親しくなっていても、恐怖感を覚えさせる言葉を用いてきたら、直ちにその場を去りましょう。「冗談じゃない、そんなことを言いたかったのか」と、捨てゼリフを言ってよいのです。

⑥ 専門性を疑え　　血液型や性格・家族関係等を初対面の人に言い当てられても、医師などの資格がある人の勧誘でも（権威の原理）、その集団がまともかどうかとはまったく別です。あなた自身の情報は、事前に最初の勧誘者から報告されていることが多いものです。

⑦ 甘い言葉を信用するな　　多くの破壊的カルトは、最初あなたを称讃します。人生に対する態度、今まで考えてきたこと、苦労してきたことなど、褒められれば誰でもうれしいものです。でも、だからといってその集団がまともかどうかは別問題なのです。

⑧ 絶対に「借り」をつくらない　　返報性の原理についてQ38で説明したように、一度「借り」をつくると、まじめな人、義理堅い人ほど心苦しさを感じ、再び会う約束をしてしまいます。「タダほど高いものはない」という格言は真理のようです。

⑨ 「権威」をもちだしたら怪しいと思え　　権威は、知らないことの多

199

い現代人にとって、尊重せざるを得ないものです。しかし、どんな「偉い人」にほめられている人であっても、どんなにすばらしい経歴があっても、それだけで人生の選択までしてよいものでもありません。偉い人の名前を出したり、有名人といっしょの写真を示されたら、それが本物であってもなぜそれを強調するのかと疑ってかかるべきなのです（Q41参照）。本当に実力のある人は、権威を利用しません。

⑩　入信・入会したくなっても1カ月は決断を延ばす　　破壊的カルトは結論を急がせます。高度なテクニックでは、「よーく考えて自分自身で決めてください」と言いながらやはり急がせます。1カ月前は入信していなかった自分が1カ月後の今も生きている以上、さらに1カ月延ばしても差し迫った心配はありません。まともな団体ならば、第三者に相談してからにすると言っても、反対しないはずです。「自分だけで考えるべきではないか」などと言う団体こそ、危ないのです。

Q62 破壊的カルトに国はどのような対応をしているか

破壊的カルトの問題について、国は何か対応していないのでしょうか。

A

●宗教に対する国の姿勢

　日本は過去において、宗教である国家神道を精神的な支柱として軍事大国をつくり、アジア諸国を侵略して太平洋戦争にまで至りました。戦後の日本はその反省のうえにありますが、逆に宗教がからんでくると「さわらぬ神にたたりなし」という趣旨なのか、国の取組みは遠慮がちになりました。

　しかし、株式会社にまともな会社とそうでない会社とがあるように、宗教団体であっても、適法な行為のみをしている団体と、違法な行為をすることの少なくない団体があります。宗教団体だからといって、それだけで性善説または性悪説に基づいて判断してはいけません。

　重要なことには、傷害致死や殺人にまで至った集団や財産上の被害者を生んだ団体は、それ以前にも必ずや違法行為を繰り返していたものです。道路法違反、道路交通法違反、学校教育法違反、食品衛生法違反、公職選挙法違反、建築基準法違反、時に威力業務妨害や脱税行為、名誉毀損行為を重ねたり、不当訴訟を乱発しているのです。違法とは、刑事罰のあるものだけでなく、民事上の違法行為、行政法上の違法行為も含まれます。統一教会の霊感商法による数千億円の被害も、オウム真理教のサリンによる無差別殺人も、続発するミニカルトでのリンチ殺人なども、それ以前の違法行為が見逃されてきたために現実化したのです。

　最近では、警察、司法や行政もようやく、違法行為はどのような団体でも

許さないという姿勢になってきたといえます。統一教会の「違法伝道」について元信者への慰謝料支払いが認められたり、特定商取引法違反として立件されるようにもなりました。さまざまなミニカルトに刑事上の違法行為があった場合、警察は従前よりも早期に対応してくれるようになりました。ですが、まだまだ不十分です（Q30、Q31参照）。

●心の問題

 一方で重要なことは、破壊的カルトの問題はメンバーの心の問題でもあるということです。心の問題の面では、国や行政機関のできること、していいことには限界があります。国などの権力は、思想信条の自由（憲法19条）、信教の自由（憲法20条）には立ち入ってはならないというのが、憲法の重要な原理だからです。ですから違法行為にならない限り、いかなる宗教を信じても、どのようなことをしても、自由なのです。外から見て「ばからしい、奇妙な」行為であっても、その行為をする自由を、国家は奪ってはならないのです。

 国や行政がしてほしいことは、まず教育課程の中で、破壊的カルトの真の恐ろしさ、歴史、マインド・コントロールのテクニックについて教えることです。これは宗教教育をするとか情操を育てるという観点ではなく、悪徳商法対策と同様の予防策です。

 また、精神的に不安定になっているカルトメンバーや元メンバーも多いのですから、学校や精神保健にかかわる方は、深くその心理を知っておくべきです。元メンバーに対しては差別することなく、一般の生活保護や職業訓練などの支援も必要でしょう。

 違法行為があったとき有効に対処するためには、警察や行政の方々も、カルトメンバーの心理と対応方法を十分学ぶ必要があります。オウム事件では、率直に専門家からの教示を得て研究をし、対応を研究した警察官、検察官、弁護士らは本人の心を開くことができ、まともな仕事ができたのです。強圧的な取調べをしても被疑者は何も話さず、またカルト信者の心理を知らない

弁護人は本人にウソをつかれつつ弁護をしました。この教訓は決して忘れてはなりません。

●厚生労働省の研究

厚生労働省では、破壊的カルトの心理などについて、平成12年に「社会的問題を起こす新たな精神病理に関する研究」という研究を補助金特別研究事業として始め、平成13年3月に冊子としてまとめました（国立精神・神経センター精神保健研究所発行）。しかしほとんど活用されていないうえ、その後の継続的な研究がなされていない状況です。行政の怠慢ともいえるものであり、行政においては、それぞれの職掌にあわせた研究や対策を、さらに発展させることが大切であり不可欠です。

Q63 断り切れない性格を直すにはどうすればよいか

街角で声をかけられたりすると、どうしても立ち止まってしまいます。断り切れない性格を直すには、どうすればよいでしょうか。

A

●断り切れない心の動き

宗教トラブルの相談を受けていると、強く勧誘を受けた場合、その場で断り切れずに、「はい」と言ってしまったというケースによく出会います。また、実際に約束があって、「今は都合がつかない」と答えたところ、「じゃあ、いつなら空いているの？」「来週の月曜日はどう？」と聞かれて断り切れなくなったというケースもよくあります。

「断り切れない」という心の動きの背景には、「相手に悪い」という相手を思いやる気持や、「自分は悪く思われたくない」という保身の気持があります。善良な性格なのですが、こうした気持を逆に利用されるわけです（Q37、Q38参照）。

このような人は、いったん勇気を出して宗教団体をやめても、再勧誘を受けるとまた戻ってしまったり、そしてまたやめたりと、相談を受ける立場からしても困惑することがしばしばあります。

●断り切れない性格を直すために

このような断り切れない性格を直すためには、はっきりと「嫌なことは嫌だ」、「ダメなものはダメ」と、相手に伝える勇気が必要です。その際、相手によく思われたい、相手に悪いなどと考える必要はありません。こうした考え方に勧誘者がつけこんでいることを、十分に承知しておいてください。

具体的な訓練としては、デパートでシャツやブラウスを3着ぐらいは試着して買ってこない訓練、量販店などでさらに値切る訓練、友人同士で電話勧誘を10秒で切る訓練がありましょう。逆に、街角でビラを配ったり、人に対して直接の何かの宣伝をするアルバイトをする方法もありましょう。

破壊的カルトは、あなたを勧誘の対象としか見ていません。勧誘する人がいかに良い人であっても、そんな団体の一員でしかありません。「良いことをするつもり」であなたを破壊的カルトに誘っているのです。組織の活動の一つです。あなたを勧誘した人は個人でも、その背後には宗教団体の活動があり、あなたは伝道対象者の1人にしかすぎないのです。ですから、そうした人に対してはっきりと「NO！」と伝えることは、人間として決して恥ずかしいことでも悪いことでもなく、むしろ本人のためにはよいことなのです（Q51参照）。

以上の点は、宗教の勧誘だけでなく、一般の消費者被害の場合でも同様です。あなたがもし一般の消費者被害もよく受けるというのなら、ぜひこのような点を念頭において生活を実践してください。私たちは、生まれ変わったあなたの姿を見せてほしいと期待しています。

第3章

宗教と社会

Q64 信教の自由とは何か──憲法の視点から

信教の自由とは何ですか。問題ある宗教団体は、さかんに信教の自由を強調しますが、宗教団体であれば何をしても許されるというのでしょうか。

A

●信教の自由とは

憲法20条は次のように定めています。

「信教の自由は、何人に対してもこれを保障する。いかなる宗教団体も、国から特権を受け、又は政治上の権力を行使してはならない」。

それでは、信教の自由とはどのような権利でしょうか。信教の自由は、次の三つの自由から構成されると一般に解されています。

① 内心における信仰の自由　この自由は良心の自由を規定した憲法19条と同様、絶対無制約な自由と解されています。たとえ信仰がえせ宗教の類であっても、それが内心にとどまっている限りは社会との対立はあり得ないので、制限をする理由がないからです。

② 布教や儀式などの宗教活動の自由

③ 宗教結社の自由

②と③の自由は、内心における信仰の自由を、外部的に発現するための対外的な宗教活動の自由です。内心の自由と違い、信仰上の特定の行為が他人の権利や利益を侵害する場合が生じ得ますから、この場合は、信教の自由が絶対的に保障されることにはなり得ないことに注意する必要があります。

そして③の宗教結社の自由により成立した宗教団体も、信教の自由も憲法上保障されているといってよいでしょう。つまり、宗教団体自身も、団体の

立場で団体自体の内部的な信仰の自由と宗教活動の自由、つまり①②に相当する自由があります。ですから、宗教団体の布教や儀式等の宗教活動は原則として自由であり、国家などから根拠なく関与されるいわれはありません。国から特権を受けたり、政治上の権力を行使してはならないのは、宗教と政治が結びつけば、国自体が他の宗教を迫害していることになるからであり、またさまざまな意見を前提とする民主主義が崩壊してしまうからです。

しかし、いかなる自由も無制限ではありません。仏式の葬儀をしている際に大声で讃美歌を歌うなど、許されるはずもありません。宗教団体であれば、なおさら内外の個人や団体の権利と衝突することがありましょう。宗教団体としての信教の自由が一定の制約を受けざるを得ないことは、個人の信教の自由の場合より大きいということになります。

●個人の信教の自由と宗教団体の信教の自由との調整

宗教団体の自由とその団体内外の個人の自由が衝突した場合、どちらが優先するのでしょうか。「自由」といっても並列的に考えることは間違いです。個人の自由は、宗教団体の自由に優先するのです。理由は簡単です。もともと憲法で保障された人権は自然人のものだからです。あくまで団体は、個人の自由権に基づいてできたのです。ですから、個人の自由が団体の自由の犠牲になっていいはずがありません。

現代では、組織は巨大化し資産・金銭・情報などを独占していて、個人はあまりにも無力です。絶対的な服従を旨とするカルト団体であれば、個人はなおさら無力です。ですから、団体の自由よりも個人の自由が優先されるということは、どんなに強調しても強調し過ぎることはありません。

具体的には、「宗教団体の勧誘する自由・脱退させない自由」よりも、「個人の勧誘されない自由・脱退する自由」が優先されるのです。脱退するにも、団体幹部としっかり話し合う義務はなく、その脱退書式に従う必要もありません。脱退を原因とする違約金などもちろん支払う義務はありません。

さらに、①の内心における信仰の自由は、本来②③の自由に優越する地位

にあると考えられます。つまり、個人の内心における信仰の自由と団体の宗教活動の自由の衝突の調整が問題とされる場合には、個人のもつ①の自由は、二重に優越的地位に立つものと考えられなければならないものなのです。宗教トラブルについて、抽象的に「信教の自由」と叫んでみても始まらないのです。

Q65 宗教法人とは何か──法律の規定では

宗教法人とは何ですか。

A

●宗教法人は宗教団体の世俗的側面

　宗教法人法は、宗教団体に法人格を与えることを目的とした法律です。

　信教の自由の重要な要素として、「宗教結社の自由」があります。しかし、こうして結成された宗教団体も、法人格を付与されなければ、不動産の登記でさえ代表者個人としての登記しかできないことになり、永続性の面で問題となります。その代表者個人が死ねば、その宗教団体と関係のない遺族も相続できることになるからです。

　そこで、憲法上保障された宗教団体の活動を財産面において十分に保障する意味で、宗教法人法は必要な法律といえます。つまり宗教団体には、宗教活動を行う宗教的側面と、財産を所有・維持する世俗的側面がありますが、宗教法人法は、このうちの世俗的な財産面を保障するためにつくられた法律ということです。

　たとえば、宗教法人である寺院においては、一般に、住職は宗教活動の責任者ですが、宗教法人法で規定する宗教法人の代表役員である必要はありません。ただその住職は代表役員にならなければ、宗教法人を代表して預金したり、土地などの売買契約を締結したりすることなどはできないだけです。その意味で宗教法人法は、宗教活動と関係のない世俗の問題を規定しているのです。

　宗教法人法18条6項は、「代表役員及び責任役員の宗教法人の事務に関する権限は、当該役員の宗教上の機能に対するいかなる支配権その他の権限も

含むものではない」と明示しています。

信教の自由についても、宗教法人法1条2項は次のように規定しています。

「憲法で保障された信教の自由は、すべての国政において尊重されなければならない。従つて、この法律のいかなる規定も、個人、集団又は団体が、その保障された自由に基づいて、教義をひろめ、儀式行事を行い、その他宗教上の行為を行うことを制限するものと解釈してはならない」。

また宗教法人法85条では、「この法律のいかなる規定も、文部科学大臣、都道府県知事及び裁判所に対し、宗教団体における信仰、規律、慣習等宗教上の事項についていかなる形においても調停し、若しくは干渉する権限を与え、又は宗教上の役職員の任免その他の進退を勧告し、誘導し、若しくはこれに干渉する権限を与えるものと解釈してはならない」と規定されています。

●宗教法人法は信教の自由を万能としていない

一方で、宗教法人法は、信教の自由を万能としていません。「この法律のいかなる規定も、宗教団体が公共の福祉に反して行為をした場合において他の法令の規定が適用されることを妨げるものと解釈してはならない」（宗教法人法86条）と規定し、政教分離の観点からも宗教法人を他の法人と区別して特別扱いしないことを明言しています。

ただし、トラブルを引き起こす宗教団体にも、宗教法人となっているものもあれば、そうでないものもあります。そもそも宗教団体の体をなしていないものもあります。ある宗教団体が宗教法人となる資格を十分に有していても、その宗教団体のほうで宗教法人となる気がなかったり、はたからは宗教のように見えても、自らを宗教だと考えずに、公益法人の形態をとる場合もあります。

宗教法人だといっても、国家がその宗教にお墨付きを与えたものではなく、株式会社と同様に法人格を与えただけですから、問題はその活動の適否にあるということに注意すべきです。

Q66 日本にはどのくらい宗教団体があるのか

日本の宗教団体の数、宗教法人の数、信者数はどのくらいなのですか。また、宗教法人にはどのような種類があるのでしょうか。

A

●宗教年鑑の統計

　文化庁宗務課は、毎年、前年の宗教統計を集めて「宗教年鑑」を発行しています。「ぎょうせい」という出版社から発行されていますので、一般の書店でも手に入ります。

　本稿脱稿時の最新版である平成25年版「宗教年鑑」（平成26年6月発行）によると、宗教法人は、平成24年12月31日現在、全国で18万2200法人に上ります。これに宗務課が把握している非法人の宗教団体を合わせると22万189団体になります。

　これらの信者数の合計は1億9710万835人で、日本の人口の1.5倍以上にもなります。文化庁が行う宗教統計は、日本で唯一のものですが、すべて宗教法人の自主申告に基づくものです。したがって信者数は、教団側の都合で水増しされたものだということがわかります。神道系だけでも、1億93万9613人、仏教系教団が合計で8513万8694人の信者がいるというのですから、日本人の多くが、神社の氏子にも寺院の檀徒にも信者として重複的に登録されていることが明らかでしょう。ほとんどの日本人が知らない間に、神道系か、仏教系教団の信者として、重複して登録されているといっても過言ではありません。

　他に信者が多い大教団としては、創価学会（文化庁の宗教統計には協力していませんが、約827万世帯と自称しています）、立正佼成会（311万1644人）など

213

があります。

　宗教法人を割合別にみると神道系46.8パーセント、仏教系が42.6パーセント、キリスト教系2.5パーセント、諸教8.1パーセントとなっています。信者数でみると、それぞれ1億93万9613（51.2％）、8513万8694（43.2％）、190万8479（1.0％）、911万4049（4.6％）となっています。

全国社寺教会等宗教団体・信者数　　　（平成24年12月31日現在）

項目 系統	宗教団体（宗教法人を含む）	宗教法人	信者数
総数	220,189	181,803	197,100,825
神道系	88,720	85,087	100,939,613
仏教系	85,238	77,400	85,138,694
キリスト教系	9,277	4,559	1,908,479
諸教	36,954	14,757	9,114,049

（出典：文化庁・宗教年鑑平成25年版）

宗教法人数総括表　　　（平成24年12月31日現在）

所轄	区分 系統	包括宗教法人	単位宗教法人					合計
			被包括宗教法人			単位宗教法人	小計	
			文部科学大臣所轄包括宗教法人に包括されるもの	都道府県知事所轄包括宗教法人に包括されるもの	非法人包括宗教団体に包括されるもの			
文部科学大臣所轄	神道系	124	22	—	1	71	94	218
	仏教系	157	160	—	5	125	290	447
	キリスト教系	62	39	—	3	208	250	312
	諸教	29	26	—	—	55	81	110
	計	372	247	0	9	459	715	1,087
都道府県知事所轄	神道系	6	82,776	135	113	1,969	84,993	84,999
	仏教系	11	74,340	66	169	2,535	77,110	77,121
	キリスト教系	7	2,719	28	48	1,514	4,309	4,316
	諸教	1	14,299	2	8	367	14,676	14,677
	計	25	174,134	231	338	6,385	181,088	181,113
合計		397	174,381	231	347	6,844	181,803	182,200

（出典：文化庁・宗教年鑑平成25年版）

●宗教法人の種類

　宗教法人にはいくつかの種類があります。
　まず、「包括宗教法人」というものがあります。包括宗教法人とは、宗教法人法2条2号でいう宗教法人のことで、個々の神社や寺院、教会を構成団体として包含する上位の宗教法人をいいます。神社本庁や日本基督（きりすと）教団などがこれに当たります。
　これに対し宗教法人法2条1号の一般の宗教法人のことを「単位宗教法人」といい、このうち包括宗教法人の傘下にある個々の神社や寺院などの宗教法人を、「被包括宗教法人」と呼び、独立単体としての単位宗教法人と区別する場合があります。
　前記宗教年鑑によると、最新のデータで、被包括宗教法人は、17万4959法人あります。
　包括・被包括関係のない独立系の単位宗教法人を、「単立宗教法人」ともいい、創価学会や統一教会などがこれに含まれ、6844法人あります。
　つまり、宗教法人のほとんどは、単位宗教法人であり、中でも被包括宗教法人が大多数を占めています。
　包括宗教法人のうち、複数の都道府県にまたがって活動している宗教法人は、文部科学大臣が所轄しており、現在372法人があります。
　それ以外の宗教法人は、原則として、その主たる事務所の所在地の都道府県知事が所轄しています。
　なお、オウム真理教事件をきっかけに、平成7年に改正された宗教法人法により、単位宗教法人であっても、複数の都道府県に境内建物を備える宗教法人などが文部大臣（当時）の所轄となり（宗教法人法5条）、創価学会、統一教会、幸福の科学など554法人が文部大臣所轄に変更されました（Q71参照）。

Q67 宗教法人は税金の優遇を受けられるのか

宗教法人になると、税法上の優遇を受けると聞きましたが、どのような特典があるのですか。

A

●宗教団体法と宗教法人法

現行の宗教法制は、宗教法人法と税制の二本柱となっています。宗教法人法自体には税率に関する規定はなく、税法と宗教法人法は切り離されて規定されています。ところが、戦前の宗教団体法22条は、税金に関して次のように定めていました。

① 宗教団体ニハ命令ノ定ムル所ニ依リ所得税及法人税ヲ課セズ
② 寺院ノ境内地及教会ノ構内地ニハ命令ノ定ムル所ニ依リ地租ヲ免除ス但シ有料借地ナルトキハ此ノ限ニ在ラズ
③ 北海道、府県、市町村其ノ他ノ公共団体ハ宗教団体ノ所得ニ対シ地方税ヲ課スルコトヲ得ズ

これに対し、宗教法人法は、宗教法人に対し国の課税権限が濫用されないよう、84条に次のような規定をおいているだけです。

「国及び公共団体の機関は、宗教法人に対する公租公課に関係がある法令を制定し、若しくは改廃し、又はその賦課徴収に関し境内建物、境内地その他の宗教法人の財産の範囲を決定し、若しくは宗教法人について調査をする場合その他宗教法人に関して法令の規定による正当の権限に基く調査、検査その他の行為をする場合においては、宗教法人の宗教上の特性及び慣習を尊重し、信教の自由を妨げることがないように特に留意しなければならない」。

そのため、宗教法人法制下では、税率の問題はすべて税法の規定に従い、

宗教法人は学校法人などの公益法人の一つとして、原則非課税として取り扱われるようになったのです。

それでは、宗教法人にかかる税金には、いくつか種類がありますので、優遇税制を定めたものを種類別にご紹介します（税率は2014年12月1日現在）。ただし最近では、こういった優遇税制にも批判が集まっており、今後の税制の改正でさらに優遇の範囲は狭まっていく可能性もあります。

●法人税関係

宗教法人は、学校法人や社会福祉法人と同様「公益法人」として、収益事業以外から生じた所得についてはすべて非課税とされています。

法人税法4条は次のように定めています。

「内国法人は、この法律により、法人税を納める義務がある。ただし、内国法人である公益法人等又は人格のない社団等については、収益事業を営む場合に限る」。

つまり宗教法人の活動は、宗教事業のみについて課税され、お布施や寄付などの宗教活動によって、どんなに利益が生じようと課税されることはありません。公益法人は一般に高度の公益性を持っており、原則非課税とすることでその公益的活動を促進し、社会に還元してもらうとされています。

ただし、宗教法人も収益事業を行うことができます（宗教法人法6条2項）ので、これらの事業により収益が生じた場合には課税されます。しかし、収益事業を行う場合でも、収益に対する適用税率は、原則として法人所得が800万円を超える法人の税率である25.5パーセントより6.5パーセントも低い19パーセントです（法人税法66条3項）。

収益事業に対しても優遇税制が採用されている背景には、公益法人にとって収益事業はあくまでも特殊・例外的なものであり、かつその利益も公益法人本来のために使用され、社会に還元されていることが予定されているからです。

●所得税関係

宗教法人が支払いを受ける利子・配当などは、収益事業資産として区別される場合以外は、非課税です（所得税法11条1項）。

●地方税その他

地方税においては、住民税（都道府県民税、市町村民税）は収益事業を行わない限り非課税です（地方税法2条4項・25条2項・294条7項・296条）。非収益事業から生じた収入については事業税、事業所税も非課税です（地方税法72条の5第1項1号・701条の34第2項）。

その他、「専ら本来の用に供する宗教法人法第3条に規定する境内建物及び境内地」については、不動産取得税も固定資産税も非課税であり（地方税法73条の4第1項2号・702条の2第2項）、登記移転の際の登録免許税（国税）まで非課税とされています（登録免許税法4条2項）。

なお「境内建物及び境内地」の範囲について、宗教法人法3条は次のように定めています。

① 本殿、拝殿、本堂、会堂、僧堂、僧院、信者修業所、社務所、庫裏、教職舎、宗務庁、本務院、教団事務所その他の宗教法人の前条（2条、Q70参照）に規定する目的のために供される建物および工作物（附属の建物および工作物を含む）

② 前号に掲げる建物または工作物が存する一画の土地（立木竹その他建物および工作物以外の定着物を含む）

③ 参道として用いられる土地

④ 宗教上の儀式行事を行うために用いられる土地（神せん田、仏供田、修道耕牧地等を含む）

⑤ 庭園、山林その他尊厳または風致を保持するために用いられる土地

⑥ 歴史、古記等によって密接な縁故がある土地

⑦ ①～⑥号に掲げる建物、工作物または土地の災害を防止するために用

宗教法人の行う主な事業と消費税の課税、不課税等の一覧表

事　業　の　内　容	課税、不課税等の別
イ　葬儀、法要等に伴う収入（戒名料、お布施、玉串料等）	不　課　税
ロ　お守り、お札、おみくじ等の販売	不　課　税
ハ　絵葉書、写真帳、暦、線香、ろうそく、供花等の販売	課　税
ニ　永代使用料を受領して行う墳墓地の貸付け	「土地の貸付け」に当たり非課税
ホ　墓地、霊園の管理料	課　税
ヘ　駐車場の経営	課　税
ト　土地や建物の貸付け	土地の貸付けは非課税、建物の貸付けは課税、ただし、住宅の貸付けは非課税
チ　宿泊施設（宿坊等）の提供（１泊２食、1,500円以下）	不　課　税
リ　神前結婚、仏前結婚の挙式等の行為	
ａ．挙式を行う行為で本来の宗教活動の一部と認められるもの	不　課　税
ｂ．挙式後の披露宴における飲食物の提供	課　税
ｃ．挙式のための衣装その他の物品の貸付け	課　税
ヌ　幼稚園の経営等	
ａ．幼稚園の経営	保育料・入園料・入園検定料・施設整備費等は非課税
ｂ．制服、制帽等の販売	課　税
ｃ．ノート、筆記具等文房具の販売	課　税
ル　常設の美術館、博物館、資料館、宝物館等における所蔵品の観覧	課　税
ヲ　新聞、雑誌、講話、法話集、経典の出版、販売	課　税
ワ　茶道、生花、書道等の教授	課　税
カ　拝観料	不　課　税

（注）　1.　不課税とはそのものの性質上消費税の課税の対象とならないものをいい、非課税とは本来的には消費税の対象となるものですが政策的見地等から課税されないものをいいます。
　　　 2.　ロ、チ、カについては、原則として不課税です。
　　　 3.　ハの線香、ろうそく、供花の販売のうち、参詣に当たって神前・仏前に献げるために下賜するものの頒布は不課税です。
　　　 4.　上記事業のうち不課税となる事業収入は、特定収入に該当します。

出典：国税庁「平成26年版宗教法人の税務」

いられる土地

　これをみると、非課税とされる固定資産の範囲が非常に広範にわたっていることがわかります。もちろんこの判断は、一次的には税務署が判断することになりますが適正な判断が望まれます。

●消費税

　消費税（国税）額の計算についても、特例があります（消費税法60条4項、消費税法施行令75条3項・4項。前頁表参照）。

Q68 宗教団体であれば法人でなくても税金が優遇されるのか

> 宗教法人にならなくとも、税制上優遇されていると聞きましたが、本当ですか。

A

●人格なき社団

所得税法上は、法人税法3条で「人格のない社団等は、法人とみなして、この法律の規定を適用する」とされています。

つまり、宗教団体であれば、法人格がなくても、法人税法上の優遇を受けることになり、お布施や献金は非課税となります。

ですから法人税の優遇措置は、必ずしも宗教法人法の法人格とは連動していないことに留意する必要があります。宗教団体は宗教法人にならなくても、お布施などの寄付については税金を課されることがないのです。この点は、税金面と宗教法人法が連動していた戦前の宗教団体法制下とは異なります（Q67参照）。

この規定は、会費から成り立つ市民グループなどのボランティア団体に対する配慮からも設けられたものであり、規定そのものには合理性が認められます。しかし、この規定のために、解散命令により宗教法人資格を剥奪されたオウム真理教の信者が任意団体として活動を続け、お布施を集めた場合も非課税になります。

宗教法人法と法人税法とが切り離された結果から生じた矛盾ですが、今後は解散を命じられた後に任意団体となった宗教団体については、特則が必要なように思えます。

もともと非課税というのは、一種の恩典ですから、宗教法人の活動自体が「法令に違反して、著しく公共の福祉を害すると明らかに認められる行為をしたこと」（宗教法人法81条1項）でその宗教法人が解散して団体となったよう場合には、たとえば「解散命令後の宗教団体は、法人税法3条の適用はない」などの規定を宗教法人法か所得税法に規定し、法律上明確化するのが望ましいと考えます。

　もっとも、このような優遇措置は法人税法のものであり、人格なき社団が不動産を所有する場合には、個人名でしか登記できませんから、地方税は、一般の個人と同様の税金がかかります。つまり、人格なき社団の場合は、優遇税制の適用は宗教法人の優遇税制のうち、法人税に関するもののみであるということになります。

　ですから、「人格なき社団」であっても、収益事業で利益を生じたときは、法人税法66条により、一般の営利法人と同様に25.5パーセントの税率が適用されます（ただし、年間所得金額が800万円以下の場合は一般の営利法人と同様に15パーセントとなります）。

　なお、宗教団体を称していても、その活動が株式会社の活動と一体化し、株式会社の活動の一部とみられる場合は、当然、所得税法上の恩典はありません。

Q69 宗教法人が行うことのできる事業はどのようなものか

宗教法人は、どのような活動ができますか。宗教法人は、収益事業を行うことができるのですか。

A

●宗教法人法 6 条

　宗教法人は、宗教法人独自の宗教活動である本来の事業のほか、公益事業と、収益事業を行うことができます（宗教法人法6条）。

　もっとも宗教法人のできる収益事業の範囲は、次の34の事業に限定されています（法人税法施行令5条）が、その広さに驚かされます。

　　物品販売業▷不動産販売業▷金銭貸付業▷物品貸付業▷不動産貸付業▷製造業▷通信業、放送業▷運送業、運送取扱業▷倉庫業▷請負業（事務処理の委託を受ける業を含む）▷印刷業▷出版業▷写真業▷席貸業▷旅館業▷料理店業その他の飲食店業▷周旋業▷代理業▷仲立業▷問屋業▷鉱業▷土石採取業▷浴場業▷理容業▷美容業▷興行業▷遊技所業▷遊覧所業▷医療保健業▷技芸教授業▷駐車場業▷信用保証業▷無体財産権の提供業▷労働者派遣業

　このような収益事業について、宗教法人法6条2項は「宗教法人はその目的に反しない限り、公益事業以外の事業を行うことができる。この場合において、収益を生じたときは、これを当該宗教法人、当該宗教法人を包括する宗教団体又は当該宗教法人が援助する宗教法人若しくは公益事業のために使用しなければならない」と定めており、あくまでも収益事業は、本来の事業の趣旨に沿ったものである必要があり、収益事業が主目的になることは許さ

れません。

●違反した場合のペナルティ

　宗教法人がこの規定に違反した場合のペナルティについては、宗教法人法79条に「所轄庁は、宗教法人が行う公益事業以外の事業について第6条2項の規定に違反する事実があると認めたときは、当該宗教法人に対し、1年以内の期間を限りその事業の停止を命ずることができる」と定めています。しかし実はこのペナルティが科されたことは、昭和24年に現行の宗教法人法がつくられて以来、過去一度もありません。

　Q67のとおり、収益事業についても宗教法人には優遇税制が認められていますが、その前提として、この宗教法人法6条および79条が適正に運用されている必要があります。多くの破壊的カルトでは、宗教活動から得られる収入よりも、収益活動から得られる収入のほうが多くなっているという現状があり、いまだに宗教法人法79条の事業停止命令が出されていないこと自体、非常に問題であるといえます。

Q70 宗教法人となるためにはどのような条件が必要か

> 宗教法人として認められるために必要な条件には、どのようなものがありますか。

A

●宗教団体であること

　宗教法人法4条は「宗教団体はこの法律により、法人となることができる」と定めています。ですから、宗教法人となるには、まず宗教団体であることが必要です。宗教法人法2条では、「『宗教団体』とは、宗教の教義をひろめ、儀式行事を行い、及び信者を教化育成することを主たる目的とする左に掲げる団体をいう」と定めています。

　ところが宗教法人法には、宗教や教義についての定義がないことから、教義はどのようなものでも問わないとされています。俗に「いわしの頭も信心から」と言われるように、日本の実情に合わせたものといえるでしょうが、そのため、宗教法人の設立事務の基準があいまいになった感が否めません。

●手続

　次に手続ですが、宗教法人は、宗教団体が宗教法人法12条の規定に従い、規則を作成して所轄庁の認証を受け、登記することによって成立します。

　認証により、その宗教団体は国によるお墨付きを受けたという社会的信用と税制上の特典を受けることができるようになります。この流れを具体的に示すと、次のような手続が必要です。

　① 宗教団体の内部手続として設立会議の議決を得る（宗教法人となるこ

との決定、規則の作成、規則の認証の申請人・設立当初の代表役員・責任役員の選出、財産等の決定）。

② 被包括宗教法人を設立する場合には、包括宗教団体の承認を得る。

③ 規則の認証を申請する少なくとも1カ月前に信者その他の利害関係人に対して規則の案の要旨を示して宗教法人の設立の公告をする（宗教法人法12条）。

④ 所轄庁に対し規則の認証の申請を行う。規則で定める事項は、宗教法人法12条に定められている。

⑤ 申請書類の審査、現地調査などにより申請書を正式に受理する。

⑥ 受理後3カ月以内に規則の認証を受ける（宗教法人法13条・14条）。

⑦ 認証書の交付を受けた日から2週間以内に宗教法人の登記をする（宗教法人法52条）。

宗教団体は、所轄庁から規則の認証を受け、その主たる事務所の所在地において宗教法人の設立の登記をしたとき、宗教法人格を取得できます。宗教法人の設立の登記を完了したときは、遅滞なく所轄庁に届け出なければなりません（宗教法人法9条）。

Q71 オウム真理教事件で宗教法人法はどのような点が改正されたか

> オウム真理教事件を契機に宗教法人法が改正されたと聞いたのですが、どのような点が改正されたのですか。

A

●宗教法人法の改正の機運

1995年3月20日に14人の死者と6300人を超える負傷者を出した地下鉄サリン事件をきっかけとした一連のオウム真理教事件を契機として、1995年に宗教法人法が一部改正されました。宗教法人法は、1951年に制定されて以来一度も改正されておらず、1995年の改正が初めての改正でした。

●改正のポイント

改正のポイントは次の5点です。
(1) 全国的規模の宗教法人の所轄庁の国への変更
第1は、全国的に活動を続ける宗教法人の所轄庁を地方公共団体から国に移したことです。具体的には「他の都道府県内に境内建物を備える宗教法人」と、これらの法人を包括する宗教法人については、所轄庁が都道府県から国（文部大臣（当時））に変更されました（宗教法人法5条）。
これはオウム真理教のように全国的・世界的に活動を続ける宗教法人が、都道府県の所轄になっているのは不合理だという配慮からです。地下鉄サリン事件が起こるまで、国にオウム真理教の問題状況についての情報がほとんどなかったことや、この間オウム真理教の施設問題について苦しんだ静岡県や山梨県の住民は、わざわざ当時の所轄庁の東京都に出向いて苦情等を述べ

ても、他の地方公共団体でのことだからと問題を先送りする理由に使われたという反省に立っています。

これにより都道府県知事に認証を受けた宗教法人で文部大臣（当時）の所轄に移行した宗教法人は、創価学会、幸福の科学、統一教会など554法人に上りました（Q66参照）。

(2) 信者・利害関係人等への備付け帳簿類の公開

第2は、正当な利益のある信者および利害関係人に宗教法人の備付け帳簿類を公開させることにしたことです。具体的には、「宗教法人は、信者その他の利害関係人であって前項の規定により当該宗教法人の事務所に備えられた同項各号に掲げる書類又は帳簿を閲覧することについて正当な利益があり、かつ、その閲覧の請求が不当な目的によるものでないと認められる者から請求があつたときは、これを閲覧させなければならない」と改正されました（宗教法人法25条3項）。

宗教法人を運営するのは一部の幹部信者です。ですから問題を多発させる宗教法人の責任は、本来は幹部信者の責任だといえます。どんなにすぐれた教義や理想をもっていても、実際に宗教法人を運営するのは生身の人間であり、まったく誤りのない人間はいません。

ところが現行の宗教法人法制では、こうした宗教法人の活動の問題を是正するために、末端信者が関与する余地はほとんどないのが現状でした。この場合、暴走した宗教法人の活動に対し、所轄庁の権限を飛躍的に増大させるという方向もあり得ます。

しかし宗教法人にも憲法上の信教の自由があります。そこで宗教法人を直接的に規制する方法を避け、信者らによる内部からの自浄作用が起こることを期待し、自浄作用を図る前提として、正当な利益にある者に備付け帳簿の閲覧権を認めたのです。当然、信者が、これらの書類を閲覧して問題を感じれば、第一義的には教団内部の手続に則って問題を追及するということになります。また、帳簿を閲覧できる「利害関係人」には、宗教法人の債権者も含まれると解されています（平成8年9月2日付け事務次官通達。Q78参照）。

宗教法人から不法行為を受けた被害者も不法行為債権者といえますから、こうした紛争を解決するうえで、この規定の活用が期待されています。

(3) 帳簿類の写しの所轄庁への提出

第3は、これまでは備付け義務のみが課せられていた宗教法人の帳簿類の写しを、毎会計年度終了後4ヵ月以内に所轄庁に提出させるようにしたことです（宗教法人法25条4項）。

したがって、この改正法の施行時期（1996年9月15日）との関係で、1998年が初めての提出となりましたが、この提出義務が憲法違反にあたるとして、期限までの提出を拒否する教団もあり、過料の制裁までなされました。

もっとも帳簿の備付け義務違反、不実記載、提出義務違反に対する過料の制裁（宗教法人法88条）といっても、その額は1万円以下とされ、宗教法人法が制定された1951年以来変更がなく、制裁の観点からみれば時代にそぐわないのが実情です。

(4) 所轄庁の調査権

第4は、解散命令などを下す前提として、所轄庁に、宗教法人に報告を求めたり質問できる調査権を付与したことです（宗教法人法78条の2）。ただし権限が濫用にならないようにとの配慮から、あらかじめ宗教法人審議会の意見を聞かなければならないとされています（同条2項）。

(5) 宗教法人審議会委員の増員

第5は、15人の宗教法人審議会の定員を20人に増加したことです。宗教法人審議会の委員は、「宗教家、宗教に関し学識経験がある者のうちから、文部大臣が任命する」（宗教法人法72条2項）とされていますが、1995年改正当時は、15人中11人までが宗教団体の代表委員でした。これでは中立的な審議会運営が難しいこともあり、中立委員を増員するための改正措置といわれています。

第3章　宗教と社会

Q72　オウム真理教は現在どうなっているか

> オウム真理教はどうなっていますか。解散させられないのですか。被害者はどうなっているのでしょうか。

A

●オウム真理教のその後

　オウム真理教は、2000年2月に「アレフ」という名称に変更し、2007年5月、少数派「ひかりの輪」が話し合いのうえで分流し、その他にもいくつか小さな分派があります。つまり、今も残っています。

　公安調査庁によれば、2014年現在、日本国内で信徒数1650人、保有する資産は約6億9000万円相当、全国15都道府県に施設数32ヵ所になるとしています。ただ、出家者数はうち300人ほどで、教団の専従はうち100人程度だと思われます。他の出家者は、資金確保のために教団に関係するソフトウェアなどの会社や一般の派遣社員などとして働いていますが、それでも教団に衣食住の生活を管理され、情報は教団から得るのみです。在家信徒も多くはオウム以外の情報を耳に入れようとしません。

　施設としては、2010年3月29日、東京都足立区入谷の中古ビルと土地527平方メートルを1億円余りで、アレフが関連会社「合同会社宝樹社」名にて取得したことが注目されます。地元の足立区との間で、都市ガス配管のための道路占有許可や独自の区条例のことなどで、さまざまな裁判を続けています。それまでの実質本拠地であった世田谷区烏山の賃借ビルには、「ひかりの輪」だけが残っています。

　アレフは、代表者は共同幹事2人だとしていますがしばしば交代し、実際は教祖の妻と三女が指導してきました。内部では「尊師のため死ぬのは喜

び」と唱和もしています。2009年6月からは在家を対象として麻原説法映像（「信徒用説法集DVD」全14巻、1巻3万円）を販売し始め、また2012年6月には架空の著者名で教祖の説法を載せた書籍『チャクラとクンダリニー』が出版されています。

　また、教祖麻原こと松本智津夫の妻と二女、三女、そして幼かった長男、次男らの生活資金は、1995年の後も教祖の妻の絵画を使用している料金名目の金銭でアレフから支給され、「脱会者」と称する「お付きの者」ら現役信者が負担し、子どもらは教団の教えのもとに育てられてきました。

　2014年になると、アレフは、長男・次男ともに成人したからでしょう、2人の生誕祭を行い、絶対的な指導者「グル」として活動することを望む態度を示します。長男と次男は教祖から「生まれながらの最終解脱者」とされており、地位も三女らより高く、1997年頃の一時期は麻原教祖の獄中指示により「教祖」扱いされてもいました。しかし、2014年10月以降、アレフ相手に、長男が氏名や写真の使用差止めと名誉棄損の損害賠償請求訴訟を、三女が名誉棄損の損害賠償請求訴訟を起こしています。長男や三女は、麻原教祖の妻や次男とも対立しています。「麻原家」とアレフ内部に混乱があることはみてとれますが、1995年の教団施設への火炎瓶攻撃と同様に、つまりは自作自演の行為ではないかが注目されます。

　いずれにしても、今再び絶対的な指導者たる「グル」が出現しないかが最も心配されます。オウム事件はすべての人の輪廻転生を知るという絶対者「麻原彰晃」の指示のもと、まず内部の事件、外部への事件そして無差別殺人へとエスカレートしていったものだからです。なお四女は、未成年のうちに家出して離れて生活し、もろもろ混乱がありましたが、長男や次男が真に脱会する時を待っています。

　そのような中の2010年11月、埼玉県の施設周辺で、70歳の男性が62歳の元妻であった出家者女性を刺殺しました。妻が娘らをつれて出家し、20年ほどたっても戻らない子もいる状況で、高齢になって起こった悲劇でした（2011年5月さいたま地裁判決にて懲役13年）。なお、一連のオウム事件で有期懲役

刑となった者は2010年までにはほとんど出所し、10人以下ですが教団に戻っています。また、2011年末、17年間近く逃亡していた男性が自ら出頭して逮捕され、ついで彼をかくまってきた女性が、著者の1人の援助のもと自首しました。2012年6月には、逃亡していた女性、ついで地下鉄サリン事件の運転手役の1人である最後の逃亡犯高橋克也被告が逮捕されました。2015年1月になってようやく始まったこの刑事裁判が、一連のオウム事件の最後の裁判でありサリン事件として初めての裁判員裁判となります。

一方、「ひかりの輪」は、教祖から弥勒菩薩を意味する「マイトレーヤ正大師」の称号を授かった上祐史浩が指導しています。上祐は、麻原彰晃を教祖としないとし、説法会のほか神社仏閣など霊地をめぐる活動などしています。収入状況はじり貧ですが、「麻原を教祖としない、オウム真理教ではない」として一部のメディアや知識人を巻き込んでおり、予断を許しません。

その他いくつかの分派がありますが、計100人以下です。しかし、たとえばケロヨンクラブという分派で2005年9月、竹刀で多数回叩くことにより死亡させた刑事事件が起こったように（2014年12月代表女性の懲役8年が確定）、代表次第で、一気に過激化していく傾向があるだけに関心を怠れません。

比較すると1995年3月当時の信徒数は、国内で出家1400人以上、在家1万4000人以上、ロシアの信徒は3万人でしたから、1650人という数字は、激減はしてはいます。ですが、新たな信徒も入っていて相談はやみません。アレフは、団体名を隠したままヨガ教室や、占いのホームページやSNSを使い、事件のことを聞いても「すべてでっち上げ」とし、次に「スパイがやった」、「弟子が暴走しただけ、教祖は関係していない」とだまして勧誘しています。オウム事件は、若い人にとって教科書に出ているような「過去のこと」であり、憂慮されます。

なお、公安調査庁は、ロシアの信徒は約160人、数か所の施設が残存しているとしており、出家者ら数人が時にロシアに行くことも確認されています。

●宗教法人としては解散、そして破防法、財産処分、団体規制法など

オウム真理教は、法人としては1995年10月29日東京地裁から解散命令が出され、同年12月19日東京高裁の即時抗告棄却で解散が確定しています。宗教法人法81条1号所定の「著しく公共の福祉を害すると明らかに認められる行為をした」と認定された団体なのです。

ですが、「団体」としては存在します。これにつき、公安調査庁が同年5月24日、破壊活動防止法（以下、「破防法」という）上の調査団体に指定し、1996年7月11日には公安審査委員会に「団体について解散指定」を請求しました。破防法上、初めてのことでしたが、教祖麻原に教義などを得意満面に弁明する場を与えただけでした。結局、「暴力主義的破壊活動」を「継続又は反覆して」なす「明らかなおそれ」が認められる「十分な理由」はないので要件を満たさず、委員会は1997年1月31日、破防法の解散指定請求を棄却しました。

この破防法上の解散指定や宗教法人の解散命令には、まともな財産処分規定がないという欠陥があり、それは「破産制度」によるしかありませんでした。1994年12月8日、まず被害者ら自身が氏名などを明らかにする恐怖を押し切って破産を申し立て、1996年3月28日、破産が決定されました。破産管財人となった故阿部三郎弁護士らによる財産処分が始まり、1996年末までに山梨県上九一色村の施設などから信者すべてを退去させました。

●2000年の団体規制法

1999年12月7日、「無差別大量殺人行為を行った団体の規制に関する法律」（以下、「団体規制法」という）が成立しました。破防法の解散指定請求が棄却されたことを受けて、別に監視する方法が編み出されたのです。これにより教団は、2000年1月31日から3ヵ月ごとに施設、信者、活動状況を報告しなければならず立ち入りにも応じる義務のある「観察処分」を受けています。

この決定は公安審査委員会により3年ごとに更新されています。対象団体は、「麻原彰晃こと松本智津夫を教祖・創始者とするオウム真理教の教義を広め、これを実現することを目的とし、同人が主宰し、同人及び同教義に従う者によって構成される団体」です。本来、分派もすべて含みますが、現実に処分されているのは「アレフ」と「ひかりの輪」のみです。

これに対し、主流派「アレフ」は観察処分の決定・更新決定を取り消すよう毎回のように訴訟を提起してきましたが、裁判所は棄却し続けています。「ひかりの輪」は、2015年1月の更新決定に対し、一部知識人らを巻き込んで初めて訴訟を提起する構えです。

団体規制法には、団体の活動として特定の違法行為をしようとしていたり、メンバーなど急激に増加したときなど、6ヵ月間は実質何もしてはならないとする「再発防止処分」の規定もあり、公安調査庁がこれをどこかの段階で請求するかどうかが注目されます。

●事件被害者の民事救済

破産手続による民事救済にも、従来の制度のままでは限度がありました。税金が人身被害者よりも優先してしまう破産法の規定や、地下鉄を管理する東京都などへの賠償債務も大きく、被害者への補償が不十分すぎることです。そこで運動の結果、1998年4月24日「オウム真理教に係る破産手続における国の債権に関する特例に関する法律」が成立し、税金は優先しないことになりました。地方税についても徴収特例の条例ができました。

また、破産制度は、それが決定された時点の財産だけで「破産財団」を形成し、その後の集団が財産を作っても配当に回すことができません。これは、団体としてのオウム真理教の存続復活を容易にしてしまうことにもなります。そこで、さらに運動により1999年12月7日「特定破産法人の破産財団に属すべき財産の回復に関する特別措置法」が制定され、後に教団が取得した財産も既存団体から「流出したと推定」されました。

これらの影響で、破産管財人とすでに法人格はないが「権利能力なき社

団」である教団は、2000年7月6日、賠償契約を結んでいます。結局、破産制度による配当は、外部の人身被害者に対して36.87％（寄付金を含めれば40.39％）という一般の破産実態からは高い配当率にまでなりました。

しかし、人身被害であるという特質から足りるものではありません。日本でも犯罪被害者等基本法が2004年12月8日に成立して、犯罪被害者等への給付金が増えましたが、オウム事件の被害者に遡っての適用はされないものでした。一方、米国は2001年9月11日アルカイダによる同時多発テロの人身被害につき、数カ月を経ずして被害補償をしました。そこで被害者らは、オウム事件も国に対するテロ事件であり、さらに警察などがまともな捜査していればここまでの被害にはならなかったことを訴え、広く運動を展開しました。

その結果、2008年6月23日「オウム真理教犯罪被害者等を救済するための給付金の支給に関する法律」（以下、「2008年救済法」といいます）が成立しました。一連のオウム事件のうち外部人身被害者につき10万円から3000万円を国が補償しました。また、地下鉄サリン事件の死亡者は、刑事裁判では12人であったが実は13人であること、障害を受けたのも5000人余りではなく6300人にも上ることが判明しました。この法律制定を受けて、「宗教法人オウム真理教」の破産手続は、2009年3月19日、正式に終結しました。

なお、上記とはまったく別に、早期に、信者の親らの集まり「オウム真理教家族の会（旧被害者の会）」の提唱で「被害見舞基金」がつくられ、信者家族や脱会者137名が1295万6107円を拠出し、1996年中に外部死亡者遺族に50万円ずつ受領していただいたほか（受領されないご遺族もいました）、破産管財人がつくった寄付口座に271万7498円を入金してします。

ですが、重い障害を負っている方らもおり、医療・療養体制は備えられていません。被害者らへのその後に向けた継続的なケアも調査体制さえもないままです。政府も国会も、事件の原因や背景、行政や警察の対応といった点、被害実態とその後の経緯などについて、いまだに調査体制もとらず、調査報告もまとめないままでした。米国では、ふるく1978年の人民寺院事件でも調査報告などをしっかりしており、あまりに落差があります。

第3章　宗教と社会

●今後の民事救済とオウム集団への対策

　まず教団は、存続する限り2008年救済法に基づく国の支払いにつき国からの求償権に応ずる義務のほか、これに優先して被害者自身のいまだ補償されていない請求に応じなければなりません。国からの補償は、もちろんオウム集団の責任を免除しません。そこで破産管財人は、破産終結の直前である2009年3月18日に裁判所の許可を得て、自らもつ教団への賠償請求権残金を、「オウム真理教犯罪被害者支援機構」（代表宇都宮健児）に債権譲渡しました。同機構が教団から賠償金を回収し、被害者の補償されていない支払いをすることになります。

　そもそも、破産管財人と教団との間には、先に述べた2000年7月6日付賠償契約があります。具体的には、教団は破産手続上確定した債務（51億5830万9374円）を引き受け、破産配当で足りなかった部分を、まずは2005年6月末日までに内金9億6000万円を分割して支払うという契約を締結しているのです。いったん合意し債権が有効に譲渡された以上、破産業務が終結してもまた教団が分裂しても、債権譲渡を受けた先に支払う義務があります。

　しかし、9億6000万円は支払われませんでした。アレフと破産管財人は、2005年9月7日あらためて合意書を交わしたものの、再びまともに支払われませんでした。分裂後の「ひかりの輪」は、破産が終結した後の2009年7月6日、支援機構との間で合意書を交しましたが、その目標額に達しないままです。本流のアレフに至っては、支援機構との合意もしないまま、賠償ではないとして細々と「共助基金」という口座に入れるだけで、支援機構の銀行口座「みずほ銀行銀座通支店、普通、2110016、オウム真理教犯罪被害者支援機構」に入金してきません。

　そのため同機構は、2012年3月、アレフ相手に調停を起こし、2015年2月現在、係属中です。そしてこの調停の影響で、アレフは前記の麻原説法DVDの内部販売も中止しています。同機構は、著作権＝破産者オウム真理教の設立準備の段階以降、本件破産決定までに、破産者のために作成または

譲渡されていた説法、詞章、歌詞、音曲、写真、絵画、録音・録画など一切の著作権および著作物に関する権利を含む＝を、破産裁判所の認可も受け、破産管財人から譲り受けているからです。

● 「ひかりの輪」の評価

弟子中の最高位「正大師」である上祐史浩は、1999年12月末、出所してきました。そして、教団の実権を握って2000年２月、名称を「アレフ」と名を変え、教祖が事件に関与したことを認め、謝罪するとしました。当時、教祖の説いた教えのうち「タントラヴァジラヤーナ（目的のためには手段を選ばないぞ！）」という教えは「封印」したとしました。

しかし、上祐は2000年１月16日頃の幹部会で、「教団を拡大して尊師の死刑を止める」、「21世紀サイバー教団としてインターネットで布教活動をする」、「謝罪し被害補償活動を行い、（これを）発表することでマスコミを味方につける」などと言っていました。また事件の被害者を「守護者」と呼ぶ、としました。内部では、教祖の指示で殺された人は、今は教祖に感謝していると説明しているのです。また、死刑になると思われる重罪を犯した信者たちのことを、「大いなる艱難（かんなん）を与えられた祝福された魂である」と言った幹部もいます。殉死であってすばらしいという趣旨です。

実際、教祖の説法は2003年、「パーフェクトスピーチ」として内部で再発行され、いまも教学本にて使われています。「アレフ」という名称も、教祖が1995年５月16日に逮捕された後の獄中指示で決めていたと判明しました。

その上祐が、2007年５月７日、自らが代表となって団体「ひかりの輪」をつくりました。その総括文書では、麻原の教えは捨てた、深く反省している、などとしています。しかしこの大分裂に先立って、会計や居住場所は、主流派「アレフ」と話し合って分けられました。また「ひかりの輪」は、正大師の上祐以下、麻原が解脱認定をした位階に従っています。上祐は東京・亀戸の炭疽菌噴霧事件（1993年）にも関与しましたが、主に「嘘をつくのがワーク」として、メディア相手にウソをつき続けることが仕事でした。1989年11

月に起きた坂本弁護士一家殺害事件の時から1995年の強制捜査時のメディア報道でも、国民に向けて嘘をつき続けてきた人です。そして懲役3年とはいえ「偽証罪」などで服役してきたのです。いわば、ナチスの宣伝相ゲッペルスが、出所してきた後に、ナチスの残党の一部を率いて、「ヒトラーの危ない教えは捨てた。団体名は『ノチスの輪』だ」と言って活動しているようなものではないでしょうか。真実、オウム真理教を辞めたのならば、いかに宗教好きであったとしても、麻原に認定された権威など恥ずかしくて利用できず、当時の人を弟子になどできないはずです。

Q73 宗教法人の所轄庁はどのような権限があるか

宗教法人に対し、所轄庁はどのような権限があり、またどのような場合に解散命令などの措置をとる義務がありますか。

A

●**宗教法人の自律的運営が原則**

宗教法人法は、宗教活動の自由を最大限に保障するため、1995年改正（Q71参照）までは認証後に所轄庁に活動を報告する義務を定めた規定はなく、所轄庁にも調査権限はありませんでした。そのうえ行政庁の関与は最小限に抑えられ（認証が必要なのは、宗教法人の設立、規則の変更、合併、任意の解散だけでした）、各宗教法人の自主的、自律的運営に委ねるのが建前となっていました。

たとえば、現在でも、役員の資格・任免、法定の役員以外の機関の設置、宗教活動以外の事業の実施、財産処分の方法などは、それぞれの宗教法人の特性に応じて自主的にその規則で規定できます。宗教法人は他の公益法人とは異なり、基本財産などの処分について所轄庁の承認を必要としません。改正前は、備付け帳簿類の所轄庁への提出義務もありませんでした。いわば、認証後はほぼフリーハンドの権利を宗教法人は有していたのです。このような点から、宗教法人法は「宗教法人は違法行為を行わない」という性善説に立って制定されたと言われています（性善説の問題点についてはQ62参照）。

●**所轄庁が有する権限**

もっとも、こうして設立された宗教法人に対し、所轄庁が有する権限として、次の三つ場合が例外として規定されています。

第1は、収益事業の停止命令です（宗教法人法79条）。宗教法人は公益事業以外の事業である収益事業も行うことはできますが（Q69参照）、それは宗教法人の目的に反しない限度で、かつその収益も宗教法人ないし公益事業に使用することが条件です（宗教法人法6条の2）。これに宗教法人が違反したと認められる場合には、所轄庁は、1年以内の期間に限り、その収益事業の停止を命ずる権限が与えられています。

第2は、認証の取消しです（宗教法人法80条）。宗教法人の認証の条件として、その団体が「宗教団体」であることなどの要件が必要ですが（宗教法人法14条1項。Q70参照）、このような要件が後で欠けていることが判明した場合にまで認証を維持するのは問題です。そこで所轄庁に対し、認証書交付日から1年以内に限り、認証を取り消すことを認めています。

第3が、裁判所に対する解散命令請求権です（宗教法人法81条）。認証した宗教法人の前提である宗教団体が、その後の教祖の死亡などですでに存在しない場合には、教団自らの解散ができない場合ですから外圧的な解散が必要ですし、本来公益的な事業を営むことを期待された宗教法人が「法令に違反して、著しく公共の福祉を害する」行為をするなどした場合にまで、宗教法人という恩典を与えることは背理です。したがってこのような場合には、所轄庁、利害関係人、検察官に、裁判所への解散命令請求権を認めています（解散命令についてはQ75参照）。ところが1995年10月30日に、東京地方裁判所において、オウム真理教へ解散命令が出されるまでは、活動中の宗教法人に対しては1件の適用例もないというおそまつな状態でした。収益事業の停止や、認証の取消しはいまだに出されたことはありません。

●所轄庁の調査権

そこでQ71で指摘しているとおり、1995年改正により、所轄庁の権限として、宗教法人の備付け帳簿類の所轄庁への提出義務と、所轄庁の調査権などが新たに認められたのです。

なお、調査権の具体的内容は、宗教法人に報告を求めたり、質問したりす

ることですが、その対象は、すでに所轄庁の権限として認められている前述の三つ、つまり①収益事業の停止命令、②認証の取消し、③裁判所に対する解散命令請求の三つの権限を行使する場合に限定され、かつ事前に宗教法人審議会からの了承を得なければならないとされています。

いまだに違法な活動を続けている宗教法人が後を絶たないことから、その運用がきちんとなされる必要性を痛感します。

第3章　宗教と社会

Q74 オウム真理教事件が放置された理由とは何か

> オウム真理教は地下鉄サリン事件が起きるまでなぜ放置されたのですか。また、オウム真理教のような問題のある宗教法人には、どのような措置をとることができるのでしょうか。

A

●オウムの捜査には問題あり

　オウム真理教は、1995年に地下鉄サリン事件を引き起こす前に、すでに1989年に田口さん殺害事件と坂本弁護士一家殺害事件、1994年に松本サリン事件を引き起こすなど、重大な殺人事件を引き起こしていました。この間にきちんとした捜査がされていれば、地下鉄サリン事件が起きなかったことを考えると残念でなりません。

　そのうえ警察は、地下鉄サリン事件の直前の２月28日に起こった目黒区公証役場事務長拉致監禁致死事件において、同日には第一発見者の通報でほぼオウム真理教が引き起こした犯罪と特定されたにもかかわらず、あえて３月４日から少しずつ同事件をマスコミなどにリークし、３月22日から始まる強制捜査を是認させるような世論誘導を行いました。もしすぐにこの事件でオウム真理教を捜査していれば、被害者である假谷さんの命は救われた可能性があります。

　オウム真理教は、当時上九一色村にあったサティアン群でも、建築基準法や消防法などに違反する建物を多数建設していました。ところが行政の立入調査も形式的で、結果的に、調査したはずの第７サティアンにサリン製造施設がつくられていました。

　宗教法人法86条は「この法律のいかなる規定も、宗教団体が公共の福祉に

反した行為をした場合において他の法令の規定が適用されることを妨げるものと解釈してはならない」としています。つまり宗教法人が刑事事件を起こせば刑事事件として、脱税すれば脱税事件として、普通の人と同様に処理されなければならないことは明らかです。

●なぜ捜査が適正になされなかったのか

このような規定が宗教法人法に用意されていることを考えると、オウム真理教の暴走は宗教法人法の問題だけでなく、もっと別な理由があったとも考えられます。

一つ目の理由は「信教の自由」の問題を過度にタブー視したことです。そのために法の運用が甘くなったことが一因となったといえます。「宗教だから、多少の行き過ぎはあるよ」、「宗教だから多少の脅しはつきものだ」などと、今でもこうした意見を述べる学者や評論家もいるのは困ったことです。宗教団体が特別扱いされるという考え方自体が、本来の政教分離に反する考え方であることに注意する必要があります。

二つ目の理由は、暴力団を相手にしているときにみられるような「うるさい団体には目をつむる」式の対応です。オウム真理教は、1989年に東京都から宗教法人の認証を受けるにあたって、認証を慎重に行う意向を示していた東京都や担当職員の自宅まで多数の信者で押しかけたり、裁判を起こすなど、威圧的な行動を繰り返し行いました。

三つ目の理由は、オウム真理教のような、ある程度国民に名の知れた団体に手を出すと、立件に失敗したときの非難が怖いという、「大企業には目をつむる」式の対応もあったと思います。そのために慎重すぎる対応がとられる結果となりました。

つまり、オウム真理教への対応の遅れは、「信教の自由」に対するタブーという問題だけではなく、日本社会に広く蔓延している「ことなかれ主義」が引き起こしたともいえるでしょう。その意味で、オウム真理教事件は日本的な事件であり、諸外国で起こった破壊的カルトに関する事件の中でも、特

殊なものとなっています（Q31、Q72参照）。

　今後二度と地下鉄サリン事件のような事件を引き起こさないためには、宗教法人の情報公開のしくみを確立するなど、教団の自制がおのずから働きやすい法的なしくみに変えていく必要があります。その意味で、宗教法人へ備付けを義務づけられている帳簿などを信者らに公開させる規定などを盛り込んだ1995年宗教法人法改正（Q71参照）は、非常に重要な意義があるのです。

Q75 宗教法人への解散命令とは何か

宗教法人オウム真理教には解散命令が出されたようですが、解散命令とは何ですか。また、破産手続との違いはどのようなものでしょうか。

A

●解散命令の規定

東京地方裁判所は、オウム真理教に対し、1995年10月30日に解散を命じました（判例時報1544号43頁）。裁判所は、決定の中で、オウム真理教が、組織的に「不特定多数の者を殺害する目的で、平成5年11月ごろから6年12月下旬までの間に、山梨県上九一色村の教団施設内にサリン生成化学プラントを建設し、サリン生成原料をプラント内に投入し作動させ、人を殺害する目的以外には用途がない毒ガスであるサリンの生成を企て、もって殺人の予備をしたこと」が、宗教法人法81条1項1号および2号前段に該当すると判断しています。

宗教法人法81条1項は次のとおり定めています。

「裁判所は、宗教法人について左の各号の一に該当する事由があると認めたときは、所轄庁、利害関係人若しくは検察官の請求により又は職権で、その解散を命ずることができる。

一　法令に違反して、著しく公共の福祉を害すると明らかに認められる行為をしたこと。

二　第2条に規定する宗教団体の目的を著しく逸脱した行為をしたこと又は1年以上にわたつてその目的のための行為をしないこと。

三　当該宗教法人が第2条第1号に掲げる宗教団体である場合には、礼拝の施設が滅失し、やむを得ない事由がないのにその滅失後2年以上にわ

たつてその施設を備えないこと。
四　1年以上にわたつて代表役員及びその代務者を欠いていること。
五　第14条第1項又は第39条第1項の規定による認証に関する認証書を交付した日から1年を経過している場合において、当該宗教法人について第14条第1項第1号又は第39条第1項第3号に掲げる要件を欠いていることが判明したこと」。

　条文は難しいという方は読み飛ばして結構ですが、裁判所は、オウム真理教が、この81条1項1号の「法令に違反して、著しく公共の福祉を害すると明らかに認められる行為をしたこと」および2号前段の「宗教団体の目的を著しく逸脱した行為をしたこと」の、2点を認定して、オウム真理教に解散を命じたのです。

　ところで、これまでに決定された解散命令は、すべて2号後段（「1年以上にわたってその目的のための行為をしないこと」）以下を理由としたものでした。2号後段以下は、すべて宗教法人が休眠化ないし形骸化している事例の解散命令です。その意味でオウム真理教への解散命令は、現在でも宗教活動を続けている宗教法人に対する初めてのケースです。

　教団側で解散命令に不服があれば、裁判の告知の日から1週間以内であれば、即時抗告ができます（民事訴訟法332条）。即時抗告が棄却されても、5日以内であれば、憲法違反を根拠とする場合に限り、最高裁判所に対し特別抗告を申し立てることもできます（民事訴訟法336条）。オウム真理教は、東京地方裁判所の決定を不服として即時抗告を申し立てましたが、東京高等裁判所も、その後に続く最高裁判所もオウム真理教の抗告を棄却しました（最高裁平成8年1月31日決定・判例時報1555号3頁）。特別抗告には、実務上執行停止の効力はありませんので、東京高等裁判所で即時抗告が棄却された時点で、オウム真理教の清算が開始し、オウム真理教は清算法人となりました。

　解散命令は、その宗教団体の法人格を剥奪する手続です。解散命令が開始されると、当然に法人名義の財産の清算手続に移行します。

　さらに、翌年3月、東京地方裁判所は、被害者らへの損害賠償債務のため、

オウム真理教は債務超過・支払不能の状態にあるとして破産の決定をしました（東京地裁平成8年3月28日決定・判例時報1558号3頁）。

その後、1995年に霊視商法で摘発された宗教法人明覚寺に対しても和歌山地裁平成14年1月24日決定により、宗教法人法81条1項1号および2号前段違反で解散命令が認められました（宗務時報107号61頁）。名古屋高等裁判所および最高裁判所でもこの決定は維持されています（各2002年9月27日決定・宗務時報108号95頁、2002年12月12日決定・同頁）。

●解散命令は宗教団体としての活動は制限しない？

解散命令という手続は、あくまでもその宗教団体の法人格を剥奪する手続にすぎません。その財産の清算も、その宗教法人がその時点までにもっていた財産を清算するだけです。オウム真理教の場合は、法人格が剥奪されても宗教団体としての活動はできるわけで、その活動に制限はないのです。つまり宗教法人の認証を受ける前の生身の宗教団体の状態に戻るだけなのです。したがって、宗教団体であるオウム真理教が、解散命令後の活動で得た財産は清算を要する財産に組み入れられることもなく、宗教団体オウム真理教も自由にその財産を使用することができるとされています。このことは破産手続でも同様な結論とされています。

しかし解散命令を下されたこと自体は、宗教法人オウム真理教の背後にある宗教団体オウム真理教も否定的に評価されたということが明らかなのですから、サリン事件の被害者らへの補償が十分になされないことの陰で、オウム真理教が増殖していくことは不合理です。そのためこの法の不備には対策が立てられていますが、なお不十分です（Q72参照）。

また宗教法人資格剥奪後の宗教団体でも、一部税法上の特典（Q68参照）を受ける不備も指摘できますが、被害者への賠償の点でも法の不備を是正する方策が必要でしょう。

Q76 外国のカルト対策はどのようなものか

外国のカルトに対する対策はどのようなものですか。

A

● 重要なEC決議

　欧州共同体（EC、現EU）では1984年5月、議会本会議で「宗教団体に与えられた保障の下で活動している新しい組織によるさまざまな法の侵害に対する欧州共同体加盟諸国による共同の対応に関する決議」（いわゆる「EC決議」）という宗教カルトの問題に関する画期的な決議を採択しました。この決議は、加盟各国やECに対してカルトについての政策や行動の指針を示したものであって、決議自体は法的拘束力をもつものではありませんが、その後のヨーロッパ各国がカルト問題に対処する指針となりました。

● EC決議の13の判断基準

　EC決議の中で最も重要な点は次の2点です。
　第1に、ECの関係閣僚理事会（内務、司法、社会の各理事会）は、できる限り「ある種の組織から生じている諸問題について情報交換を行うこと」が必要であるとされ、その際、公益法人としての地位や免税特権付与等の手続、各国の労働法や社会保障法や適用上の問題などが、特に留意すべき事項とされました。
　第2に、これらの組織の活動の評価を行う際には、以下の13の判断基準を適用することが必要だとされました。
　① 未成年者は、組織のメンバーになるのと同時に、その人生を決定してしまうような正式の長期献身（著者注・出家と同義）を行うよう勧誘さ

れてはならない。

② 金銭的または人的な貢献をする場合、相応の熟慮期間が設けられるべきである。

③ ある団体に参加した後も、家族や友人との間で連絡が許されなくてはならない。

④ メンバーが、大学や高校などで学ぶことは妨げられてはならない。

⑤ 個人の「妨げられることなく組織から離れる権利」「直接または手紙ないし電話で家族や友人と接触する権利」「助言を求める権利」「いつでも医師の手当を求める権利」は、尊重されなくてはならない。

⑥ 何人も、特に資金獲得活動に関して、物乞いや売春などによって、法を破るようにそそのかされてはならない。

⑦ 外国人旅行者を終生、組織に引き入れてしまうような勧誘をしてはならない。

⑧ 伝道の間は、その組織の名称および主義が、常にただちに明らかにされていなくてはならない。

⑨ そのような組織は、要求があれば、権限ある官庁に対し、個々のメンバーの住所または所在を告知しなくてはならない。

⑩ 組織は、組織のために働いている個々人が社会保障給付を受けることを保障しなくてはならない。

⑪ 組織はそのメンバーを組織の利益のために外国に旅行させるときは、その者を本国に戻す責任（特に病気になったとき）を負わなくてはならない。

⑫ メンバーの家族からの電話および手紙は、ただちに取り次がれなくてはならない。

⑬ 組織内にいる子どもについては、教育や健康、さらには悪循環の除去等について配慮されなければならない。

以上の13の基準をみると、現在わが国が抱える破壊的カルトの諸問題について網羅的に言及しています。この問題は、世界的に共通の面が多いことが

第3章　宗教と社会

よくわかります。

●EU各国の対策

その後フランスでは、1985年4月に「ヴィヴィアン報告書」と称される議会報告書が出され、オウム真理教事件後の1996年1月には「フランスにおけるセクト」（ヨーロッパで「セクト」とは、日本やアメリカでの「カルト」と同じ意味で用いられています）と題する議会報告書が出され、カルトの現象について10項目を明示しました。

まず個人にとっての危険として、次の5項目をあげています。

① 精神の不安定化。
② セクトによっては、信者に対して法外な経済的要求をする。
③ 信者の生れ育った環境との断絶がよくみられる。セクトの内部でより密やかに、しかし現実的に行われ、そこでは信者は一見普通の家庭的・社会的生活を送り続けるが、戒律により次第に外部の社会との関係を断つようになる。信者がより多くの時間を、儀式や信仰などセクトのために割くように仕向ける。そして、彼らの心に疑いを起こさせ、批判の精神を目覚めさせ、最終的にセクトから抜けさせるような人物との接触をすべて断たせる。
④ あるセクトの修行は、信者の肉体全体を損なう。虐待、殴打、傷害、監禁、危険な状態にある者の放置、不法医療行為、性的暴力なども行われている。
⑤ 「児童徴用」は28教団が行っている。

次に、社会にとっての危険として次の5項目をあげています。

⑥ いくつかのセクトは明らかに反社会的な教説を唱えている。
⑦ いくつかの組織は、公共の秩序混乱をあおっている。
⑧ いくつかのセクトには裁判沙汰がついて回っている。一つは、セクトがその行為の違法で有害な性格により起訴されるという面、もう一つは、セクトが自身のイメージを傷つけられたとして誰かに対し行動を起こす

場合である。セクト教団に対する否定的な意見を公に述べた人たちのほとんどが、セクトにより名誉毀損で裁判所に訴えられていた。
⑨　多くの経済回路（circuits économiques）の操作がみられ、51の団体が行っていることが、総合情報局の調査により確認されている。
⑩　セクト対策の政府・行政当局への浸透あるいは潜入を企てている。

　ドイツ政府は、1996年12月以降、市民向けに、統一教会などの各カルト教団について注意を呼びかける教団別のパンフレットを発行しています。ベルギーでも1997年4月に、カルトに関する議会報告書が出され、市民にテレビやパンフレット等で警戒を呼びかけています。スイスや北欧各国、スペインなどでも政府が注意を呼びかける努力を重ねています。

　さらにフランスでは、2001年6月、いわゆるセクト対策法が採択されました。正式には、「人権と基本的自由を侵害するセクト的団体の防止および取締を強化する2001年6月12日の法律」です。この法律は、一種のマインド・コントロール罪ともいうべき犯罪類型「無知・脆弱性不法利用罪」を処罰対象とし、刑法に導入しました。「重大なまたは反復した圧力行為、またはその判断を歪める技術の結果、心理的または身体的服従状態にある者に対して、その者に重大な損害を与えうる作為または不作為に導くために、その者の無知または脆弱状態を不法に利用すること」を、3年以下の拘禁刑または37万5000ユーロ以下の罰金としたのです（法名、罪名、法文の各翻訳は小泉洋一甲南大学教授の論文「フランスにおけるセクト対策と信教の自由」甲南法学46巻4号75頁（2006年）によります）。

●宗教法人認可や税制

　セクトに比較的寛大とされているアメリカでも、上院調査委員会が、1995年10月には、「大量殺戮兵器の国際的拡散：オウム真理教事件に関する研究」と題する報告書をまとめています。またアメリカでは、宗教を口実にした詐欺・強迫的金集めや、脱税、人権侵害行為に対しては、日本以上に厳しい刑罰が科され厳しい損害賠償も命じられています。文鮮明が脱税でアメリカの

刑務所に入ったことがその象徴といえるでしょう。

　カルト問題への対処は、各国の宗教法人認可の基準や宗教団体への課税制度のあり方で大きく異なっています。ポーランドのように比較的簡単に宗教法人格を認める国とエホバの証人も宗教的法人格が認められないチェコなどで、カルトの活動の実情も違います。イタリア・スペイン等のカトリックの影響の強い国は比較的カルトに対して寛大でしたが、サイエントロジーへの警戒が強まって、EU各国で協議しつつ対策が進められています。他方、ロシアのようにギリシャ正教を国教的に扱い、他の宗教団体を差別する国もあり、カルト対策と信教の自由の問題が各国で微妙に錯綜しています。イスラム教に対する警戒や宥和策なども微妙に影響しているようです。

　中国政府は、法輪功を邪教（カルト）とし、信者であるだけで強い迫害を受ける実情がある一方、法輪功は内情を明示しないまま、日本や欧米各国で中国政府の人権侵害を告発する活動を展開しており、双方の動きを注意深く見続ける必要があります。

　このような各国の態度をみると、地下鉄サリン事件を引き起こした当事国である日本が、20年を経てもいまだにオウム真理教に対する総括的な議会報告書もつくらず、オウム真理教問題に関する抜本的解決策を見出せないままになっている状況は、「破壊的カルト対策」の後進性を強く痛感させます。

Q77 暴力団が宗教法人をほしがるのはなぜか

> 暴力団が宗教法人を買収していると聞いていますが、そのようなことが許されるのですか。

A

●休眠宗教法人が売買されている

　宗教法人の優遇税制（Q67参照）などに着目して、これを商売の道具に利用したり、暴力団の隠れみのに使う例があります。宗教法人の中には、教祖や信者がいなくなって休眠化したものも多数あり、こうした宗教法人格が高額な値で売買されるといわれています。宗教法人を探し出して高値で販売する宗教法人ブローカーと呼ばれる職業もあります。

　2009年6月にはラブホテルの経営母体が宗教法人であったというケースが明るみに出ました。「ホテルは香川県に本部を置く宗教法人が経営。売り上げの4割を非課税の『お布施』として収入から除外していたが、国税当局は意図的な税逃れと認定して申告を認めず、7年間で14億円の所得隠しを指摘した」とのことです（2009年7月20日付け東京新聞）。過去にはソープランドの経営母体が宗教法人であったというケースまであります。

　しかし本来は、宗教法人格が売買されること自体が極めて異常なことです。そもそも宗教法人として法人格が認められる前提には、実体のある宗教団体の存在が不可欠です。教祖や信者がいなくなったりして、その宗教団体が実質を失ったときには、解散させるべきなのです。

●和徳教会事件

　実際に暴力団が宗教法人を買収したのではないかとされている例として、

1993年1月に、愛知県が、名古屋地方裁判所に対し、名古屋市に登記のある宗教法人「和徳教会」に対する解散命令を請求した事例があります。和徳協会は「御嶽大神」を本尊とする宗教団体として1952年に認証された宗教法人ですが、創立者が1956年に亡くなった後、後任が選ばれないまま活動を停止していました。ところが1988年になって、急に岐阜県に住む経営コンサルタント業を営むA氏が2代目の代表役員として登記され、さらに1991年9月に名古屋市に本部をおく山口組系菱心会会長が3代目代表役員に就任、同年10月に同会幹部が4代目代表役員として登記されました。

愛知県警は、解散命令を申し立てた県の動きとは別に、菱心会が暴力団対策法を逃れる目的で宗教法人を買収したのではないかとみて捜査を始めました。その結果、1992年5月には、1988年に代表役員となった経営コンサルタントのA氏を創立者の代表役員辞任届偽造と虚偽登記の疑いで逮捕し（その後、処分保留で釈放）、9月には、菱心会会長ら3人を議事録を偽造して、代表役員就任という虚偽の事実を登記した疑いで書類送検をしています。愛知県警によると、和徳教会と経営コンサルタント、菱心会との間で約1000万円のやりとりがあったといいますので、宗教法人の売買がなされたと考えられます（以上は、1993年1月27日付け朝日新聞）。

なお和徳教会の件は、裁判所の勧告で双方合意のうえいったん取り下げられた後に、1996年11月に不活動法人として解散命令が下されています。

●宗教法人を解散させる手続

宗教法人を解散させる手続として、その宗教法人が自ら解散すること、他の宗教法人と合併すること、解散命令（Q75参照）の三つがあります。これら三つの方法をまとめて「宗教法人の整理」という言葉で呼びますが、実際のところ、宗教法人の整理は進んでいません。その理由として、全国には18万余の宗教法人があり、休眠化した宗教法人を調査するのに膨大な手間が必要だということが言われています。

この点で1995年の宗教法人法改正で、宗教法人は、その備付け帳簿などの

Q77 暴力団が宗教法人をほしがるのはなぜか

宗教法人認証事務処理件数(平12～25年)　　　　　文化庁宗務課調べ

年区分	所轄庁	合併	解散	解散命令	規則変更	設立
平成12 (2000年)	文化庁	5	2	1	67	1
	都道府県	135	95	36	1607	81
13 (2001年)	文化庁	1	0	0	47	1
	都道府県	112	73	42	1292	70
14 (2002年)	文化庁	5	2	1	78	3
	都道府県	85	80	30	1320	91
15 (2003年)	文化庁	2	2	0	63	7
	都道府県	67	68	24	1195	79
16 (2004年)	文化庁	3	2	2	59	2
	都道府県	105	93	24	1056	101
17 (2005年)	文化庁	4	3	2	39	0
	都道府県	87	86	30	999	85
18 (2006年)	文化庁	3	0	4	42	2
	都道府県	98	71	10	1138	83
19 (2007年)	文化庁	2	0	0	37	2
	都道府県	82	71	27	1032	102
20 (2008年)	文化庁	3	0	0	52	2
	都道府県	93	83	7	870	110
21 (2009年)	文化庁	1	0	0	58	2
	都道府県	90	67	22	986	99
22 (2010年)	文化庁	3	0	0	35	3
	都道府県	100	76	31	864	95
23 (2011年)	文化庁	3	0	0	42	2
	都道府県	101	83	4	812	91
24 (2012年)	文化庁	1	0	0	42	2
	都道府県	148	60	2	959	84
25 (2013年)	文化庁	1	1	0	56	3
	都道府県	178	82	9	843	72

(注)　1 合併・解散の認証，解散命令の決定は宗教法人数の減となる。
　　　2 解散命令は所轄庁の申請に基づき，裁判所が決定をする。
　　　3 集計期間は毎年1月1日から12月31日である。

写しを、所轄の文化庁や都道府県へ提出しなければならないとされたことは、宗教法人の整理に向けて、重要な意義があると思われます（Q71参照）。期限までに帳簿などの提出がない宗教法人をピックアップして、休眠法人を調査することが可能となるからです。

　帳簿などの提出は1998年から始まりました。文化庁も、休眠宗教法人の整理について積極的な方針を打ち出し、1998年から2002年までに５件の宗教法人の解散命令を得ています。1997年まではゼロであったことを考えると、大きな変化といえます。

　宗教法人の整理は強制的な解散命令だけでなく、任意の解散や合併があり、これを含めると、1998・1999年にそのピークが顕著に認められます。これは、改正された宗教法人法による成果といえそうです。

　しかしオウム真理教事件が起きた1995年以降、改正宗教法人法が施行される前年の1997年にかけても宗教法人の整理数に関し、顕著な変化がみられます。したがってこれまで宗教法人の整理が進まなかったのは明らかに行政側の怠慢といえるものでした。しかし宗務課によれば、2012年12月末時点での休眠宗教法人数はなお約3800にもなっており、宗教法人の整理が進んでいないのが現状です。宗教法人において、一定期間の不活動は自動解散させる新しい制度が必要です。

Q78 宗教法人に対する外部からの調査ではどのようなことができるか

宗教法人の運営の適切さを確認するために、外部から帳簿等の閲覧はできますか。

A

●信者・利害関係人の帳簿閲覧請求権

改正前の宗教法人法25条では、次のようなことが定められていました。

① 宗教法人は、その設立の時および毎会計年度終了後3カ月以内に、財産目録を作成しなければならない。

② 宗教法人の事務所には、常に規則および認証書、役員名簿、財産目録等を備えなければならない。

ところが改正前の宗教法人法は、宗教法人に対してこれらの帳簿類の備付け義務を課していても、これを公開する義務があるとする規定をまったくおいていませんでした。

このような規定の不合理性は明らかですから、法改正以前においても、宗教法人法の趣旨から、檀徒が宗教法人である寺に求めた閲覧・謄写請求を肯定した判決が出ていました（東京高裁平成6年3月23日判決・判例時報1507号133頁・判例タイムズ870号267頁）。

この判決は、「宗教法人の書類、帳簿備え付け義務の反面として、少なくとも寺院の檀信徒には、当該寺院に対する書類、帳簿の閲覧請求権を認める趣旨であると解するのが相当」であるとし、「閲覧請求権を認める趣旨、目的からすれば、右のような多年度にわたり相当の量に達すると思われる書類については、その謄写をも認める必要があるが、その備え付け場所から持ち

出しての謄写まで認めるのは相当ではないから、控訴人らの謄写請求は、備え付け場所での謄写を求める限度で理由があるというべきである」として、コピーする権利を認めています。

1995年改正では、すでに実務上認められていたこのような取扱いを追認する形で、「宗教法人は、信者その他の利害関係人であつて前項の規定により当該宗教法人の事務所に備えられた同項各号に掲げる書類又は帳簿を閲覧することについて正当な利益があり、かつ、その閲覧の請求が不当な目的によるものでないと認められる者から請求があつたときは、これを閲覧させなければならない」という条文が付け加えられました（宗教法人法25条3項）。

もっとも、実務上認められていたコピーする権利は明文では認められていませんが、閲覧できる以上、判例と同様にコピーする権利も認められるべきです。

●閲覧請求ができる利害関係人の範囲

ところで、この改正により帳簿類等の閲覧請求ができるとされた「利害関係人」として、平成8年9月2日付けの文化庁事務次官通達は、例として①宗教法人と継続的な関係を有し、宗教法人の財産基盤の維持形成に貢献している寺院における檀徒や神社における氏子など、②宗教法人の管理運営上の一定の地位が規則等で認められている総代など、③宗教法人と継続的な雇用関係にあり、一定の宗教上の地位が認められている宗教教師、④債権者、⑤保証人、⑥包括・被包括関係にある宗教団体をあげています。

このように、「利害関係人」に宗教団体の内部の者のみならず宗教法人の債権者が入ることについては、改正前の宗教法人法制下でも、判例上認められていました（たとえば、大阪高裁昭和38年6月10日決定・下級民事裁判集14巻6号1127頁）。ここでいう「債権者」とは、宗教法人と取引のある一般債権者ばかりでなく、宗教法人の不法行為の被害にあい、当該宗教法人に損害賠償請求権を有する被害者も、「不法行為債権者」として、帳簿等の閲覧請求権を有することになります。宗教法人法改正以後に出された判例として、法

の華三法行に対する静岡地裁沼津支部平成9年10月29日判決があります。同判例は、「『信者その他の利害関係人』には、現に宗教法人と継続的な関係を有し、その構成分子となっている寺院の檀信徒・教会の信徒のほか、宗教法人と取引関係のある債権者・保証人等、宗教法人の行為により損害を被った者等が含まれる」としています。もっとも同判決は、「信者であってもその後脱退等により信者でなくなった場合、あるいは宗教法人に対し債権を有していても、その後に弁済等により消滅した場合には、元信者あるいは元債権者はもはや宗教法人の適正な管理運営の実現のための閲覧について利益を有しなくなったというべきであるから、右『信者その他の利害関係人』には含まれないと解するのが相当である。また宗教法人の行為により損害を被った者についても、その後に損害を回復することができた場合には、右と同様に解すべきである」として、すでに被害回復を受けた元信者の訴えについては、棄却しました。

なお、「信者その他の利害関係人」であっても、当該宗教法人の乗っ取り目的等不当な目的による閲覧請求は認めることはできません。「利害関係人」とされても、閲覧請求の条件となっている「閲覧についての正当な利益」や「不当な目的」の要件が問題とされることになります。

しかし、宗教法人の暴走をくい止めるための自浄作用を期待した宗教法人法改正の趣旨から考えて、信者が閲覧請求を求める場合や宗教法人の被害者がその損害の回復を求めるために、その宗教法人の実態を明らかにする目的で帳簿等の閲覧を求める場合には、原則として正当な利益や不当な目的の不存在は推定され、条件は緩やかに考えられるべきでしょう。ですから、このような条件が必要となるのは、その宗教法人と利害関係の薄い、納入業者などの取引債権者などの場合に限るべきだと思われます。

なお、情報公開法・条例との関係で帳簿等が公開される場合もありますが、地方自治体ごとに公開される範囲に差があります。

第3章　宗教と社会

Q79 噂のある宗教団体の建物ができそうだがやめさせるにはどうすればよいか

近所に、噂になっている宗教団体の建物ができてしまいそうで心配です。どうすればよいでしょうか。その団体は学校や病院をつくることもあるようですが、どうすればいいですか。

A

●まずは情報収集を

心配ですね。まずすべきは、情報を集めることでしょう。「噂」の根拠は何か、どの点が問題なのかです。単に儀式や風習が違うというだけでは、問題にはできません。

情報収集には、本、週刊誌、新聞等をあさることはもちろん、検索システムが充実してきたインターネットを利用することも有効です。また法務局で不動産や法人の登記事項証明書などをとって正確に相手を特定し、元の不動産所有者などから以前の状況を聞くことや、同じ集団によって困っている地域の声を聞きにいくことも大切でしょう。

●住民同士の強い団結が大切

いったい何が心配なのかを、住民同士で明確にしていく必要があります。情報を共有し、具体的にどうしたいのかという意見交換を重ねていくことで、住民の団結が強くなっていきます。住民は、それぞれ立場や思想、生活状態に違いがあるのですから、意見の違いがあるのも当然のことです。大切なことは、「違いはあるけれど、この範囲では一致できる。だからその範囲では協力して徹底的に対応しよう」とする努力です。

問題がある相手であれば、住民の代表者や有力者のみと交渉して理解を求めようとしたり、住民グループの一部の切り崩しを図ってきたり、代表者にのみ嫌がらせを続けるなど、さまざまな攻撃をしてきます。それに対抗できるのは、住民同士の団結です。これは、日照権の問題などがあるのに悪質な対応をしてくるマンション建設業者に対する場合と同じです。

● **法的な対処法を探る**

同時に、弁護士などの助言を得ながら対処する方法を探らなければなりません。法的には、土地の利用方法についてのさまざまな規制、建築にかかわるさまざまな規制などで対処できるかもしれません。建築過程での公害問題などを利用できることもあります。

法的な対応とともに、これを支える住民大会、署名運動、立て看板、デモンストレーション、申入行動、その他のさまざまな活動が展開されなければなりません。そうでなければ、相手がひるむことはなく、裁判所での「建築続行禁止仮処分」や「民事調停」などの席になっても相手は譲歩してこないし、裁判所は理解を示してもくれません。

● **布教されない自由・信じない自由**

問題は、従前の法的手段では、とうてい裁判所から有利な決定を得られないと考えられる場合です。土地の法的関係、建物の建築内容・方法、道路の使用方法などでは問題がなく、単にその後の布教活動や評判だけが心配というケースも多く、このような場合は非常に苦慮します。

しかし、そのような場合にも、住民の多くが反対しているときは、もともと個人それぞれが「布教されない自由」「信じない自由」をもっているのですから、それを主張することができます。「勧誘をお断り」のビラをまいたりステッカーを自宅に貼ったり、カルト予防のビデオを住民で見て、意識を高める工夫ができるでしょう。こうした地域住民の運動が広がった結果、この近辺では教団施設をつくっても布教に役立たない、むしろ教団自体のイメ

ージが下がってしまうと、その宗教団体に考えさせれば、進出が止まることもあるのです。

『護られた街―実録・カルトは防げる、撃退できる』という本（仏教カルト研究所）では、長野県松本市に進出しようとしてきた、当時布教活動についてトラブルの少なくなかった宗教団体に対し、従前の法的手段では容易に対応できないという事例が紹介されます。住民の団結と創意工夫の結果、進出を食い止めた経験が記述されています。参考にしてください。

●学校や病院

学校や病院であれば、さまざまな法令があり、より法的手段と運動について工夫した闘いができます。病院については、オウム真理教や統一教会などのカルト性が議論されている団体が設立して問題となった例はありますが、通常は、伝統宗教のみならず新宗教を含んださまざまな宗教団体が、その資産を有効に活用し多くの私立病院を設立していて、まさに宗教の公益性を示しているといってよいと思います。

しかし、一部の医師や医療従事者がカルト団体に入っていて、患者や家族に対して優越的地位にあるのに勧誘をしたり、疑似医療行為をして困惑したという相談があります。また、医師が自ら関係する団体に絡んで作成した診断書の信頼性が議論されることがあります。なお、輸血拒否を教義にしているエホバの証人（ものみの塔聖書冊子協会）は、徹底して病院はつくらない方針です。

学校についても、明治時代からさまざまな宗教団体が私立学校を設立していて、社会に貢献しています。もちろん、どの私立学校も憲法、教育基本法、学校教育法、私立学校法などのさまざまな諸法令に基づいてのみ設立かつ運営できるのであり、私立学校審議会の検討も経なければならないものです。ですから、当該団体の代表などに対して具体的に絶対的な服従を求めたり、不当な差別があったり、代表の教えが日本の憲法や法に優越すると教え込もうとしているのであれば、違法行為をしているというほかはありません。

カルト性が議論される団体も、学校とくに全寮制の学校をつくろうとすることがままあります。オウム真理教は、子どもがいる親については「真理学園」があるとして一家揃っての出家を勧め、これが大きな悲劇を生みました。教団は、1990年代初めこれを学校法人化しようとして手続を研究し始めていましたが、頓挫しています。

　農業を基盤とする思想実践団体「幸福会ヤマギシ会」（本部：三重県伊賀町）は、1980年代から全寮制の私塾「ヤマギシズム学園」として、メンバーの子どもら多数を集団生活させていました。ですが、学校教育法上の学校ではないので昼間は公立の小中学校に通わせていたところ、1998年、三重県に学校法人と学校の設置を申請しました。しかし、人権救済の申立てを受けた日本弁護士連合会から、児童の食事が一日２回であったり、指導者の暴力があるなど「児童虐待疑惑」が指摘され、公聴会や三重県独自の約400名アンケートでもこれが裏づけられました。結局、県私立学校審議会から「不認可」の答申が出される可能性が高いとみられていた1999年6月28日、申請は取り下げられました。

　問題ある団体だと思われるときは、元メンバーの証言や客観的な証拠を積み重ね、さまざまな人と協力し、さまざまな機関に訴えかけていくことが大切だと思われます。

　幸福の科学は、2009年12月、学校法人「幸福の科学学園」の認可を受け、2010年4月、栃木県那須郡那須町に全寮制の「幸福の科学の教育理念のもとに創られる全寮制の中学・高校」を開校しました。次いで2010年10月、滋賀県のJRおごと温泉駅北東にある住宅地の一角約7万9000平方メートルを購入し、2013年4月関西校を設立していますが、地元では広く反対運動が起きています。また、幸福の科学が千葉県に設立しようとした幸福の科学大学（仮称）は、大学の要件を満たしていないとした2014年10月29日の大学設置・学校法人審議会の答申を受け、文部科学省は設置を認めないとしています。同審議会はこの答申の際「『幸福の科学大学（仮称）』については、審査途中において、創立者の大川隆法氏を著者とする大学新設に関連する書籍が

数多く出版され、申請者も属する幸福の科学グループから本審議会の委員に送付されたり、今回の大学設置認可に関係すると思われる人物の守護霊本が複数出版されたりするなど、通常の審査プロセスを無視して、認可の強要を意図すると思われるような不適切な行為が行われたことは、極めて遺憾である」とする異例の意見を公表しています。

●アレフと地方自治体との対立

　2010年3月29日、オウム真理教（主流派アレフ）は、東京都足立区の中古四階建のビルを関連の合同会社宝樹社名義で取得しました。教団に対する法人としての破産手続が終わったので、増長してきたのです（Q72参照）。足立区には、ただちに住民団体ができました。区は、都市ガスを入れるための道路占用許可を不許可とし、また同年10月22日には条例を制定しました。条例の内容は、報告を求め、状況によっては立ち退きを求めることできる、違反すれば過料を科するというものです。足立区は2011年3月8日、同条例に基づきアレフに対し5万円の過料の支払いを命ずる決定をしましたが、アレフ側がこれを争い、東京地裁2012年12月6日判決はアレフ側を敗訴させました。しかし、東京高裁2013年10月31日判決は、条例自体は憲法違反ではないとしたものの、「十分な説明」を尽くされていないとして、過料による制裁を違法として取り消し、最高裁2014年5月9日決定で確定しています。

　しかし問題は訴訟自体ではなく、同時に大切なことは、住民らがカルトの心理を理解しつつ信者らと相対すること、世田谷区と同様にカルト予防の方策をとって、オウム真理教のみならずどんな破壊的カルトにも幻惑されないことだと思われます。

Q80 オウム真理教や統一教会などの破壊的カルトがなくならないのはなぜか

破壊的カルトがなくなることはないのですか。オウム真理教や統一教会など以前から問題となり知られているはずですが、まだ残っているのはなぜでしょうか。

A

●破壊的カルトの実態は変わらない

オウム真理教では、麻原の説法を今も使い、「グルとシヴァ大神とすべての真理勝者の方々に帰依奉ります」と立位礼拝をしています。周囲の監視が緩めば、「コロニー、監禁、薬物」が始まり、内部でまず悲惨な事件が始まるでしょう。情報を隔絶させた集団生活「コロニー」を営まなければ維持できない団体であり、独房修行から容易にリンチに変化する方法を手放せず、「禁断の木の実」である薬物の効果を実感してしまっています。

統一教会も、教祖文鮮明が死亡し、その利権がらみで子どもらの訴訟合戦まで始まった混乱の中でも、変わりません。統一教会は、金銭の収奪は日本人に対してこそ激しいのですが、特定商取引法での刑事摘発を受けても、形を変え活動を続けています。

また、その他のいろいろなカルト性の高い団体が活動し、ミニカルトも各地にできて事件を起こしては消え、またできるということを繰り返しています。

●破壊的カルトの魅力

これらの破壊的カルトが残り、またはなくならない大きな理由は、破壊的

カルトが「魅力的」でもあるからです。破壊的カルトの問題を検討するにあたって、その魅力は直視しなければならないと考えます。マインド・コントロールの危険性を知ればすべてが予防できるというものでは、決してありません。

　自由とは厄介なものです。幸福を追求するとき自由はとても大切なものなのですが、同時に自分で考えて自分で選択し自分で行動し続けることは、生きていく際に厄介でもあります。だからこそさまざまな占いがはやるのですし、風水などにこだわる人も多くいるのです。それが極端になって、人にすべてを委ねようとしたり、大人になっても世の中には「理想の人」「絶対的に正しい人」が現存すると信じる人も少なくないのです。

　また、現代の日本社会では階層が固定化し、夢をもてないという閉塞感が蔓延しています。大地震のみならず原子力発電所の事故による破滅、核兵器の心配、地球環境の悪化などを背景とした終末思想には、まじめな人ほど悩むものです。

　世の中には、社会や家庭で生きがいを感じられず、会社や組織の中の一つの駒でしかない感覚があったり、社会から落ちこぼれてしまっていると感じている人が少なくないものです。人によっては自宅に引きこもることもあるでしょうが、変身を遂げて大逆転をしたくなる方もいるでしょう。

　そのような危機意識をあおられてとても不安になったり、閉塞した人生に疲れているとき、決定的な解決方法や自分の人生を一発逆転させてくれる「根本的」「絶対的な」教えがあったら、いかがでしょうか。いい心理トレーニング方法があったり、「絶対に正しい人」がいたら、すがりたくなりませんか。「とりあえずは聞いてみよう」程度には思うのではないでしょうか。

　人間の欲望は、順番からいえば、「生きていたい→安全・快適でいたい→愛されていたい→必要とされたい→尊敬されたい」、というもののようです（米国の心理学者アブラハム・マズローの欲求段階説）。一般社会や家庭において、これらの欲望すべてについて満足できる人生を得られている方は、そうは多くないはずです。一般の宗教団体をはじめとしたさまざまな団体や指導

者が、こんな欲求や不安・不満を受け入れられる魅力をもち、布教など努力してくれればよいのですが、伝統的な宗教であればあるほど布教活動など不活発です。「既成の宗教は『風景』でしかなかった」という、オウム事件のある被告人の言葉は実に重いものです。

そんなとき、「日本を救う」、「原罪から救出する」、「衆生を救う」という使命を授けられ、自分の悩みが解決でき、一般社会と離れて別の名前や地位も授けられて他人から必要とされるとなれば、とてもうれしいはずです。しかも、それが絶対的に正しく、上の人の指示にさえ従っていれば使命が果たされて尊敬されるのだということとなれば、ますます魅力的です。

まして、現代の若者は、学校の成績がよかろうが悪かろうが、自分で自分の人生を切り開いてきたという現実感をもちにくい環境にあります。学校の成績が優秀で「良い学校」で育った人は「世の中には魅力的なワルがいる」ということを知らないままに成長しています。そんな「よい子」たちが、閉塞感と終末思想にさいなまれ、「自分の使命を自覚した」と錯覚したとき、優しく熱心に勧誘してくれる破壊的カルトはとても魅力的なはずです。

破壊的カルトがなくなることはないでしょう。なくなる時というのは、国家自体が破壊的カルトの状態になってしまった時だろうとも思います。ですから、もぐら叩きではありますが、各分野の人が意識的に対応し、学校や職場また家庭で予防策を施して、少しでも破壊的カルトの悲劇を減らすように続けていくほかないと思われます。もちろん、閉塞感や終末思想の広がる人間社会の土壌を改善していくことも必須です。

Q81 なぜ名誉毀損訴訟を濫発する宗教団体があるのか

カルト的な宗教団体は、自分に批判的な言論行為に対して名誉毀損訴訟を濫発するそうですが、本当ですか。

A

●批判に対して訴訟で対抗

カルト的か否かはともかくとして、宗教団体の活動について少しでも批判的な発言や記事があると、これに対してすぐに名誉毀損訴訟を起こす傾向のある団体が日本にいくつかあります。

宗教団体であっても、その活動のあり方についてさまざまな批判があれば、これに言論で対抗するとともに、正すべき活動については改めることが必要でしょう。ところが、カリスマ性の強い教祖的存在を中心とした団体では、教祖や組織に対する批判が少しでもあると、訴訟で対抗してくることがあります。このような団体は、社会からの孤立を深め、一般社会に溶けこもうとしません。こうした団体の場合、その組織内に信者である弁護士や組織の言いなりに動く弁護士がいる場合があります。しかし、組織にとって、言いなりになる弁護士は便利かもしれませんが、大局的にみると不幸な存在といえるでしょう。

このような宗教団体については、マスコミも訴訟を起こされると厄介なので、だんだん論評しなくなります。これは、その宗教団体が一般社会においてどのように受け止められているかをみる鏡を自分で割ってしまっているようなもので、独善的な組織運営や活動の指標となり得ます。

フランス議会が1996年1月に公表した「フランスにおけるセクト」と題す

る議会報告書（Q76参照）でも、セクト（日本でいう「カルト」）現象を説明する10の項目の一つに、「裁判沙汰がついて回っている」という項目をあげています。

● ライフスペース

　ライフスペースは、現在はSPGF（シャクティパット・グルファンデション）などと名乗っており、1998年、「ライフスペースがカルトである」と論じたテレビ局や番組の司会者、ジャーナリスト、ホームページの主催者や家族の関係者など、意に沿わない組織や個人を軒並み訴え、その数は数十件に上りました。著者の紀藤正樹も、テレビでしたコメントなどを理由に懲戒請求を受けたり訴えられもしました（もちろん懲戒は認められず、裁判も勝訴）。名古屋地方裁判所のように、あまりに荒唐無稽な訴えであることから、まったく審理をせずに訴えを却下した例もあります。主宰者が2009年３月に出所した後もこの傾向が出てきており、著者の紀藤正樹がふたたび懲戒請求を受けたり訴えられる事態が起きています（なお、懲戒事件についてはすでに「認められない」という決定が出ていますが、裁判は本書執筆時点ではなお係争中です）。

● 幸福の科学

　幸福の科学の信者らは、フライデーや週刊現代等で批判的報道をした講談社やジャーナリスト等を訴えるともに、そのような行為を「言論公害」だとして、講談社に押しかけたりしました。
　一部の訴訟では、幸福の科学やその信者の訴えが認められましたが、教団にとってこのような訴訟活動が幸いしたかどうかは疑問です。
　また幸福の科学は、元信者が1996年12月に２億円余りの献金勧誘活動が違法だとして訴訟提起したことに対し（この請求は後に棄却されました）、翌1997年１月に、元信者とその代理人である著者の山口広に対し、訴訟提起とその記者会見は名誉毀損だとして７億円（幹部２人の請求を合計すると８億円）の支払いを求める訴えを提起しました。東京地方裁判所・高等裁判所は、

このような訴訟は「認容される見込みがない異常な請求額で、批判的言論を威嚇するための提訴」であるとして、訴えられた弁護士の反訴を一部認めて、幸福の科学に対し、100万円の慰謝料の支払いを命じました（最高裁平成14年11月8日決定により確定）。

●ワールドメイト

ワールドメイト（旧コスモメイト）は、2000年ころ、教団の活動などについて批判的な個人や家族、批判的な記事を書いたジャーナリストや雑誌社を次々と訴えました。しかも、一部の訴訟では、雑誌社やジャーナリストの活動の場である東京から遠く離れた福岡や札幌などの裁判所に次々と訴訟を提起したのです。これは、訴えられる側の負担を重くしようとしたことは明らかです。このような撹乱戦術的な訴訟提起については、すべてが東京地方裁判所に移送され、奏功せず、またワールドメイト側が勝訴することもなく一連の係争は終了し、結局訴訟戦略は教団にとって、メリットはなかったと思われます。

●ホームオブハート

ホームオブハートは、倉渕透（ミュージシャンとして、MASAYAとかMARTH、TAKERUとか称しています）を主宰者とする自己啓発セミナー団体として、1998年にXJAPANのToshlの洗脳問題、2004年に児童虐待騒動を引き起こしました。また、被害者らに高額なセミナー代を要求したことが損害賠償の問題に発展しました。これに対し、ホームオブハート側は、数度にわたり、合計で2億3000万円以上の損害賠償請求訴訟を提起するに及びました。しかし、2010年1月に入ってToshlが自らの被害を訴えて自己破産し、被害者の言い分が真実であることが明らかになると、一転ホームオブハートは和解を提案し、被害実損に、各1割の慰謝料、弁護士費用を上乗せしたうえでこれをさらに上回る提案を行い、これに対し、被害者側は賠償を受け取る形で全面勝訴的和解をしました。その後2014年にToshlの自己破産手続が

終了し、同氏が、同年『洗脳　地獄の12年からの生還』（講談社）という書籍を発表し、10億円を優に超える被害を受けたことを生々しく告白しました。しかし、現在でもホームオブハートは、株式会社ヒーリングなどと名前を変えて活発に活動し、ホームオブハート問題は解決に至っていないのが現状です。

●**新たな法制の必要性**

このように、名誉毀損などの訴訟を濫発するような団体については警戒が必要ですし、自由な言論活動が保障されることが重要です。

なお、アメリカのカリフォルニア州、ニューヨーク州など、アメリカの過半数の州で、市民に対する名誉毀損訴訟の濫発が、かえって市民の表現の自由を萎縮させ、ひいては国民の知る権利に反する面があるとして、この種の訴訟をスラップ（SLAPP＝strategic lawsuit against public perticipation　定訳はありませんが、「市民参加を排除するための戦略的訴訟」と訳されるべきものです）とし、アンチスラップ（Anti-SLAPP）法を定め、一定の要件のもとで、こうした不当訴訟を却下ないし棄却する制度やSLAPPに対する損害賠償を求める手続を定めており、日本にも同様の制度が必要です。

Q82 カルト教団と闘うときにはどのような点に注意しなければならないか

　私の婚約者の女性が、A教団の信者になり、信者たちと合宿生活をしています。私の話はもちろん、両親の話にも耳を傾けようとしません。A教団のために被害を受けた元信者や家族はたくさんいるようです。私は、A教団被害者の会を組織して、A教団と闘いたいと思っています。幸い、若くて正義感の強い弁護士の協力を得られそうです。カルト教団と闘うときの注意点を教えてください。

A

●会をつくるときの注意点

　活発な活動で被害者の会の活動の効果を上げるためには、意見や立場が多少は異なっていても、A教団の問題に取り組むという観点から、お互いの立場を尊重して認めあうことが必要です。年代も職業経験もバラバラの普通の市民が、A教団に入った家族がいるというだけの理由で集まって話し合い、共同行動をとろうというのですから、多少のギクシャクがあったり意思疎通がうまくいかないのは当然です。一部の積極論者に任せるのはよくありません。初めはその人も頑張ってくれるかもしれませんが、そのうちに疲れてきてぐちも出るでしょうし、そうなると運動も長続きしません。お互いにできることを負担し合って、相手の苦労に感謝し合える関係づくりが必要です。また、会計も透明性をもってきちんとしなければなりません。「ああ、いいよ。ここは私が出しておきますから」、「そう？　いつも申し訳ありませんね」。このようなやりとりをしている組織は、絶対に長続きしません。

●カルト問題特有の注意点

　これまでに述べたことは、どのような団体をつくるときにも共通の留意点ですが、カルト教団と闘うときには特別に注意しなければならないことがあります。

　第1に、回り道と感じるかもしれませんが、自分の子どもや友人を脱会させることのみを目的とせず、A教団についての情報を集め、A教団の活動実態や問題点、信者の組織構成や人脈などを掌握することに主眼をおくべきだと思います。つまり、相手を知ることから始めるべきです。

　そのためにも、決めつけや早とちりをしないように気をつけて、できるだけ多くの人から情報を集める必要があります。刊行物も有益ですが、カルト的な団体は、刊行物に書いてあることと実際の活動や組織内部で指導していることが著しく違っていたりしますから、できるだけ組織内の生の情報が重要です。つまり、脱会者やその家族の話がとても貴重なのです。しかも、リーダーの思いつきで主義や方針を何度も変更したりするのでできる限り新しい情報が欲しいです。

　第2に、これが非常に難しいのですが、情報を共有し広げることと、参加者のプライバシーの保護の両立に留意しなければなりません。被害者の会に誰が参加していて、その中心メンバーが誰かということは、A教団には知られたくないことです。ただ、この秘密を厳格に守ろうとすると、中心メンバーの家族同士がフランクに会って話合いをすることさえ難しくなります。中心メンバーの顔が見えない会では秘密組織のようですし、新規の参加者を幅広く集めることも難しくなります。

　組織運営上も、ある人からの貴重な情報を会全体に伝えるべきか、当面は一部のメンバーの間のみであたためておくべきかなどの重要な判断を迫られます。カルト問題に向き合う団体では、このように、対応に常に苦慮しながら、できる限り情報を共有して活動をオープンに広げていく方向で活動しているのです。最近は、メーリングリストによる情報交換や、ホームページを

立ち上げて情報伝達をすることも不可欠な活動です。

　また、弁護士やカウンセラー、心理学者など、専門家の協力をどのように獲得していくか、マスコミの取材などにどのように対応するかなども、非常に重要なテーマです。

　第3に、A教団に対する警戒を絶対に怠らないことです。オウム真理教事件の教訓の一つは、カルト教団の中には人殺しも辞さない集団が存在するということです。A教団から攻撃を受けないためにも、できるだけ一人の突出を避け、皆でいっしょに取り組む姿勢が大切です。カルト側は、一人を殺しても意味がないと思えば、攻撃の方法を名誉毀損訴訟など別の手段に切り換えるでしょう。その意味でマスコミやインターネットでの情報発信の際の発言も慎重にしてください。

　大変な活動になると思いますが、とても重要なことです。婚約者を救うためにも、やりがいはあるはずです。頑張ってください。

参考資料1　宗教トラブルを考える資料

(1) 宗教・カルト・マインドコントロール問題

① ホームページ

全国霊感商法対策弁護士連絡会〈http://www.stopreikan.com/〉

紀藤正樹〈http://masakikito.com/〉

櫻井義秀〈https://sakurai.cambria.ac〉

川島堅二〈http://religion.sakura.ne.jp/religion/〉

西田公昭〈https://twitter.com/nishidak0705〉

日本脱カルト協会（JSCPR）〈http://www.jscpr.org/〉

公益財団法人国際宗教研究所宗教情報リサーチセンター〈http://www.rirc.or.jp/〉

やや日刊カルト新聞〈http://dailycult.blogspot.com/〉

ICSA（International Cultic Studies Association）（英文）〈https://www.icsahome.com/〉

スティーヴン・ハッサン（英文）〈https://www.stevenhassan.com/〉

② 書籍

『検証・統一協会＝家庭連合』（山口広著、2017年）

『決定版　マインド・コントロール』（紀藤正樹著、アスコム、2017年）

『カルトからの脱会と回復のための手引き（改訂版）』（日本脱カルト協会編、遠見書房、2014年）

『カルト問題と公共性　裁判・メディア・宗教研究はどう論じたか』（櫻井義秀著、北海道大学出版会、2014年）

『大学のカルト対策』（櫻井義秀＝大畑昇編著、北海道大学出版会、2012年）

『「カルト宗教」取材したらこうだった』（藤倉善郎著、宝島社、2012年）

『霊と金　スピリチュアル・ビジネスの構造』（櫻井義秀著、新潮社、2009年）

『宗教事件の内側　精神を呪縛される人びと』（藤田庄市著、岩波書店、2008年）

『カルト宗教　性的虐待と児童虐待はなぜ起きるのか』（紀藤正樹＝山口貴士著、アスコム、2007年）

『マインド・コントロールからの救出――愛する人を取り戻すために』（スティーブン・ハッサン著・中村周而＝山本ゆかり訳、教文館、2007年）

『影響力の武器〔第二版〕』（ロバート・B・チャルディーニ著・社会行動研究会訳、誠信書房、2007年）

『テレビ霊能者を斬る　メディアとスピリチュアルの蜜月』（小池靖著、ソフトバンククリエイティブ、2007年）

『「カルト」を問い直す』（櫻井義秀著、中央公論新社、2006年）

『「信仰」という名の虐待』（パスカル・ズィヴィー＝福沢満雄＝志村真著・

マインド・コントロール研究所編、いのちのことば社、2005年）

『宗教トラブルはいま』（日本弁護士連合会消費者問題対策委員会編、教育史料出版会、2003年）

『消費者法ニュース別冊　宗教トラブル特集』（消費者問題研究所編、消費者法ニュース発行会議、2003年）

『異議あり！　「奇跡の詩人」』（滝本太郎＝石井謙一郎著、同時代社、2002年）

『カルト宗教のトラブル対策』（山口広＝中村周而＝平田広志＝紀藤正樹著、教育史料出版会、2000年）

『カルトの子』（米本和広著、文藝春秋、2000年）

『宗教トラブルの予防・救済の手引』（日本弁護士連合会消費者問題対策委員会編、教育史料出版会、1999年）

『カルトで傷ついたあなたへ』（マインドコントロール研究所編、いのちのことば社、1999年）

『「マインド・コントロール」と心理学』〔現代のエスプリ三六九号〕（安藤清志＝西田公昭編、至文堂、1998年）

『「信じるこころ」の科学―マインド・コントロールとビリーフ・システムの社会心理学』（西田公昭著、サイエンス社、1998年）

『自由への脱出　カルトのすべてとマインドコントロールからの解放と回復』（マデリン・ランドー・トバイアス＝ジャンジャ・ラリック著・南暁子＝上牧弥生訳、中央アート出版社、1998年）

『プロパガンダ―広告・政治宣伝のからくりを見抜く』（A・プラトカニス＝E・アロンソン著・社会行動研究会訳、誠信書房、1998年）

『カルト資本主義』（斎藤貴男著、文藝春秋、1997年）

『超能力と霊能者』〔叢書現代の宗教(8)〕（高橋紳吾著、岩波書店、1997年）

『現代宗教の可能性―オウム真理教と暴力』〔叢書現代の宗教(2)〕（島薗進著、岩波書店、1997年）

『外国の立法（通巻201号）特集／宗教団体とカルト対策』（国立国会図書館調査及び立法考査局編、紀伊國屋書店、1997年）

『宗教名目による悪徳商法』（宗教と消費者弁護団ネットワーク編著、緑風出版、1996年）

『カルトの構図』（フーゴー・シュタム著・村井翔ほか訳、青土社、1996年）

『マインド・コントロールとは何か』（西田公昭著、紀伊国屋書店、1995年）

『カルト教団からわが子を守る法』（J・C・ロス＝マイケル・D・ランゴーニ著・多賀幹子訳、朝日新聞社、1995年）

『あやつられる心』（T・W＆J・L・カイザー著・マインド・コントロール問題研究会訳、福村出版、1995年）

『診断名サイコパス』（ロバート・D・ヘア著・小林宏明訳、早川書房、1995年）

『論争・宗教法人法改正』（第二東京弁護士会消費者問題対策委員会編、緑風出版、1995年）

『21世紀の宗教法人法』（紀藤正樹著、朝日新聞社、1995年）

『マインド・コントロールから逃れて』（滝本太郎＝永岡辰哉編著、恒友出版、1995年）

『「あの子」がオウムに！』（有田芳生と女性自身『シリーズ人間』取材班著、光文社、1995年）

『カルト』（マーガレット・シンガー著・中村保男訳、飛鳥新社、1995年）

『予言がはずれるとき』（L・フェスティンガーほか著・水野博介訳、勁草書房、1995年）

『マインド・コントロールの恐怖』（スティーヴン・ハッサン著・浅見定雄訳、恒友出版、1993年）

(2) 統一教会関係

① ホームページ

全国霊感商法対策弁護士連絡会〈https://www.stopreikan.com/〉

カルト被害を考える会〈http://www.asahi-net.or.jp/~am6k-kzhr/〉

郷路法律事務所〈http://www.glo.gr.jp〉

② 書籍

『検証・統一協会＝家庭連合』（山口広著、緑風出版、2017年）

『統一教会　日本宣教の戦略と韓日祝福』（櫻井義秀＝中西尋子著、北海道大学出版会、2010年）

『自立への苦闘―統一協会を脱会して』（全国統一協会被害者家族の会編、教文館、2005年）

『秋田の母ちゃん統一教会とわたりあう』（本間てる子著、ウインかもがわ、2003年）

『「人を好きになってはいけない」といわれて』（大沼安正著、講談社、2002年）

『青春を奪った統一協会』（青春を返せ裁判（東京）原告団・弁護団編著、緑風出版、2000年）

『わが父文鮮明の正体』（洪蘭淑著＝林四郎訳、文藝春秋、1998年）

『親は何を知るべきか』（マインド・コントロール研究所編、いのちのことば社、1997年）

参考資料

『統一教会合同結婚式の手口と実態』（全国霊感商法対策弁護士連絡会ほか編著、緑風出版、1997年）
『自己を捨てさせられた青年(上)(下)』（曙　滴著、新風舎、1996年）
『マインド・コントロールされていた私』（南哲史著、日本基督教団出版局、1996年）
『マインド・コントロールからの脱出　統一教会信者たちのこころ』（パスカル・ズィヴィ著、恒友出版、1995年）
『愛が偽りに終わるとき』（山崎浩子著、文藝春秋、1994年）
『脱会』（有田芳生＝「週刊文春」取材班著、教育史料出版会、1993年）
『検証　統一協会』（山口広著、緑風出版、1993年）
『統一協会信者を救え』（杉本誠＝名古屋「青春を返せ訴訟」弁護団編著、緑風出版、1993年）
『統一協会マインド・コントロールのすべて』（郷路征記著、教育史料出版会、1993年）
『六マリアの悲劇』（朴正華著、恒友出版、1993年）
『統一教会とは何か』（有田芳生著、教育史料出版会、1992年）
『告発／統一協会・霊感商法　証言記録Ⅰ・Ⅱ』（霊感商法被害救済担当弁護士連絡会編、晩稲社、1989年〜1991年）
『統一協会・霊感商法関連企業・団体・役員一覧（1991年版）』（霊感商法被害救済担当弁護士連絡会編、晩稲社、1991年）
『統一協会の素顔　その洗脳の実態と対策』（川崎経子著、教文館、1990年）
『原理運動と若者たち』（有田芳生著、教育史料出版会、1990年）
『統一協会の策謀—文鮮明と勝共連合』（成澤宗男著、八月書館、1990年）
『偽預言者に心せよ！』（浅見定雄著、晩聲社、1989年）
『統一協会の犯罪—霊感商法と勝共連合』（成澤宗男著、八月書館、1989年）
『霊感商法の見分け方』（有田芳生著、晩聲社、1988年）
『原理運動の研究　資料編Ⅰ・Ⅱ（増補合本版）』（茶本繁正編、晩聲社、1987年）
『統一協会＝原理運動』（浅見定雄著、日本基督教団出版局、1987年）
『追及ルポ　霊感商法』〔朝日ブックレット86〕（朝日ジャーナル編、朝日新聞、1987年）
『追及ルポ　原理運動』〔朝日ブックレット49〕（朝日ジャーナル編、朝日新聞、1985年）
『統一協会と文鮮明』（和賀真也編著、新教出版社、1981年）
『淫教のメシア・文鮮明伝』（萩原遼編、晩聲社、1980年）
『統一協会—その行動と論理』（和賀真也著、新教出版社、1978年）
『原理運動の研究』（茶本繁正著、晩聲社、1977年）

(3) **オウム真理教関係**
① ホームページ
カナリヤの詩〈http://www.cnet-sc.ne.jp/canarium〉
② 書籍
「家族はどう立ち向かったか―オウム真理教被害者の会(現家族の会)の場合」(山本ゆかり著、日本脱カルト協会会報第19号所収、2013年)
『未解決事件　オウム真理教秘録』(NHKスペシャル取材班編著、文藝春秋、2013年)
『情報時代のオウム真理教』(宗教情報リサーチセンター編(井上順孝責任編集)、春秋社、2011年)
『私はなぜ麻原彰晃の娘に生まれてしまったのか～地下鉄サリン事件から15年目の告白～』(松本聡香著、徳間書店、2010年)
『ここにいること　地下鉄サリン事件の遺族として』(高橋シズヱ著、岩波書店、2008年)
『オウム―なぜ宗教はテロリズムを生んだのか―』(島田裕巳著、トランスビュー、2001年)
『殺人宗教〈オウム〉との闘い―「オウム真理教」被害者の会10年の記録』(近藤幸男著、風媒社、2000年)
『終末と救済の幻想』(ロバート・J・リフトン著＝渡辺学訳、岩波書店、2000年)
『オウムをやめた私たち』(カナリヤの会、岩波書店、2000年)
『アンダーグラウンド』(村上春樹著、講談社、1999年)
『それでも生きていく』(地下鉄サリン事件被害者の会著、サンマーク出版、1998年)
『オウムはなぜ暴走したか。』(早坂武禮著、ぶんか社、1998年)
『検証・オウム真理教事件』(瀬口晴義著、社会批評社、1998年)
『オウムと私』(林郁夫著、文藝春秋、1998年)
『約束された場所で』(村上春樹著、文藝春秋、1998年)
『裁かれる教祖』(共同通信社社会部編著、共同通信社、1997年)
『全真相―坂本弁護士一家拉致・殺害事件』(江川紹子著、文藝春秋、1997年)
『有機リン中毒(サリン中毒)―地下鉄サリン事件の臨床と基礎』(家城隆次編著、診断と治療社、1997年)
『裁かれる「オウムの野望」』(毎日新聞社会部著、毎日新聞社、1996年)
『「オウム法廷」連続傍聴記・同2』(佐木隆三著、小学館、1996年)
『オウムからの帰還』(高橋英利著、草思社、1996年)

『宗教なき時代を生きるために』（森岡正博著、法蔵館、1996年）

『マインドコントロールからの解放』（オウム真理教信徒救済ネットワーク編著、三一書房、1995年）

『オウム法廷1～13』（降幡賢一著、朝日文庫、1997年～2004年）

『オウム「教祖」法廷全記録1～8』（毎日新聞社会部編、現代書館、1997年～2004年）

『「オウム真理教」裁判傍聴記①・②』（江川紹子著、文藝春秋、1996年～1997年）

『冊子カナリヤの詩Ⅰ～Ⅱ』（カナリヤの会編・発行〔大和法律事務所内〕）

(4) その他、エホバの証人、ヤマギシ会、自己啓発セミナーほか一般

『洗脳　地獄の12年からの生還』（Toshl著、講談社、2014年）

『カルトの思い出』（手持望著、エンターブレイン、2013年）

『ドアの向こうのカルト』（佐藤典雅著、河出書房、2013年）

『「エホバの証人」の悲劇―ものみの塔教団の素顔に迫る（増補改訂版）』（林俊宏著、わらび書房、2007年）

『護られた街』（護られた街編集委員会＝山根二郎＝浅見定雄＝奥田稔児編著、仏教カルト研究所、2002年）

『エホバの証人の子どもたち』（秋本弘毅著、わらび書房、1998年）

『冨士大石寺顕正会』（下山正恕著、日新報道、1998年）

『カルト教団太陽寺院事件』（辻由美著、みすず書房、1998年）

『洗脳の楽園―ヤマギシ会という悲劇』（米本和広著、洋泉社、1997年）

『ラジニーシ・墜ちた神（グル）』（ヒュー・ミルン著・鴨沢立也訳、第三書館、1992年）

『ファミリー』（エド・サンダース著・小鷹信光訳、草思社、1974年）

参考資料2　宗教トラブルに関する窓口

- 全国霊感商法対策弁護士連絡会　reikan@mx7.mesh.ne.jp　FAX 03(3355)0445
　　☎070(8975)3553[火]　070(8993)6734[木]
- 日本脱カルト協会（JSCPR）　info@jscpr.org　FAX 03(5539)4879
- オウム真理教被害対策弁護団　☎045(680)0720
- オウム真理教家族の会　info@aum-kazoku.boy.jp
- 全国統一協会被害者家族の会　e-kazoku@lime.ocn.ne.jp
　　☎080(5079)5808[水]　080(5059)5808[金]
- 日本基督教団　cult@uccj.org　☎03(3207)8794
- 仏教テレフォン相談（仏教情報センター）　☎03(3811)7470
- 日本弁護士連合会　☎03(3580)9841
- 消費者庁・国民生活センター　☎188（消費者ホットライン）

あとがき

　何の因果か、著者3人は、破壊的カルトによってさまざまな被害を被った市民からの相談を受けて、その対策に取り組んできた。宗教へのスタンスはもとより、社会のあり方への立場も三者三様である。

　共通点は、宗教的活動によって被害を被った善良な市民をほおっておけないという心情。そんな被害をもたらす宗教的団体を許せないという憤り。

　初版時、執筆は分担して行ったが、それぞれの執筆部分についても、相互に厳しい批判を出し合った。お互い多忙を極めている中で、よく一冊にまとまったと思う。根拠もないのにハルマゲドンと言われた1999年7月より前に刊行して、少しでも多くの人に読んでもらい、新たな被害を防ぎたい。そんな思いが3人にあったからであろう。本書はその第3版となる。

　言い尽くせない部分や、誤りと思われる部分については、読者の率直な批判をあおぎたい。ただし、あくまでも言論による批判に限ってほしい。破壊的カルトについての問題が多くの人々に認識され、議論が広がりと深まりを得ることを何よりも願っている。

　なお、本書には判例の紹介などで固有名詞の出た団体がいくつかある。私たちはそれらの団体をカルトだと決めつけているのではないことを付言しておきたい。特定の団体がカルトであるかどうかは、本文で紹介したカルトの定義等に従って、読者の皆さんが自分で冷静に判断していただきたいと思う。

弁護士　山口　　広
弁護士　滝本太郎
弁護士　紀藤正樹

【著者紹介】

山　口　　広

弁護士（第二東京弁護士会所属）。1949年福岡県生まれ。東京大学法学部卒。1987年春に全国霊感商法対策弁護士連絡会の結成以来事務局長としてカルト被害者の救済にかかわる。日本弁護士連合会消費者問題対策委員会委員長、内閣府消費者委員会委員を歴任。宗教法学会、宗教と社会学会員。主要著書：『検証・統一協会＝家庭連合』（緑風出版）、『ドキュメント埼玉土曜会談合』（東洋経済新報社）、『自立への苦闘』（共著、教文館）など

【事務所】　160-0022　新宿区新宿1-15-9　さわだビル５階
　　　　　　東京共同法律事務所　Tel03-3341-3133　FAX03-3355-0445
　　　　　　yamagutis@tokyokyodo-law.com

滝　本　太　郎

弁護士（横浜弁護士会所属）。1957年神奈川県生まれ。早稲田大学卒。1989年の坂本一家拉致事件を契機に「オウム真理教被害対策弁護団」に加わる。「日本脱カルト協会（JSCPR）」理事、脱会者の集い「カナリヤの会」窓口。共編著書：『マインド・コントロールから逃れて　オウム真理教脱会者たちの体験』（恒友出版）、『破防法とオウム真理教』（岩波ブックレット）、『オウムをやめた私たち』（岩波書店）、『異議あり！「奇跡の詩人」』（同時代社）

【事務所】　242-0021　大和市中央2-1-15　パークロード大和ビル５階
　　　　　　大和法律事務所　Tel046-263-0130　FAX046-263-0375

紀　藤　正　樹

弁護士（第二東京弁護士会所属）。1960年山口県生まれ。大阪大学法学部卒・同大学院修士課程修了。消費者の立場から、宗教やインターネットにまつわる消費者問題などを中心に精力的に取り組む。元第二東京弁護士会消費者問題対策委員会委員長、現在、日本弁護士連合会消費者問題対策委員会委

員。主要著書：『決定版　マインドコントロール』（アスコム）、『失敗しないネットショッピング』（岩波書店）、『21世紀の宗教法人法』（朝日新聞社）、『消費者トラブルQ&A』（共著、有斐閣）など

【事務所】　102-0083　千代田区麹町4-7　麹町パークサイドビル３階
　　　　　　リンク総合法律事務所　Tel03-3515-6681　FAX03-3515-6682
　　　　　　http://masakikito.com

Q&A　宗教トラブル110番〔第3版〕

平成27年3月10日　第1刷発行
令和4年9月28日　第2刷発行

定価　本体 2,700円＋税

著　者　山口　広・滝本太郎・紀藤正樹
発　行　株式会社　民事法研究会
印　刷　文唱堂印刷株式会社

発行所　株式会社　民事法研究会
〒150-0013　東京都渋谷区恵比寿3-7-16
　TEL 03(5798)7257　FAX 03(5798)7258（営業）
　TEL 03(5798)7277　FAX 03(5798)7278（編集）
　http://www.minjiho.com/　info@minjiho.com

落丁・乱丁はおとりかえします。　ISBN 978-4-86556-001-5 C2032 ¥2700E
表紙デザイン：関野美香

最新実務に必携の手引

― 実務に即対応できる好評実務書！―

2018年9月刊 平成30年までの法令等の改正と最新の判例や実務の動向を収録して大幅改訂！

詳解 特定商取引法の理論と実務〔第4版〕

膨大な量の政省令や運用通達を分析・検証して理論と実務の架橋を図るとともに、多様なトラブル事例に対する実務指針を明示！ 実務現場で十全に活用できるよう民法、商法や消費者契約法等の基本法と有機的に関連させつつ一体として解説！

圓山茂夫 著

（Ａ５判・764頁・定価 7700円（本体 7000円＋税10％））

2018年11月刊 膨大・難解な特定商取引法を解説した、特定商取引をめぐるトラブル対応の必携書！

特定商取引のトラブル相談Q&A
―基礎知識から具体的解決策まで―

訪問販売、通信販売、マルチ商法など特定商取引をめぐる広範なトラブル等について、消費者問題に精通する研究者・実務家が、最新の実務動向を踏まえてわかりやすく解説！ 相談を受ける消費生活相談員、法律実務家等必携の書！

坂東俊矢 監修　久米川良子・薬袋真司・大上修一郎・名波大樹・中井真雄 編著

（Ａ５判・291頁・定価 3300円（本体 3000円＋税10％））

2021年9月刊 消費者契約法の積極的活用に向けた好著！

消費者契約法のトラブル相談Q&A
―基礎知識から具体的解決策まで―

消費者契約法の適用が問題となるトラブル事例とその解決策について、消費者問題に精通する実務家が、消費者被害救済の立場を徹底してわかりやすく解説！ 解説部分では冒頭にポイントを設け、図表を多用してわかりやすく説明！

大上修一郎・西谷拓哉・西塚直之・増田朋記 編

（Ａ５判・244頁・定価 2970円（本体 2700円＋税10％））

2021年8月刊 最新の実例に基づくさまざまな問題を、90の事例をもとに法的観点から解説！

葬儀・墓地のトラブル相談Q&A〔第2版〕
―基礎知識から具体的解決策まで―

「送骨」「手元供養」などの葬送秩序の変化や、葬儀ローン・離檀料などの新たな紛争類型を含む90の事例をもとに、法改正に対応してわかりやすく解説！ トラブル相談を受ける実務家、消費生活センター関係者、自治体担当者等必携の１冊！

長谷川正浩・石川美明・村千鶴子 編

（Ａ５判・331頁・定価 3190円（本体 2900円＋税10％））

発行 **民事法研究会**　〒150-0013　東京都渋谷区恵比寿3-7-16
（営業）TEL 03-5798-7257　FAX 03-5798-7258
http://www.minjiho.com/　info@minjiho.com

最新実務に必携の手引
― 実務に即対応できる好評実務書！ ―

2022年9月刊 高齢の依頼者からの「終活」について相談対応する際に知っておくべき事項を網羅！

終活契約の実務と書式

財産管理・法定後見・任意後見・死後事務委任・遺言・見守り（ホームロイヤー）などといった各サービスを一括して受任する契約である「終活契約®」の実務を終活契約と関係する書式を織り込みながら、ポイントを押さえて解説！

特定非営利活動法人　遺言・相続・財産管理支援センター　編
（Ａ５判・424頁・定価 3960円（本体 3600円＋税10％））

2022年9月刊 具体的場面での能力判定にあたり役立つ適切な情報を提供！

英国意思能力判定の手引
── MCA2005と医師・法律家・福祉関係者への指針 ──

意思決定支援に関する研修では、必ず言及されるイギリスの2005年意思能力法（MentalCapacityAct[MCA]2005）。そのもとでの能力判定の実務について、医療関係者、法律実務家、福祉関係者向けに具体的に示した関係者必携の書！

英国医師会　英国法曹協会　著　新井　誠　監訳　紺野包子　訳
（Ａ５判・300頁・定価 4400円（本体 4000円＋税10％））

2022年9月刊 研修でしか明かしてこなかった"秘伝の調停スキル"を収録！

"当事者に寄り添う"
家事調停委員の基本姿勢と実践技術

"当事者に寄り添う"をキーワードに、家事調停委員に求められる基本姿勢と実践技術を、関連する理論や事例を交えて、調停委員、弁護士、司法書士等の調停にかかわる方々にわかりやすく解説！

飯田邦男　著
（Ａ５判・208頁・定価 2640円（本体 2400円＋税10％））

2022年8月刊 急増している個人民事再生手続の実務のすべてを書式を織り込みつつ詳解！

個人民事再生の実務〔第４版〕

債務整理の相談から、申立て、開始決定、債権調査・財産評定、再生計画案作成と認可、住宅ローン特則、個人再生委員の職務まで、手続の解説にとどまらず、必要な書式を網羅して実務上の留意点まで詳解した定番書の最新版！

日本司法書士会連合会多重債務問題対策委員会　編
（Ａ５判・529頁・定価 5060円（本体 4600円＋税10％））

発行　**民事法研究会**　〒150-0013　東京都渋谷区恵比寿3-7-16
（営業）TEL 03-5798-7257　FAX 03-5798-7258
http://www.minjiho.com/　info@minjiho.com